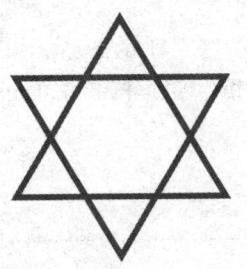

智慧改变命运
THE WISDOM TO CHANGE THE DESTINY

如何把孩子培养成"世界公民"

贺雄飞　曾勋　著

犹太民族创新精神的历史渊源

世界知识出版社

图书在版编目（CIP）数据

智慧改变命运 / 贺雄飞　曾勋著. —北京：世界知识出版社，2016.7
ISBN 978-7-5012-5274-9

Ⅰ.①智… Ⅱ.①贺… Ⅲ.①犹太人-家庭教育-研究 Ⅳ.①G78
中国版本图书馆CIP数据核字（2016）第182683号

责任编辑	张　萱
责任校对	马莉娜
责任出版	赵　玥
书　　名	智慧改变命运 Zhihui Gaibian Mingyun
作　　者	贺雄飞　曾勋
出版发行	世界知识出版社
地址邮编	北京市东城区干面胡同51号（100010）
网　　址	www.ishizhi.cn
电　　话	010-65265923（发行）　010-85119023（邮购）
经　　销	新华书店
印　　刷	北京温林源印刷有限公司
开本印张	787×1092毫米　1/16　16¼印张
字　　数	257千字
版次印次	2016年11月第一版　2016年11月第一次印刷
标准书号	ISBN 978-7-5012-5274-9
定　　价	35.00元

版权所有　侵权必究

目 录

前言：学习犹太人的教育方法从哪里入手？ ……………………… 007

上篇　风靡世界的犹太黄金教育模式

第一章　创新的智慧

一、"山寨"中国，伤不起的历史宿命 ………………………… 002
二、创新，困扰中国人数千年的命题 …………………………… 005
　　创新难产与中国地理文化特征 ……………………………… 005
　　封建专制制度的压迫与异化 ………………………………… 007
三、创新，为何要学犹太人？ …………………………………… 009
　　流浪路上积累的创新智慧 …………………………………… 009
　　创新是以色列惊人的国家智慧 ……………………………… 012
四、创新思想与犹太人的商业奇迹 ……………………………… 014
五、犹太民族创新精神的历史渊源 ……………………………… 018

第二章　人性的智慧

一、什么是人性？ ………………………………………………… 023
二、人性缺失的悲剧：从官史文化到消费主义 ………………… 027
三、犹太电影中的人性光辉 ……………………………………… 030
四、追寻犹太人的人性渊源 ……………………………………… 034

第三章　和谐的智慧

一、中国传统文化中的和谐智慧 …… 041
　　上古时期的和谐智慧 …… 041
　　道家的和谐智慧：善居首 …… 043
　　儒家的和谐智慧：大同理想 …… 045
　　佛教的和谐智慧：空为首 …… 046
二、中国传统和谐智慧与普世价值的疏离 …… 048
三、犹太人的和谐：无意识的文化行为 …… 053
四、以色列的和谐源自民主与法治 …… 059

第四章　实践的智慧

一、实践短板：中国学生怎么了 …… 063
二、犹太人说：光会提出问题还不行 …… 067
三、尼尔斯·玻尔：实践出真知的典范 …… 070
四、不同实践观源自不同文化 …… 075
　　科学实践活动的准真空 …… 075
　　厚土文明缺失冒险精神 …… 078
　　官本位与民本位的文化差异 …… 081

第五章　学习的智慧

一、与犹太学生的本质区别 …… 085
　　"撕书事件"与学生的"驴"化 …… 085
　　西方教学思想的本质是什么 …… 089
　　犹太人的孩子是怎么学习的 …… 092
二、如何走出中国式的"学""思"怪圈 …… 094
　　教育回归路：晏阳初与陶行知的教育思想 …… 095

三、拿来主义：犹太人的教学智慧⋯⋯⋯⋯⋯⋯⋯⋯⋯⋯⋯⋯ 100

下篇　如何把孩子培养成"世界公民"

第六章　公民教育缺失的三元对立危机

一、"穷二代"悲剧为谁敲响警钟⋯⋯⋯⋯⋯⋯⋯⋯⋯⋯ 106
二、富二代交通肇事的社会学思考⋯⋯⋯⋯⋯⋯⋯⋯⋯⋯ 110
三、"官二代"烧毁的是中国教育的面孔⋯⋯⋯⋯⋯⋯⋯⋯ 115

第七章　成年礼是公民教育第一环

一、公民教育与成年礼⋯⋯⋯⋯⋯⋯⋯⋯⋯⋯⋯⋯⋯⋯ 118
　何谓公民教育⋯⋯⋯⋯⋯⋯⋯⋯⋯⋯⋯⋯ 118
　西方国家的公民教育⋯⋯⋯⋯⋯⋯⋯⋯⋯⋯ 120
　为何我们缺少公民教育⋯⋯⋯⋯⋯⋯⋯⋯⋯ 122
　成年礼与公民教育的关系⋯⋯⋯⋯⋯⋯⋯⋯ 126
二、明星与他们的子女为何钟情成年礼⋯⋯⋯⋯⋯⋯⋯⋯ 128
　刘亦菲奢华的成年礼引争议⋯⋯⋯⋯⋯⋯⋯ 129
　冯小刚深情诠释名人的"父母心"⋯⋯⋯⋯⋯ 130
　韩寒：从叛逆小子到父亲的华丽蜕变⋯⋯⋯⋯ 132
三、勿让成年礼成为名人的"特权"⋯⋯⋯⋯⋯⋯⋯⋯⋯ 135

第八章　公民教育与成年礼

一、中国古代成年礼的历史渊源⋯⋯⋯⋯⋯⋯⋯⋯⋯⋯⋯ 139
二、冠礼——男儿当自强的标志⋯⋯⋯⋯⋯⋯⋯⋯⋯⋯⋯ 142
　先秦的冠礼：远古乐土的神圣礼仪⋯⋯⋯⋯⋯ 143
　汉代冠礼：最受重视的礼仪之一⋯⋯⋯⋯⋯⋯ 146

魏晋时期的冠礼：宫廷游戏的一种······147
　　隋唐的冠礼：名存实亡的摆设······149
　　宋代的冠礼：濒临消亡的边缘······150
　　明代的冠礼：沉沦之后再次复兴······152
　　清代的冠礼：灭绝政策下的残喘······154
　　当代的冠礼：古今结合趋于多元化······155
三、笄礼——吾家有女初长成······156
　　笄礼为何被封建主流社会忽视······156
　　笄礼的意义和历史演进······158
四、少数民族的成年礼诠释不同文化······160
　　藏族姑娘的成年礼引人注目······160
　　傣族成年礼：文身和漆齿······162
　　摩梭族成年礼：换裙和换裤······163
　　高山族、基诺族、瑶族的成年礼······164

第九章　犹太民族的成年礼

一、漂泊中形成的伟大智慧······167
二、犹太男孩的成年礼：契约与自由······172
　　割礼：犹太人与上帝有个约会······173
　　成年礼：哭墙下的神圣时刻······176
三、犹太成年礼与公民社会的关系······178

第十章　中国家长该给孩子怎样一份成年礼

一、仿古成年礼与现代价值观的脱节······182
二、"中犹结合"与成年礼的现代转型······186
三、犹太智慧训练营：9—18岁孩子通往社会的智慧之路······202
　　什么是犹太人黄金教育法则······205
　　为什么成年礼需要黄金教育······209

目录

附录一　5C-GET黄金教育模式介绍会……………………………214

附录二　《搜狐家长课堂》·首届中以教育高峰论坛：如何解决中国家庭的教育难题……………………………227

附录三　《成年礼：犹太智慧训练营》解说词……………………231

跋　为什么老师和家长会选择托克托WUTA国际学校？……………249

前言：学习犹太人的教育方法从哪里入手？

犹太人的教育核心其实很简单，就是"让孩子全方位发展"。而这一点我们中国的教育家也能意识到，所不同的就是我们只是说说而已，而犹太人不仅这样说，还这样做！

中国的教育体制是以分数为导向，考大学以一考定终身，几乎让包括家长在内所有的教育者都逼迫孩子考高分，并以此来衡量一个孩子是人才还是垃圾。可以说除了学习的智慧之外，其他的智慧都不进入考核体系而被全社会忽略，这就造成了中国孩子智慧的不完善、人格的逆反、才华的被扼杀等无数悲剧。

犹太人的黄金教育法则其核心就是让孩子们的五种智慧均衡发展。

这五种智慧第一是创新的智慧。如果把苹果公司的核心竞争力用一个词来表达，那么就是"创新"；如果用一个词来揭示以色列人的成功，那也是"创新"；如果用一个词来揭示犹太人赚钱的秘密，那就只有"创新"这个词！创新的思维、方法、能力是犹太小孩从幼儿园开始就学习的。

第二就是人性的智慧。世界上没有两片相同的树叶。犹太人爱因斯坦说："每个人都身怀天赋，但如果用会不会爬树的能力来评判一只鱼，它会终其一生以为自己愚蠢。"犹太人的教育就是让孩子们自由发展，根据他们的兴趣来引导他的发展方向，是猴子才会帮助他们学习爬树，是骏马就让他们练习奔跑，是鲤鱼就让他们练习游泳。把他们内在的本真还原，激发他们与众不同的特长，让他们成为应该成为的那个人，而不像中国学校那样用分数扼杀了大部分的天才。

第三是和谐的智慧。今天的社会已经不是一个人单打独斗就能成功的时代，团队精神、合作意识、共赢思维是成功者必不可少的素质。人与人的交流沟通，人与社会的和谐相处，人与自然的互保发展，都需要很高的情商、素质和智慧。只想到自己不想到他人的人是没有智慧的。

第四是实践的智慧。死读书、读死书的人绝不是智者。所有的知识只有进入到实践环节才有意义。犹太教育倡导：光会提出问题还不行，还必须会解决问题。

第五是学习的智慧。中国的学校关注于此，往往会忽略掉其他四项。

上述五种智慧综合运用的黄金教育模式，简单说就是"让孩子们愿意学还能学得好的全面教育模式。"

相比之下，中国学校只考第五项学习的智慧，其他四项不列入考试范围，因而教育就会不断走入误区，走入歧路，最终出现了学习好的孩子进入社会后并不比学习差的孩子更优秀，所谓的学习差的孩子进入社会后可能会凭借不考试的四项智慧而出类拔萃。可悲的是学习成绩不好的天才儿童在学校被扼杀了很多很多，悲剧每天都在重演着。

犹太人的教育就绝不以偏概全，而是这五项智慧都要培养，缺一不可。从教育体制到教师理念都是如此。学习的成绩最多占到孩子成长评估的五分之一，甚至必要的考试也要在孩子们不知情的情况下悄悄进行。老师进行的测试会被孩子们以为是一场游戏。老师从来不会根据考试结果来给孩子们排名、划分等级。

所以以色列的孩子们热爱学习、热爱老师、热爱学校！

可以说，上述五项智慧在一个孩子的成长期都得到了充分的滋养，那么他在竞争中怎么会不优秀呢？一个只会学习而没有全面智慧的孩子又怎么可能成为世界精英呢？

最近几年，我有幸频繁接触了犹太教育的成功实践者——以色列的黄金教育学校的创始人和领导者，对于应用黄金教育法则的学校进行了多次考察，深深感觉到这才是真正的教育，这才是中国教育最应该借鉴的地方！

因此，把以色列的黄金教育模式引入中国成了我的一个梦想。一旦以色列有着15年成功经验、有无数成功案例的黄金教育学校能够进入中国，这将是我们了解犹太教育的一个最好的平台和窗口。

本书将通过对犹太黄金教育模式的理论探索与实践摸索，引导中国孩子走向未来，并成为真正的"世界公民"。

思想改变观念，观念改变行动，行动改变命运。一句话，智慧改变命运。

上 篇
风靡世界的犹太黄金教育模式

第一章　创新的智慧

　　如果你要成功，你应该朝新的道路前进，不要跟随被踩烂了的成功之路。

——约翰·D.洛克菲勒

一、"山寨"中国，伤不起的历史宿命

　　你吃过康帅傅方便面吗？吃过奥利粤巧克力夹心饼干吗？吃过大白兔奶糖吗？喝过雷碧和娃娃哈吗？用过飘柔洗发水吗？用过 SQNY、ADIDOS、FUMA、PAMA、HIKE、TOCHIFA 的东西吗？……是的，可能不少人都中招了。所有这些产品都可以用两个字概括——山寨。

　　2008 年年底，有一个词汇开始在中国爆炸式地流行起来——山寨。最初，这个词语源自广东地区非正规的小作坊或小工厂生产的手机。这类手机为粉丝的最爱，放在兜里大声播放《凤凰传奇》或刀郎的《情人》，往往能在公众场所吸引大量人围观。接着，"山寨"一词开始扩散到、数码相机、笔记本等各种电脑电子产品，凡是科技含量低的劳动密集型产业链，都被"山寨"的阴云所笼罩。

　　"山寨"，是以低廉的成本模仿主流品牌产品的外观或功能，最终在外观、功能、价格等方面全面超越这个产品的一种现象。其主要特点主要表现为仿造性、快速化、平民化。主要表现形式为通过小作坊起步，快速模仿成名品牌，涉及手机、数码产品、游戏机等不同领域。这种文化的另一方面则是善打擦边

第一章 创新的智慧

球,经常行走在行业政策的边缘,引起争议。它的衍生物,将打破手机的束缚,而扩展到数码相机、鼠标、键盘等方面,它的副产品同样可以在相关行业引发结构性震荡。

"山寨"一词诞生之初,新加坡《联合早报》刊文介绍了中国这一流行词汇。《联合早报》的文章认为"山寨"是"以低成本模仿主流品牌并在功能上加以创新的新的现象"。香港记者闾丘露薇说得很辩证:"看看山寨手机,有些就是仿冒,如果真的侵权,可以走法律途径……至于有些,则颇有创意,甚至是技术创新。"

但不得不承认,这种"创新"其本身也是山寨性的创新,因为其中并不包含某项专利发明,既无智慧的结晶又无探索的累积,仅仅耍小聪明把几种电子产品的功能合为一体。有的山寨产品几乎已经触及法律。这些产品如山寨手机多模仿如 Nokia、Samsung、Sony-Ericsson 等一线品牌的功能以及外观,甚至有些将品牌名改为 Nokir、Samsing、Sony-Ericcsun 来求得与模仿原本的相似性。由于这些手机多抄袭手机生产厂家的正规产品从而节省了研发费用,其价格只有正规产品的五分之一甚至更低。加之其虽然材质和做工会稍逊一筹但其功能繁多、外观新潮,从而得到中低端消费者的青睐,行业规模不断扩大。

当然,不是所有"山寨"产品都是负面的,社会学上的"山寨"有着它进步的一面。山寨行为折射出了大众的社会心理、审美取向以及社会思潮的涌现、价值体系的新建等。由山寨手机引发的山寨现象蔓延到整个网络,山寨明星、山寨红楼梦、山寨百家讲坛等都毫不掩饰对精英文化的挑战,随后山寨现象又意外地登上了 CCTV 新闻联播,有人认为,这是官方首次对民间现象表述自己的意见,至此正式进入全民时代。学者朱大可就指出:"山寨文化是后威权社会的必然产物,是民众获得话语权之后的一种社会解构运动,旨在颠覆文化威权的中心地位。山寨精神的价值在于,它在一些局部的数字虚拟空间里,实现了民众对自由的想象,如此而已。"因此,隐藏在山寨文化背后的还有一个更为深层的文化含义。

当权力与资源被主流媒介掌握之后,民意被垄断,民间最本真的声音被隔绝了。但人们渴望呐喊,在渠道不畅通的情况下,就只能以"山寨"的形式出现在公众视野。网络是目前中国相对开放的媒介,网络网聚大量有真才实学和想象力的人,因为"山寨"产品大量衍生于此,比如2009年出现的山寨诺贝尔奖。这是网友们在自己的价值判断体系中,揣度出来的一帮或无辜或滑稽的年度公众人物,虽然带着调侃的味道,却透露出民间最本真的声音以及对主流权威的一种调戏。看看什么人荣誉登榜:

山寨版诺贝尔生物学奖获奖者:周正龙。获奖理由:农民周正龙发现了在陕西早已绝迹的华南虎,拍下了清晰的虎照,并荣登美国《科学》杂志。

山寨版诺贝尔文学奖获奖者:赵丽华。获奖理由:开创梨花体,让有着"诗的国度"的中国不得不重新认识什么才是诗。

山寨版诺贝尔经济学奖获奖者:徐滇庆。获奖理由:去年7月11日,中国经济研究中心兼职教授徐滇庆表示:"我们不妨再豪放一点——如果明年深圳房价比现在低一分钱,我一定在媒体上用整版篇幅向深圳市民道歉。"结果徐教授做到了。

山寨版诺贝尔考古学奖获奖者:纪连海。获奖理由:纪连海考证出了大禹治水三过家门而不入的真正原因是婚外情。

山寨版诺贝尔物理学奖获奖者:刘翔。"零阻力"比赛服设计师获奖理由:其专门为刘翔设计生产出了一种几乎"零阻力"比赛服。据称,这件比赛服的阻力要比刘翔在雅典奥运会上穿的低7%,相当于一名短跑运动员跑快了0.02秒。可惜的是刘翔在北京奥运会上出师未捷身先伤,这一高科技比赛服未能派上用场。

针对泛滥的山寨文化,复旦大学教授葛剑雄撰文指出:"'山寨文化'的核心内涵应是价值多元语境下的一种独特表达,究其本质来说,'山寨文化'其实正是一种处于初级阶段的朴素的创新文化。"他认为,"山寨春晚"的组织者是想要以娱乐的形式传递出自身对于"春晚"的"参与","山寨百家讲坛"也同样体现了随着公民社会的成长,参与和表达的公民精神日益勃发。

不得不说,在这个娱乐至死的消费时代,商业上的"山寨文化"大体来说其实就是盗版文化、侵权文化、强盗文化。它盗取他人的知识产权,经过组装、拼凑、换版、贴牌，俨然正版充斥市场，成为消费者的新宠。而一旦被冠以文化之后，盗版之风、侵权之风就更加堂而皇之。如果对"山寨"过于宽容，创新文化就更难生长了。"山寨文化"毕竟是一种以模仿为核心内涵的现象，在一定程度上是对知识产权的侵犯。

"山寨文化"在中国的崛起，如同一部传统武侠小说所演绎的精彩故事那样：先是以非常规手法游走于主流圈子的边缘，然后逐渐做大，最终向正统势力发起挑战，甚至取而代之。在"山寨帮"的集体狂欢中，是市场秩序的混乱与沦丧，是国家合法税收被商贩抢劫。山寨一旦文化之后，自然混淆了公众的价值判断，好与坏、真与假、美与丑之间的界线就变得模糊了。中国缺乏知识产权保护的传统，奉行"拿来主义"，所以国人可以理直气壮地盗版而不负刑事责任。山寨文化的泛滥，助长了懒惰与无知，损害了创造力和竞争力。

面对"山寨文化"，我们叹息、嬉笑、沉思。这个古老国家的躯体，犹如刚从冰窖里面出来一般被融化，慢慢恢复着几许活力。而这一点点温度，几乎都来自"山寨"，它就像一个诅咒，我们的文明与我们的历史，似乎注定了这个国度将在 21 世纪上半叶与"山寨"邂逅，就像崛起之前的日本。然而，如果我们不正视、反思"山寨"，也许这个诅咒会给国家和民族带来巨大的危机。

二、创新，困扰中国人数千年的命题

"山寨文化"席卷整个中国，其产生与发展有着深刻的文化根源，缺乏创新精神是最主要的原因。那么，为何中国人普遍缺乏创新精神？下面我将从地理与文化两个方面入手，分析中国人缺失创新精神的原因。

创新难产与中国地理文化特征

中国是个多山的国家，山区面积约占全国总面积的三分之二，这里说的山区包括山地、丘陵和高原。全国各类地形中，山地约占 33%，高原约占 26%，盆地约占 19%，平原约占 12%，丘陵约占 10%。中国地势西高东低，大致呈阶梯状分布。最高一级阶梯为青藏高原，平均海拔 4000 米以上，号称"世界屋脊"。第二级阶梯从青藏高原向北、向东，由内蒙古高原、黄土高原、云贵高原和塔里木盆地、准噶尔盆地、四川盆地构成，平均海拔 1000～2000 米。第三级阶梯从大兴安岭、太行山脉、巫山和雪峰山向东到海岸线，多是海拔 200 米以下的平原，间有海拔 1000 米以下的丘陵或低山。第四级阶梯为大陆架浅海区，水深平均不到 200 米。

很容易看出，簸箕状的地理条件使中国的大环境呈现出一种半封闭的状态。中国历来是多民族国家，各族共同缔造中国，领土也由各民族共同开拓和巩固。公元初已有六千多万人口，几经起落，至 19 世纪中叶达 4.3 亿人。人口分布极不均衡，迁移频繁，移民众多。

这样，中国传统文化诞生在特定的地理环境里，形成了自己的独特性。在数千年的人类文明进程中，中国文化与古埃及、古巴比伦、古印度不同，从一开始便依托黄河、长江两大流域，内部拥有广阔的回旋余地。历史一再表明，当北方强悍的游牧民族挥师南下，中原王朝在失去黄河流域时，还可以以长江流域及珠江流域为依托延续着自己的文化。因而在中国历史上，西晋、北宋灭亡，随后还能在东南一隅"安居乐业"。

正是因为拥有这种回旋空间，使得中国文化才不像古埃及、古希腊文化在后来的历史进程中被取代，或被湮灭。同时，频繁的战乱和这种延绵的社会生态又塑造了中国人的性格：温和、保守，不是活不下去绝对不会拿起镰刀锄头造反。于是，在封闭的文化系统中，历史无情地在循环。

孔子说："周监于二代，郁郁乎文哉！吾从周。"意思是说："周朝的礼仪制度是借鉴于夏、商二代的基础上演变发展而建立起来的，是多么丰富而完备啊。我遵从周朝的制度。"那么，孔子为什么是周礼的铁杆粉丝呢？周礼的内容既广泛又复杂，包括当时的礼仪、礼制、礼器等，实质上是周代的奴隶制典章制度。这套制度维护着"礼乐征伐自天子出"的统治格局，它使得庶人及贵族阶级上下相互之间都井然有序，贵贱有别，所谓"君君臣臣父父子子"，就是这种等级思想的具体体现。孔子推行这种思想，既符合春秋乱世"礼崩乐坏"的社会生态，又对各大王国的诸侯具有精神上的威慑，所以深受各大暴君的喜爱。

另外，作为一本流传已久的成书，《周礼》的作者并非要实录某朝某代的典制，而是要为千秋万世立法则。作者意图透过此书表达自己对社会、对天人关系的哲学思考，全书的谋篇布局，无不受此左右。战国时期，阴阳五行思想勃兴，学术界盛行以人法天之风，讲求人与自然的联系，主张社会组织仿效自然法则，因而有"人法地，地法天，天法道，道法自然"之说。《周礼》作者正是"以人法天"思想的积极奉行者。

再者，中国是一个"以农业立国"的国家，各朝统治者都高度重视农业发展。《周礼》中"以人法天"的思想虽然有尊重自然规律的一面，但是，亦有不思进取的惰性和犬儒思维暗含其中。

相较于航海业和商业、制造业，古代农业技术含量非常低，不需要创新思维，大家都"靠天吃饭"。一成不变的春耕秋收导致农业帝国的臣民丧失了科学精神，以一种略显病态的循环方式存活着，直到清朝末年天朝上国被洋枪洋炮打开。当西方国家把科学和民主送来后，中国人才发觉了文化的落后，教育也由人性教育转向了科学知识的教育，那是后话。

历朝历代，在某种程度上，君王就是"天"的代理，具备了"天"的神圣性，臣民都以跪拜等礼仪表示对君王的屈从。这种"官本位"文化一直延续至今，它剔除了民间的活力，使人民丧失了自我表达的能力。在中国古代，臣子对皇帝自称"奴才"；男仆人对主人自称"奴才"；女仆人对主人自称"奴婢"。

一个"奴"字，概括了古代社会生活的人物关系。皇权专制与家庭专制将中国无形地围成了一个圈，在这个巨大的酱缸里，没有活水与清风，唯有屠杀与屈从，而这种封闭、钳制的铁血制度，恰恰是创新思维的最大敌人。

封建专制制度的压迫与异化

从19世纪末的"洋务运动"开始，中国人开始正视传统文化中的缺陷，但并未在制度与基本伦理上提出改造的意见。洋务派的创新意识其实也并不是自发的，他们是在镇压太平天国革命的过程中，在外国侵略者扶植下发展起来的清朝统治集团中的一个派别。其代表人物曾国藩升任两江总督后，节制浙、苏、皖、赣四省军务。他对镇压太平天国军提倡"捕人要多，杀人要快"，杀人如麻，因此称为"曾剃头"。他举办洋务，建立新式军火工业，制造武器，武装湘军，根本动力仍旧是捍卫清王朝的大一统，维护皇权专制。1870年，他在直隶总督任内查办天津教案，被认为媚外卖国，屠杀人民，激起公愤。1872年初，病逝于南京。因为技术层面的改革探究已经失败，知识分子开始向体制方向探究，但是皇权太牢固，以致持改良思想的"维新派"以悲剧收场。

从"五四运动"开始，中国人才意识到旧的伦理与制度必须被消灭，很多人认为是中国的传统文化导致人们没有科学思想与创新精神。梁漱溟先生认为，先秦时期的中国学术还没有定型，但由于中国人的早熟，在人与物的问题还没有来得及弄清楚以前，就从周孔开始，迅即转向了第二个问题，即人与人之间的关系问题上来。

美国学者杜威也认为："中国一向多理会人事，西方人一向多理会自然。"因此，从春秋战国开始，老庄、孔孟和韩非子等人都围绕着"人事"展开工作，这样一来，中国人的繁文缛节多了，探索精神少了，日常生活太累了，自然对未知领域丧失了探索的兴趣。虽然传说墨子是个木匠，动手能力很强，但他所做的只不过是普通的手工业，这一微弱的血脉后来并没有发展成为严谨的科学精神。

林语堂先生也曾严厉地批评过中国人缺乏科学精神，他在《中国人》一书中说："周代所有的古哲学家中，只有墨子和韩非子的风格接近有力的论证风格。孟子毫无疑问是伟大的诡辩家，然而他也只是对'利''义'等大而又泛的词感兴趣。其他哲学家，如庄子、列子、淮南子，只对漂亮的比喻感兴趣。墨子的门徒惠施、公孙龙都是伟大的诡辩家。只有到清朝才发展了一种比较的方法，一下子把清朝的语文学提高了一个前所未有的高度。清朝的语文学是中国最接近科学的语文学。"林语堂概括了中国缺乏科学精神的事实，他所提倡的清代语文，其实是指乾嘉一代的考据学派。

雍正、乾隆时期，清朝的统治获得了相对的稳定，对文人采取了严酷的统治政策。尤其是乾隆时期，屡次禁毁书籍，大兴"文字狱"。当时的文人学士不仅不敢抒发己见，即使是诗文奏章中有一言一名的疏失，也可能招致杀身之祸。为了逃避现实，他们被封建制度所异化，把时间和精力用在古代典籍的整理上。乾嘉时期学人反对宋明理学好发空论、言之无物的弊病，走上从书本上寻找疑难问题进行考据的务实道路。

林语堂先生之所以说乾嘉学派的考据学是"接近科学的语文学",就是因为他们重视客观资料,不以主观想象轻下判断,广泛收集资料,归纳研究,有着细致、专一、锲而不舍等可贵的治学精神。然而,他们只不过是在学理上进行了主观的改造,仍旧是闭门造车的空谈,研究对象更不是"人与物",所以,最终演变为了一堆堆文字垃圾。

至此,几千年的科学思维与创新精神终于与国人无缘。纵有非典型的"四大发明",有沈括的《梦溪笔谈》、宋应星的《天工开物》、李时珍的《本草纲目》,都无法超越皇权与奴性,最终形成一条连续的、完备的科学系统。

三、创新,为何要学犹太人?

同样作为屹立了几千年的古老文明,中华民族与犹太民族在创新思维上可谓大相径庭。有这样一个笑话:犹太人在一个地方开了一个加油站,生意特别好,然后第二犹太人来了开了一个餐厅,第三个犹太人就开了一个超市,这片就很繁华了。中国人开了一个加油站生意特别好,第二个中国人来了,也开了一个加油站,接着以后闻着财富味道到来的中国人都开起了加油站,最后形成恶性竞争。两个民族的不同性格,源自两个不同的文化血脉。

流浪路上积累的创新智慧

中国当代哲学家黎鸣说:"犹太人和中国人这两个民族,简直就像是'上帝'专门制造出来要让他们永远互相对照的民族,不仅过去要对照,现在要对照,而且未来还可能要对照。"他认为,犹太人的流浪构成了他们民族永远的开放性,这倒恰好让他们走上了始终顺应"自然"的幸运之路,而中国人对权力的固执追求则构成了他们民族永远的封闭性。开放的犹太人在近代把他们的"上帝"同希腊人的"真理"进行了有机的结合,从而让自己逐渐走向了"自然"

的真理，而封闭的中国人则一直到今天都还在坚决拒绝对真理的认识，中国人对《儒经》的迷信，使他们自己越来越远离了"自然"，更远离了"真理"。

在黎鸣先生看来，近代西方宗教改革客观上是帮助犹太人从西方人类永远"异教徒"的严重受歧视、受迫害的地位之中获得解放的伟大的道德革命，这场道德革命极大地激发了犹太人心中巨大的拜金主义热情，使他们成为了当今资本主义时代潮流中的英雄民族，卓越的"弄潮儿"。但是，中国的儒家伦理还依然在严重地禁锢中国人的心灵，使人们永远隔绝于最起码的社会公共道德，造成中国人只能拥有帝王一人的"家天下"。他说，"犹太人的大脑在始终开放性地扩张、升华、发光，中国人的大脑在始终封闭性地萎缩、凝固、阴暗"。

学者李慎之先生同样认为，犹太文化的最大独特性在于其宗教性，而中国人自古以来基本上奉行的是一种非宗教化的倾向，即使说相信有一个天，但也是一种神秘主义，几乎很少有人说明"天"究竟是什么。最后，"天"的一切荣耀都归了"天子"——可以随时代表天来发号施令，既代表了文化也代表了权力。

流浪的"天命"与宗教信仰，造就了犹太人的性格。大概四千年以前，一个被叫作"塞姆族"（又被称为"闪族"）的游牧民族为了寻找水草，赶着他们的羊群在这片沙漠中到处寻找牧场。他们看到，在大沙漠的北方，有一块特别富饶的土地。它的形状像一弯新月，被称为"新月形沃土"。塞姆族中有一支叫作希伯来人的部落，他们为争夺土地被英勇的迦南人打败。全族的人聚到一起，商议部落今后的出路。一个老人说，在一个遥远的地方，有一个遍地羊群，年年五谷丰登的好地方。到过那里的人都将它称为"天堂"，它就是埃及。

于是，全族人离开巴勒斯坦，前往埃及。希伯来人在埃及安定地生活了几百年，大约在公元前1300年，由于埃及的法老拉美西斯二世要建造两座巨大的宫殿，希伯来人被当作奴隶。为了逃避奴役，寻求自由，希伯来人的首领摩西乘机带领全族人越过红海，逃出了埃及。摩西去世后，接替他的是约书亚，族人在勇敢而英明的约书亚的带领下在迦南定居下来。此后，犹太人经历了各种磨难，到公元前586年，虽然他们建立了自己的国家，但随着巴比伦王国的日益强大，犹太国被巴比伦所灭。耶路撒冷全城的犹太人都成了俘虏，开始了史称"巴比伦之囚"的苦难时期。

第一章 创新的智慧

犹太人有着坚定的宗教信仰和宗教组织，他们虽然身在巴比伦，却有着自己的社区组织，彼此之间的联系十分紧密。六十年以后，巴比伦又被波斯征服了。波斯王居鲁士释放了囚禁在巴比伦的犹太人。但是，犹太人在回到耶路撒冷之后，并没有过上和平的生活，不时地遭到外族的侵犯。

走入中世纪以后，犹太人分散到世界各地，语言、风俗逐渐和当地居民同化，但他们坚持信仰本民族的宗教，以此维持民族的独立性，仍然用自己的希伯来字母书写文字，在意大利、西班牙的犹太人，语言被同化，用希伯来字母书写的叫"拉丁诺文"；在德国、波兰的犹太人语言为"意第绪语"。历经了太多磨难的犹太人，仍然相信"弥赛亚"（救世主）会降临人间，帮助他们重建家园。这种思想后来称为流浪世界各地的犹太难民的精神力量。

第二次世界大战后，劫后余生的犹太人开始走上复国之路。1947年，鉴于犹太人与阿拉伯人之间的暴力冲突不断升级，和平努力受到挫败，英国政府决定从巴勒斯坦托管地脱身。犹太人的移民数量自从19世纪末以来一直稳定增长，受到第二次世界大战中的犹太人大屠杀影响，犹太人复国的理念也获得越来越多的国际支持。联合国成立了"巴勒斯坦专门委员会"，1947年11月联合国大会表决了《1947年联合国分治方案》，33国赞成（包括美国和苏联），13国反对，10国弃权，通过决议：将巴勒斯坦地区分为两个国家，犹太人和阿拉伯人分别拥有大约55%和45%的领土，耶路撒冷被置于联合国的管理之下，以期避免冲突。

1948年5月14日，在英国的托管期结束前一天的子夜，以色列国正式宣布成立。在1949年1月25日全国选举中，有85%的合格选民参加了投票，接着有120个议席的第一届议会开会。两位曾领导以色列建成国家的人成为该国的领袖，犹太人代办处领导人大卫·本－古里安当选首任总理；世界犹太复国主义组织领导人哈伊姆·魏兹曼由议会选为首任总统。1949年5月11日，以色列取得联合国的席位，成为第59个会员国。

著名的犹太思想家、后现代性的预言家齐格蒙特·鲍曼认为，主宰一个社会的有两种主要力量，一种是由党和行政机构控制的主流意识形态，另一种就是大众文化。在主流意识形态的宽容下，大众文化大行其道，娱乐化、庸俗化成为主流，使大众个个变成麻木苟活的"快乐的猪"，丧失公民意识，不去关注国家和社会，这样，这个社会中政客就可以大行其道。鲍曼认为，知识分子是具有"创新个性"的人，有权利对主流意识形态和大众文化都进行批评，并提出反对性意见，这些意见可能会更好地刺激和服务于人类的需要。知识分子应努力从社会中获取广泛的支持，从而赢得政权体制辩论的胜利。

鲍曼便是犹太民族的文化滋养大的优秀知识分子，他们秉承着"创新个性"的理念，为民族的发展送去源源不断的智慧和资源，并造就了以色列这个创新思维最活跃的现代国家。

创新是以色列惊人的国家智慧

以色列，具有现代意义的犹太国家，终于屹立在了中东地区。这个国家是典型的地中海气候，深居大沙漠，四周布满各种政治与宗教与本国很不和谐的国家，还有该死的死海。按理说，这样一个中东的小国，应该比较衰弱才对，但事实却恰恰相反。

说到死海，以色列人可不认为它是死的。这个处于灼热、干燥的沙漠地区的内陆海，看起来没有生命和能源，却是以色列最大的自然资源。以色列通过科技创新，逐渐把这种资源优势变为经济优势。因为死海是一个矿物质的宝库，钾、镁、氯和溴的浓度是普通海水中浓度的10倍以上。以色列死海工业有限公司（DSW）是世界上最主要的化工产品生产商之一，已经具有70多年的生产历史。这个综合性的现代化生产企业，占地150平方公里，人员1200名。目前该公司每年生产约400万吨钾盐，已成为世界上第4大钾肥生产商。产品除氯化钾外，还有溴素、氯化钠、染料等。1988年的产值超过5亿美元，出口额在以色列占第二位。死海公司占有全球钾肥贸易的10%，产品和服务销售在中国、印度和巴西等国家现有的农业市场所占份额稳步增长。

征服了死海，那沙漠又该怎么办？以色列人说没关系。以色列国土面积约2.78万平方公里，其中沙漠面积约占三分之二，淡水资源奇缺是以色列的一大特点。全国降水量少且分布不均匀，一半以上的面积年降水不足180mm，除每年11月至来年3月为雨季外，其余7个月连续都是干旱季节，而年际降水变化幅度也高达25%～160%。

然而，正是在这块贫瘠缺水的土地上，以色列人依靠科学用水，珍惜、利用好每一滴水，建成了现代农业，发展了现代工业，取得了举世瞩目的兴国的成就。20世纪50年代，喷灌技术代替了长期使用的漫灌方式。到了60年代，以色列水利工程师西姆查·布拉斯父子首次提出了滴水灌溉的设想，并研制出了实用的滴灌装置。

从此，以色列农业灌溉发生了根本性的变革，滴水灌溉技术不断更新、推广，现在，以色列超过80%的灌溉土地使用滴灌方法，使单位面积耕地的耗水量大幅下降，水的利用效率大大提高。

另外，国家不断完善的污水回用系统。由于有限的淡水资源远不能满足需求，以色列不得不充分利用每一滴水，包括污水的回用，这也促使以色列在污水净化和回收利用方面始终处于世界领先地位。1972年以政府制订了"国家污水再利用工程"计划，规定城市的污水至少应回收利用一次。

目前，以色列100%的生活污水和72%的城市污水得到了回用，而污水处理后的出水46%直接回用于灌溉，其余33.3%和约20%分别回灌于地下或排入河道。利用处理过的污水进行灌溉，不但可增加灌溉水源，而且能起到防止污染、保护水源的作用，并使许多因灌溉农田而干涸的河流恢复生机。

这里还是硅谷火种在全球最好的承接者与复制者之一，其高科技产业的发展尤为引人瞩目，在电信、IT、生命科学等多产业领域涌现出了很多拥有领先技术与产品的新兴公司。现在，以色列是美国之外在纳斯达克拥有最多上市公司的国家，出口的产品超过一半都是高科技产品。加州大学伯克利分校常年追踪高科技创新与创业的安娜李·萨克瑟尼安教授认为，犹太移民在这个过程中发挥了重要作用，随着他们频繁在两个国家之间的穿梭，硅谷、波士顿128号高速路技术园的经验模式与文化也随之在以色列移植、落地，以色列从而形成和硅谷互补的产业集群。"技术移民""商业移民"的洄游效应只是以色列高科技产业崛起的原因之一。到访以色列的人们很容易发现，是以色列国的政策支持、社会资源、人民禀赋等多层面的要素，综合发酵出了这个国家的创新势能。

正是这个处于沙漠却彰显出生机勃勃的国家，创新被放在了首位。为了生存，他们不得不创新；为了有尊严而富有地活着，他们不得不创新；为了历史上那些无尽的屈辱生涯，他们不得不创新；为了人类的未来，他们不得不创新。

作为一个有着悠久历史传统和沉重文化承载的民族，又置身充满民族与文化冲突的地区，只能在传统中进行创新，在创新中实现发展。这无疑是对一个民族智慧的考验，同时，也有力地促进了这个民族的凝聚力和创新力以及百折不挠的民族精神。以色列人不囿于现状，敢于挑战传统，这正是创新精神的重要源头。

创新精神更被摆在以色列教育的第一位，在教育过程中，学校注重培养孩子的个性，并且对在某些方面有特长的学生进行良性诱导，使之成为对未来对社会有利的"天才"。《以色列经济奇迹的启示：创业的国度》一书中指出："只要过了20岁，绝大部分以色列人都尝试着到外面的世界去挖掘机会，他们从不惧怕进入一个陌生的环境，也不担心和一种完全不同的文化打交道会出现什么问题。事实上，根据军事历史学家爱德华·勒特韦克的粗略估计，大部分以色列人在35岁的时候就已经游历过超过12个国家。以色列人在新兴经济体和在未知领域中的活跃，另一部分原因是因为他们常常在外面的世界追逐着'书'的踪迹。"

有人说："犹太富豪在家打个喷嚏，世界上所有的银行都将引起感冒；五个犹太财团坐在一起，便能控制整个人类的黄金市场。"当今美国人更流行一句话："美国的钱装在犹太人的口袋中。"第二次世界大战后，犹太人的经商成就令世人瞩目。对他们来说，赚钱是生活在这个世界上最重要的事。

然而，唯利是图，不择手段的拜金主义者在犹太商人中却少得可怜。历史塑造了这个民族的坚毅和智慧，而睿智的犹太人依然在民族复兴的征途上前进，而东方巨龙的"崛起"，是否会一直被"山寨"的阴影所笼罩？

四、创新思想与犹太人的商业奇迹

一提到犹太人，人们脑子里可能会碰出诸如"商业精英"与"财富大亨"之类的词汇。是的，犹太人在商业上的成功几乎是其他民族难以复制的。他们漫长的流浪生活中不仅没有被其他民族所同化，也没被其他民族所灭亡，反而凭着自己坚强的毅力、出色的智慧创造了无数商业奇迹，并获得"世界第一商人"

的荣誉。犹太人在长期的商业实践中打造了他们独特的商业文化,练就了他们值得骄傲的商业秘诀,如重视金钱、重视智慧的培养、善于在逆境中奋发图强。

自古以来,犹太人就注重教育,尊重知识。数千年没有家园四处漂泊的苦痛经历,使得犹太人非常重视学习,这种认识要比一般民族早熟得多。犹太人把知识比作"抢不掉而又可以随身带走的资产",并上升到"资本"的高度。而且,犹太人的知识不是死知识,在千变万化的险恶环境中生存,犹太人的创新思维和逆向思维得到了锻炼。李维·施特劳斯的成功经验具有典型性质,充分体现出犹太人勇于创新的精神。

1829年,李维·施特劳斯出生于一个德国的犹太家庭。他从小就很聪明,顺顺利利地上完中学、大学,就如他的父辈一样,他当上了一个文员。1850年,一则令人惊喜的消息为人们带来了无穷的希望和幻想:美国西部发现了大片金矿,淘金的美梦每个人都在做。于是,无数个想一夜致富的人们如潮水一般涌向那曾经是人迹罕至、荒凉萧条的西部不毛之地。

20多岁的李维心中渴望冒险,犹太人天生的不安分让他不安于做一个安稳的小职员。于是他放弃了这个过于无味的工作,加入到浩浩荡荡的淘金人流之中。经过漫长的路程,李维来到美国旧金山,才发现自己当初的决定有些莽撞,自己并不是第一个去淘金的人,曾经荒凉的西部现在到处都是淘金的人群,到处都是帐篷,这么多的人蜗居在一个个帐篷里,能实现发财梦吗?能满意而归吗?难道自己抛弃工作来到这里,就这样无望地等待?他陷入深深的思考之中。

一次偶然的机会,李维看到那些淘金者为了买一点日用品不得不跑很远的路,自己也深有体会,于是,他突发奇想,一个新点子在他脑海中逐渐形成。他决定不再做那个遥不可及的淘金梦,还是踏踏实实地定下心开一家日用品小店,不再从土里淘金,而是从淘金人身上开始自己新的梦想。不出李维所料,这家小店的生意很不错,来光顾的人络绎不绝,很快,李维的成本就赚回来了,还有了不少的利润。有一天,他又乘船外出采购了许多日用百货和一大批搭帐篷、马车篷用的帆布。由于船上旅客很多,那些日用百货没等下船就被人们抢购一空,但帆布却没人理会。到码头卸货后,他就开始高声叫喊推销帆布,由于淘金者们都已搭好了帐篷,谁也不会费钱费力再去搭第二个,眼看帆布要赔本了。

李维本来以为帐篷是人们的必需品，却没想到竟然无人问津，非常沮丧，忽然他见一位淘金工人迎面走来，并注视着帆布。连忙高兴地迎上前去，热情地问道："您是不是想买些帆布搭帐篷？"那工人摇摇头："我不需要再搭一个帐篷，我需要的是像帐篷一样坚硬耐磨的裤子，你有吗？""裤子？为什么？"李维·施特劳斯惊奇地问道。那工人告诉他，淘金的工作很艰苦，衣裤经常要与石头、沙土摩擦，棉布做的裤子不耐穿，几天就磨破了。"如果用这些厚厚的帆布做成裤子，肯定又结实又耐磨，说不定会大受欢迎呢！"淘金工人的这番话提醒了李维·施特劳斯。他想，反正这些帆布也卖不出去，何不试一试做裤子呢？

　　李维抱着试试看的念头，找回这位淘金工人，把他带到了裁缝店，用帆布为他免费做了一条裤子。没多久，裤子就做好了，这位淘金工人穿上结实的帆布工装裤很是兴奋，逢人就讲"李维氏裤子"。裤子比别的裤子结实多了，再经过这位淘金者一宣传，这条裤子便变得神奇无比了。于是，人们纷纷前来询问，李维当机立断，把剩余的帐篷布全部加工成了工装裤，结果很快被抢购一空。

　　这次成功以后，李维·施特劳斯萌发了专为矿工生产这种"李维氏工装裤"的念头。他毅然放弃了小百货店，用微薄的资金开办了"李维·施特劳斯公司"，以淘金工人为对象，开始大批量地生产和销售这种既结实又耐磨的工装裤。没想到，销售量还非常可观。经过仔细地观察，李维认为，帆布虽然结实耐磨，但它不柔软，穿在身上不是那么舒服；在样式上工装裤比较单调而且肥胖不得体。李维·施特劳斯以商人特有的敏感，开始改进工装裤的面料和样式。

　　1847年，李维来到美国，他通过在欧洲的亲戚了解到，一个叫涅曼的法国人发明了一种叫作"尼姆靛蓝斜纹棉哔"的蓝白相间的斜纹粗棉布，在欧洲很受欢迎。听到这个消息的李维·施特劳斯如获至宝，他毫不犹豫地从法国进口这种布料作为工装裤的专用面料。经过大胆想象以后，他还决定对这些工装裤做一次样式上的改观。

　　结果，由新式面料生产出来的裤子，不但结实耐磨，柔软紧身，而且样式也显得漂亮多了，再次深受淘金工人的欢迎。一时间，这种工装裤在西部的淘金工人、农机工人以及牛仔中间广为流传。李维还紧密结合淘金工人的劳动特点，不断地对工装裤进行改进。

淘金工人在劳动过程中，经常把认为含有金子的矿石样品放进裤袋，以致用线缝制的裤袋因磨损严重经常断线裂开。有一次，一位名叫戴维斯的裁缝发现淘金工人埃克的裤兜被矿石撑破，使用黄铜铆钉对裤兜进行加固，这里的黄铜，实际上是铜和锌的合金材料，坚固结实，把它们钉在裤兜上方两角上，不仅牢固，还能起着修饰作用。

这样一来，工装裤显得更加美观大方了。为了保证裤兜不会从中间断线，戴维斯还采用对裤兜四周进行皮革镶边的办法，对裤兜进一步加固，效果十分明显。李维十分重视戴维斯的这项发明，他找到戴维斯，请他把所有的工装裤加上黄铜铆钉。

1873年，李维和戴维斯达成合作协议，把他们钉有铆钉的李维氏靛蓝工装裤申请了专利。经过改进，李维所发明的工装裤逐渐具有了今天牛仔裤所特有的样式。第二次世界大战以后，美国社会各种运动风起云涌，妇女解放运动、学生运动、嬉皮士风潮、反越战运动此起彼伏，在各项运动中，多次出现警察与青年学生、警察与普通民众的冲突。在对峙中，李维氏工装裤的方便、灵活性被充分地展现出来——李维氏工装裤就这样逐渐成为年轻化、大众化和青春魅力的象征，社会各阶层的人，不分身份和地位，都开始接受李维氏工装裤。

1902年，李维去世，他最遗憾的就是牛仔裤没有被普及，被所有的人接受。然而，他的下一代继承了他的敬业、创新精神，继续推出李维517、412、527型号，运用优秀的广告，通过好莱坞影星、西部牛仔影片终于把李维氏工装裤推向了全世界。20世纪三四十年代，美国西部电影广受欢迎。李维公司趁机把工装裤穿到好莱坞的电影明星身上，而这些好莱坞电影明星在电影中多扮演英俊潇洒、行侠仗义的西部牛仔形象。于是，李维氏工装裤的名称逐渐成为"牛仔裤"。1979年，李维公司在美国国内总销售额达13.39亿美元，国外销售赢利超过20亿美元，雄踞世界10大企业之列。

看看穿在我们身上的牛仔裤吧，不要忘记了"牛仔裤之父"李维，他几乎改变了全世界人类的衣装习惯。尽管在世界著名服装设计师的名单中并没有李维，但没有一位服装设计大师的作品能像牛仔裤那样遍及全世界，而且历久不衰。

创新，是以新思维、新发明和新描述为特征的一种概念化过程。创新是人类特有的认识能力和实践能力，是人类主观能动性的高级表现形式，是推动民族进步和社会发展的不竭动力。一个民族要想走在时代前列，就一刻也不能没有理论思维，一刻也不能停止创新。

不仅仅是李维，犹太商业英雄们在经营自己的事业时，无不把创新精神放在首位，比如罗斯柴尔德家族（50万亿美元的财富，苏伊士运河的开凿者。这个家族建立的金融帝国影响了整个欧洲，乃至整个世界历史的发展）、哈默（石油第八巨头）、哈同（19世纪末、20世纪初中国上海的一位犹太裔房地产大亨），等等。

犹太民族不仅在逆境中磨砺出坚韧的意志和挑战进取的精神，更在逆境中成就了许多令人敬佩的商业奇才。哈同——从穷苦潦倒到远东第一首富：哈同在晚清时期来到中国，在香港老沙逊洋行当个小小的勤杂工。当时的中国正处于内忧外患当中，处境十分恶劣，哈同在中国的环境也非常糟糕，但哈同却并没有被逆境所吓倒，而是机智勇敢地利用当时错综复杂的关系开展自己的商业道路，并最终成为当时的远东第一首富。

而约瑟夫·贺喜哈更是在8岁的时候就沦为一名小乞丐，但他同样在逆境中奋发图强、勇于创新，最终成为闻名世界的纽约股票巨人。

世界上大部分的犹太大亨都是靠白手起家，他们在逆境中取得的商业成就让世人都叹为观止。犹太民族中能挖掘出太多这样的励志故事，而犹太人的创新智慧远远不止限于商业，如今，以色列的国家创新排在世界首位，他们在科技等方面的创新，更让人大开眼界。那么，究竟是什么赋予了犹太人的创新精神呢？

五、犹太民族创新精神的历史渊源

创新精神提倡独立思考、不人云亦云，并不是不倾听别人的意见、孤芳自赏、固执己见、狂妄自大，而是要团结合作、相互交流，这是当代创新活动不可少的方式；创新精神提倡胆大、不怕犯错误，并不是鼓励犯错误，只是课调错畏认识是科学探究过程中不可避免的；创新精神提倡不迷信书本、权威，并不反对学习前人经验,任何创新都是在前人成就的基础上进行的;创新精神提倡大胆质疑,而质疑要有事实和思考的根据,并不是虚无主义地怀疑一切。一个具有创新精神的国度,其价值观与制度一定是具有开放与包容性质的,其公民一定是自由的并且有独立思考能力的。

以色列当代在创新方面取得的成就,跟国家的地理环境与政治环境息息相关。除上述客观原因外,以色列的繁荣跟犹太民族从内部爆发的力量关系更为密切。这股力量从何而来?来自几千年来苦难的锤炼,来自睿智而不乏神性的民族气节,来自历经漂泊之后沉淀下来的宽容。

犹太人自认为是上帝选出来的成为有道行的民族。他们始终追求心灵的纯洁高尚,而在历史上,他们遭受迫害歧视。为了摆脱这些不幸与烦恼,一些犹太人专心倾注于精神追求。在精神与文化世界中,他们可以自由地探索和思考,取得成功,忘掉失败与痛苦。犹太民族善于求同存异,在生活中则表现为经常发表不同意见,善于争论。犹太人中间流行着这样一句话:"两个犹太人,三种意见。"对于一个事物,犹太人鼓励各持己见、莫衷一是,因为任何一个人都不能保证自己的观点是正确的,任何人都不可能是真理和神圣的化身,此所谓"人类一思考,上帝就发笑"。

犹太人的求异思维和容忍异端的思想是有传统的。英国作家胡果·达文波特在《震惊世界的日子》一书中指出:"在这个民族漫长的流浪过程中,犹太人一直被猜忌、压迫和歧视。"正是经受了如此多的苦难,犹太民族在建立国家之后才把"宽容"、"创新"放在了首位。中世纪开始,犹太人就开始被指控具有神秘的图谋。他们受到了君主和权贵们的剥削、驱逐,并受到纳粹这样的种族恐怖主义的迫害。在漫长的流浪生涯中,犹太人都被当作"异教徒"对待,因而当他们拥有了资源与财产后,更能体会到那种被压迫与排挤的痛楚,所以容忍与宽恕在他们看来比什么都重要。

《圣经》上说,犹太人的祖先亚伯拉罕从巴比伦来到迦南,冷眼相对那里的多神教,毅然扯起了一神教的大旗,这本身就是一种求异思维。从亚伯拉罕,经过以撒、雅各到摩西,以色列人自封为"上帝的选民"。这个概念宣称:犹太人是世界上独一无二的上帝选民,犹太人是上帝赐予《托拉》的唯一民族。不论是在遥远的圣殿时期,还是在反犹主义横行的中世纪和近代,犹太人固守着自己的上帝，成为多种文化，包括基督教的"异端"。

在《圣经·旧约》中，犹太人作为上帝耶和华的特选子民，自从他们的祖先亚伯拉罕受到耶和华的感召时起，就踏上了寻找乐土的漫漫长路。他们从两河流域的乌尔来到了亚洲最西端的迦南（巴勒斯坦），在此定居了一段时间后，又由于饥荒而迁移到埃及。然而随着亚克索斯异族政权的垮台，依附于原异族政权的犹太人自然不受埃及人的欢迎，于是摩西又率领诸部落走出埃及，回到迦南。此后犹太人在此建立了犹太国。而后昙花一现的犹太国分裂成了两个国家——北方以色列和南方犹太，这两个国家又分别被来自东方的亚述人和迦底勒人征服，大量犹太人被流放到巴比伦。之后居鲁士率领波斯军队攻破了巴比伦，犹太人又重获自由，很多人回到了巴勒斯坦。然而随着希腊人和罗马人的入侵，犹太人彻底丧失了家园。从此散落在世界各地的犹太人，直到第二次世界大战后在欧洲人的蛊惑下来到沙漠中重新建立自己的以色列国时，终又聚集在一起。

第二次世界大战期间，纳粹集中营里数百万犹太人被残杀。正是历史上的犹太人遭遇了太多太多的血和泪的不幸，终于使犹太民族感悟到：金子和宝石在强暴者面前是保不住的，强暴者唯一拿不走的是智慧，只有智慧能永远跟你走，能保你的生存与发展。

在经历了各种肆虐的风雨后，这个弱小的民族始终坚持向世界"说不"和保留"求异"思维，体现出了顽强的生命力和坚定的信仰。然而，当基督教诞生后，《旧约》成了《圣经》的一部分，犹太教为了体现和《圣经》的不同，便又由1500名拉比用了近500年的时间在公元2世纪到6世纪撰写了《塔木德》一书，一个是正典（指《托拉》），一个是副典（指《塔木德》），两书互为补充，目的是为了防止思想的僵化和垄断，前者是神的声音，后者则是人的声音，这又是一种典型的"求异"思维。这种思维体现在文化上，形成了《圣经》文化和《塔木德》文化，或基督教和犹太教；体现在宗教上就是，自始至终犹太教内部一直教派林立，如改革派、保守派、重建派等。

在希伯来语中，"塔木德"（Talmud）的意思是"伟大的研究"，这是一部犹太人作为生活规范的重要书籍。《塔木德》在世界上广为流传，已被译成十几种语言。尤其是犹太人人手一册，从生到死一直研读，常读常新。它不仅教会了犹太人思考什么，而且教会了他们如何思考。它用一种始终如一的声音，构建了犹太人的世界观。它宛如一位和蔼可亲的朋友或思想深邃的学者，始终和每一个犹太人进行交谈和讨论，并穿透琐细的生活，让人感觉到鲜活的智慧和触及万物的力量。

犹太人的悖逆品性是《圣经》反复强调的，用《以赛亚书》的话说，犹太人"自从出胎以来，便称为悖逆的"。亚当夏娃偷吃禁果，直至摩西出埃及，无不渗透着叛逆。因此，犹太民族在信仰权威的同时，又在质疑权威。这样，民族文化就呈现出开放性和流动性的特质。

中国的传统文化跟犹太人恰好相反，迷信权威、"克己复礼"几乎是古人精神生活的全部。所以，柏杨把中国比喻成一个"酱缸"。一个民族的文化，在经历过一个长时期的沉淀后，其中无用，有害的东西沉淀下来，构成属于酱缸中糟粕的部分。而从鸦片战争结束，清政府闭关之门被打破后，西方各种先进的思想和文化便汹涌而至，国人的思想也在逐步发生变化。历史中每一次灿烂的时期莫不是文化发展时期，不管是中华大地春秋时期的百家争鸣，唐朝宋朝的高度发展，四大发明，或者是欧洲的文艺复兴。漫长的历史会产生酱缸，但酱缸也会有被打破的一天。沉淀在酱缸里的糟粕，或者慢慢被清除，或者被分解。同时，也会有新的糟粕沉淀，这是一个历史过程。由于文化传统强大的惯性力，至今很多致命糟粕仍旧遗留在酱缸中，忙着挣钱的人们来不及清理，也没有胆量去清理。如果国家像一个散发着霉味与腐臭味的酱缸，没有开放性的思维与制度，创新思维又从何说起呢？

犹太人的创新精神，还表现在他们重视知识、热爱知识。犹太人注重学习，更加注重培养学习的兴趣。他们把学习当作是开启智慧之门的钥匙。犹太人经常教育孩子们在财富和智慧之间，智慧更为重要，别的一切都可能化为乌有，只有智慧能伴随人一生。所以在犹太人心目中伟大的学者比威严的国王更令人尊敬；而中国当前很多人把高官厚禄作为人生的追求，把富豪视为自己的偶像。对待智慧与财富的观念上的差别形成了两种截然不同的教育理念。

犹太人认为只有创新才是真正的学习，否则只是一种单纯的模仿。学习知识必须经过自己的大脑思考，提倡怀疑精神，所以很多家长在小孩子放学会回来时问的第一句话是："孩子，今天你提问了吗？"喜欢探索与思考，喜欢抽与逻辑，铸就了犹太人求真务实的科学精神。摒弃了物质利益的诱惑，学习变得更加纯粹。犹太人格言说："切勿威吓孩子：要么罚他，要么饶他……非打不可，就使用一棵小草。"把孩子教育成一个优秀的人才是父母的职责；但是，绝不可以因此而损害了孩子身体的健康。在这种富饶而宽容的文化生态成长起来的民族，自然要比背《三字经》、写八股文成长起来的民族更加包容和开放。

　　犹太人之所以注重教育与智慧，并非与生俱来，乃是血和泪凝结而成的历史教训的必然总结。由于长期历史血泪的教训，重视教育与智慧逐渐成为犹太人的良好传统与习俗。以色列在1948年建国之后，政府与民众都很注重教育与知识。以色列每个村镇都有环境幽雅、书籍丰富的图书馆与阅览室，人均占有图书馆与出版社的比例为全球之冠。犹太人爱好读书与看报，以色列共有500多万人，《耶路撒冷邮报》每日48版，其发行量达100万份以上，平均每5人拥有邮报一份。重视教育、知识与智慧，赋予了犹太人创新精神，犹太民族之所以能名人辈出、群星璀璨，原因即在于此。

第二章　人性的智慧

> 精神空虚，思想枯竭，志趣低下，愚昧无知等，绝不会焕发和孕育出真正的爱。
>
> ——苏霍姆林斯基

一、什么是人性？

在中国先秦时期，爆发过一场关于人性善恶的争论。孔子最早提出人性问题，认为人性善，荀子则认为人性恶。孟子、荀子的人性善恶之争最后演变为了一场思想的交锋和灵魂的对话。

孔子是儒家人性论的开山祖师，他在人性问题上讲过一句名言"性相近也习相远也。"认为人的天性近似由于后天的积习而千差万别。《三字经》也说过："人之初，性本善"。

荀子否认人性中有先天的善，他认为人性是好利多欲的，本性中并无礼义道德，一切善的行为都是后天教育和环境影响的结果。

道家的老子、庄子认为人的本性是无知无欲，无所作为，人生的目的，就在于保全人性的天然状态，主张人应回到"无知无欲"的婴儿状态中去，人应完全顺应自然。

汉代的董仲舒认为善出于性，但性中有情，情是恶的。

在西方，主张人性本善的有苏格拉底、柏拉图、亚里士多德、费尔巴哈、马斯洛等哲学家。奥古斯丁、霍布斯等人认为人在胚胎中就有罪恶，人的一切行为都是为了个人私利，人的本性是自私与恶的。人为了达到自己的目的，总是力图排斥异己，互相谋算、陷害与残杀，钩心斗角，人与人之间像狼一样。

毕达哥拉斯、培根等认为人有灵魂，灵魂可善可恶。

人性善恶之争不会停止，那么究竟什么才是人性呢？人的本质究竟是什么呢？

人性，顾名思义指只有人才具备的特性，即该特性可以用于区别于其他事物（包括动物、植物）而为人所独有的特性。例如：能够使用利用语言、文字、音乐或其他工具彼此交流，能够独立思考、感悟，能够有所创造、能够彼此团结协作，能够近忧远虑、能够认识客观世界并有能力改造客观事物等一些只有人才具有的特性，因为这些特性是其他动物、植物所不具备的。如果一种特性是人和动物所共有的，那些特性不能算是人性，只能算是动物性，例如：繁衍、觅食、恐惧、趋利避害等，即如果一种特性不是人类独有的，则那样特性就不是人性。人来源于动物，所以人性是以动物性为基础的，但比起动物性，人性是人所独有的更高一个级别的特性。

发展到今天，现代公民社会对"人性"有了新的定义：人性是对真善美的追求和对假恶丑的厌恶，人性是从根本上决定并解释着人类行为的那些人类天性。当代人学家张荣寰全新诠释过人性：人性是真理性在人身上的自由表达。当人理智的释放人性的自由时，自我的良心就给予意志上的平等，自我的欲望就回归到美善的表达，爱的情感随之产生，人就会在人格上得到某种满足，身体上的满足是快乐，心灵上的满足是欢喜，这种人格（身心）上满足就是幸福。人性就是爱的满全，当真理在人身上的具体表现爱时，爱是法律精神的源泉，爱是人良心的机能，爱是人对真、善、美的向往、回应和给予。

所以，人性有两种含义：一种含义是作为中性词，在中国文化中，对人的本性，有人性本善论的观点，以儒家孟子为代表，也有人性本恶论的观点，以儒家荀子为代表；另一种含义是指作为人应有的正面、积极的品性，比如慈爱、善良，相当于英文中的单词 Humanity。通常所说的人性，以后一种含义居多，这时，人性总是和爱、宽容、尊重、平等等闪光的词汇紧密联系着。

有这样一个故事，有个小男孩在参加夏令营时，收到了妈妈寄来的一盒饼干。他吃了几块，把剩下的放在床下。第二天午饭后，他发现饼干不见了。

下午，一位辅导员发现有个男孩正在树后吃偷来的饼干，在此之前，他已经听说了这件事。辅导员想："一定要让这男孩懂得不能偷窃。"

他走回营地，找到了那个丢失饼干的男孩。

"比利"，他说，"我知道是谁偷了你的饼干。你能帮我教育他一下吗？"

"好的，可以。但您要惩罚他吗？"男孩疑惑地问。

"不，那样做只能让他怨恨你，"辅导员说，"我想让你给妈妈打个电话，让她再给你寄一盒饼干来。"

男孩照辅导员说的做了，几天后，他收到了妈妈寄来的饼干。

"现在"，辅导员说，"偷你饼干的男孩就在湖边，过去和他一块享用这盒饼干。"

"可是"，男孩抗议说，"他是个小偷。"

"我知道，但你试一下看会发生什么事情。"

半小时后，辅导员看见他们两个手拉着手跑上了小山坡。偷饼干的男孩热情地请求对方收下他的一把小折刀，用它作为赔偿，而失窃的男孩着急地拒绝着新朋友的礼物，说那几块剩饼干也不算什么。

这是一个关于人性转变的故事，试想，如果那个一时嘴馋的小男孩受到惩罚，他的偷窃行为被公之于众，内心肯定会对此耿耿于怀。而辅导员用自己的智慧挽救了这个男孩，人性没有绝对的善恶，有时可能只是一个笑容、一句宽慰的话，就能改变一个人的一生。

人性，有时像极地的青苔和细菌一样，即使在极为残酷的地方，也能够生长。1917年圣诞节前几周，欧洲大地上战争的硝烟日趋浓烈。其时正值第一次世界大战，在美国军队的中间，是一条狭窄的无人区。一个年轻的德国士兵在执行任务时被击倒在靠近美国的无人区里，身体被带刺的铁丝缠绕，他先是痛苦地哭号着，渐渐地变成了令人揪心的呜咽。战壕里的美军士兵都清晰地听到了德国士兵痛苦不堪的哭叫声。突然，一位美国士兵爬出战壕，匍匐着向德国士兵爬去，他的战友们先是十分惊诧，接着就明白了他的意图，不约而同地停止了射击。德国军官也命令部下停止射击。

战场上一片寂静。美国士兵先是背负着德国受伤士兵艰难地向德方战壕爬去，待枪声完全停息后，他站起身来，扶撑着德国士兵，一步一步向德国战壕走去。在战壕边缘，几个德军士兵接下了他们的同伴，德军的战地指挥官，一个十字勋章获得者，从自己的军服上快速摘下这枚勋章，将它别在了美国士兵的军服上。美国士兵转过身去,向自己的战壕走去。战场上依然是令人心颤的寂静,待到美国士兵安全地进入战壕,双方激烈的枪声几乎同时骤然响起。

寂静的时刻虽然只有短短几分钟,却深深地震撼了交战双方士兵。以至于若干年后,经历这一幕的人们仍然清晰地记得这令人难忘的几分钟,以及在这几分钟内所展现的可贵的永恒人性。

还有一个关于人性的故事。2008年8月,英国一位顾客购买了一款iPhone手机。在激活手机时,他惊奇地发现,手机里出现的竟然不是默认图片,而是一张中国女孩的照片。照片中,女孩儿身穿粉色工作服,头戴粉色工作帽,显得非常可爱,胖嘟嘟的脸上露着微笑,半趴在工作桌上,两只戴着白色手套的手向镜头做出"V"字手势。

在她身后,车间的情形一览无余,有其他工作人员正在忙碌地工作。此外他还发现,手机里关于这个中国女孩儿的照片,竟然不止一张,并且都是同样的甜美笑容。按照常规,在消费者权益保障相当严密的英国,对于这样一起质量事故,拿到被用过的手机后的买主一般会愤怒地去要求退货,甚至要求赔偿。但是,他却没有这么做——那张笑脸,深深打动了他。

带着巨大的好奇心,他把这些照片上传到网上与其他网友分享,没想到竟引起轩然大波。短短几天时间,这个无名女孩迅速走红互联网,被人们称作"中国最美打工妹"。一名外国顾客在网上留言说:"我正在考虑把我的手机退回厂家,因为上面没有配上微笑的iPhone girl!"另一名则建议:"让每一名生产手机的中国工人都留下一张她的照片或者是她工友的照片,留下一句你可能永远见不到的人的问候,这样该有多好啊!"

很快,照片从海外流传到国内,国内外都相继开出以"iPhone girl"命名的网站,搜索讨论该女孩的情况。事情很快就有了眉目,原来该照片之所以被存入手机中出售,是因为负责iPhone手机加工的深圳某公司手机检测人员工作疏忽所致。这名女工当时向正在检测手机拍照功能的同事笑了一下,结果被同事拍了下来,而这位同事忘记删除手机里的照片,之后便销售了出去。

当大家纠结于这个"美丽的错误"时,有人担心女孩会被这家电子公司开除。但很快,这家公司给出的答案是"不会开除",但他们会尽快采取措施,以避免此类事件的再次发生。在他们看来,整个事件不过是一个"美丽的过失"而已。

有人将其归功于苹果品牌的精神影响力；有人归因于iPhone girl的长相。我更相信，这是全球化时代所表现出来的人类善的那一面，这就是人性。

二、犹太人启示：金钱与人性的平衡

犹太人信仰的犹太教的教义里就有许多关于金钱的格言，比如"《圣经》放射光明，金钱散发温暖""身体依心而生存，心则依靠钱包而生存""伤害人们的东西有三：烦恼、争吵、空钱包，其中以空钱包为最"，等等。《羊皮卷》中有这样的犹太谚语："钱会给予我们向神购买礼物的机会。"这种对钱的态度，在很大程度上反映出一个社会、一个民族或一种文化的"资本主义合理性"水平。在这一点上，犹太人的民族起源与历史遭遇无疑起着决定性的作用。犹太人的长期流散，使他们不可能鄙视钱，因为每当形势紧张，他们重新踏上出走之路时，钱是最便于他们携带的东西，也是他们保证自己旅途中生存的最重要物品。

犹太人有着漫长的苦难经历，而苦难并没有磨灭犹太人的信仰，反而造就了他们乐观的精神以及向逆境挑战的勇气。从两千多年前被逐出家园后，他们一直过着颠沛流离的生活，在异国他乡中饱受歧视和压迫，在这过程中唯一使他们觉得可靠的就只有金钱，用他们的话来说："用金钱去敲门，没有不开的。"只有拥有金钱，才能让他们在其他民族的摧残中生存下去，不被灭绝；也只有拥有金钱，才能让他们在异国他乡里活得更好，不被歧视。所以，他们对金钱始终保持最强烈的欲望，不管怎样被人洗劫钱财，他们也从不气馁，而是想办法赚更多的金钱。

在经商时，犹太人即便是陷入了看似无法摆脱的逆境，也同样不会轻言放弃，甚至会在最艰难的时候幽自己一默，然后再坚韧地等待转机的到来，迎接最后的成功。但是，犹太民族是一个有信仰的民族，不取"不义之财"是他们与生俱来的品格。

犹太人有一句格言：鱼离开水就会死亡，人没有礼仪便无法生存，而不讲诚信则会受炼狱之罚。因此，在经商的时候，他们知道上帝正盯着自己，诚信是自己与上帝立下的契约。英国最有名的百货公司马克思—斯宾塞百货公司就是由犹太人经营的，虽然里面的商品以廉价为特色，但十分注重质量，真正做到了"物美价廉"。现在该公司的商标"圣米歇尔"已经成了一种优质品的标志，一件"圣米歇尔"牌衬衫是以尽可能低的价格所能买到的最优质的商品。由此可见犹太人的诚信经商之道。

有这样一个故事：一位妇女从商店里买回来一件衣服，回家穿上后发现衣服的口袋里竟然有一枚戒指，她赶紧把戒指还给的商店，并对店家说，不义之财我不能贪，因为我是犹太人！

都说犹太人精明，是的，他们在经商的时候是非常精明，但这种精明跟中国人不一样。犹太人不会为了小便宜而违背良心和人性在食品中加非法添加化学剂，他们的精明是堂堂正正的，见得光的。有一个叫菲勒的犹太富翁，他活了77岁，临死前，他让秘书在报纸上发布了一个消息，说他即将去天堂，愿意给逝去亲人的人带口信，每人收费100美元，这一看似荒唐的消息，引起了无数人的好奇心，结果他赚了10万美元。如果他能在病床上多坚持几天，可能赚得还会更多些。他的遗嘱也十分特别，他让秘书再登一则广告，说他是一位儒雅的绅士，愿意和一位有教养的女士共居一个墓穴。结果，真有一位贵妇人愿意出资5万美元和他一起长眠。

这就是"爱财如命"的犹太人，即使是在生命的最后一刻和生命结束后也不放过赚钱的机会。在犹太人的眼里，上帝是万能的神，而金钱上帝赐予的礼物。这样将金钱与上帝一体化之后，他们的商业精神也闪耀着信仰的光环，自然不会堕落为无良商人。

犹太人的人性化商业精神延绵了几千年，跟这个民族的信仰紧密缠绕，帮助这个民族在复兴之路上稳步前行。商业中的人性与神性，正是来自犹太人的宗教。犹太人有严格的教规，共613条戒律要执行："不可杀人，不可崇拜偶像……不可贪恋别人的房屋、妻子、奴仆、钱财……"神的束缚对于人的道德行为无疑是有至关重要作用的，这至少对于商业环境的影响不言而喻，对于商业尊严的恪守也维护了犹太人健康的经商环境。

远在摩西时代，当地人通常在高地山冈、青翠树下敬拜自己的神。此外，他们还用金属或泥石制造大量偶像，用来代表神，进行敬拜。在近现代的考古发掘中，发现有雕刻绘画神像的纪念碑及大量小型金属神像，其中最多见的是巴力神像，这些神像通常用金箔或银箔裹着，一般用黄铜或青铜制成。

多神崇拜和偶像崇拜的斗争，是摩西引导犹太人出埃及的主要障碍。按《圣经》的说法，当摩西在西奈山与上帝立约时，因他四十昼夜未下山，山下以亚伦为首的希伯来人就铸造了金牛犊，并向它跪拜。摩西下山后，怒摔法板，命利未人处死那些判教者。希伯来人占领摩押、米甸后，又崇拜当地神祇，不少希伯来人在外族女子的引诱下背弃亚卫，改拜她们的巴力神。

因此，摩西颁布"十诫"强调上帝的唯一性，既防止了犹太人被外族同化，又增加了犹太人战胜苦难的信心，确实是决定犹太民族命运的选择。从此以后，犹太人便成了上帝的选民，上帝不仅是他们心中唯一的真神，而且他还不宽容犹太人对虚假神祇的错误崇拜。在犹太人五千多年的历史中，犹太教通过信奉独一无二的上帝，获取了前后一致和普遍适用的行为规范，从而使上帝成为人类唯一最高的伦理意志。

犹太教的全部道德教诲，以在人类关系中奉行公义和怜悯为基础，由所有犹太人对上帝负责，既要努力尊奉诫命以提高现世生活的道德水准，又要尽其所能按照宗教理想去改善人类社会。正是由于信仰的力量，使所有的犹太人都成为一个整体。上帝把他们从奴役中解放出来，赐予他们一整套律法《托拉》，并命令他们按他所昭示的道德法则生活。依照这些道德标准和律法，犹太人在与上帝的契约中找到了完善自己的源泉。对于犹太人来说，律法并不是一个负担，而是上帝赐予的恩典。

因此，对上帝的信仰是犹太人的标志之一，他们相信对人类的冒犯就是对上帝的冒犯。正是携带着信仰与金钱，犹太人才能走得如此健康、平稳。他们知道，丢掉其中一样，人性与金钱的天平就会失去平衡，最终导致整个民族土崩瓦解、灰飞烟灭。今天中国的政治精英与商人们，不知道有没有时间思考金钱与人性的天平。

三、犹太电影中的人性光辉

犹太人创造了富甲天下的财富，看看最典型的犹太人优秀企业家都有谁：金融天才乔治·索罗斯、经济帝国"红色之盾"罗斯柴尔德以及世界广告神话的创造者萨奇兄弟等。人们会说犹太人是世界上最聪明、最富有的民族。更有人调侃说：犹太人在家打个喷嚏，全世界银行都将连锁感冒。五个犹太人凑在一起，便能控制世界整个黄金市场。美国是世界首富，但美国的财富却大多装在犹太人的口袋里。

犹太人在商业上所取得的成功是毋庸置疑的，他们在电影界取得的成就，更不容忽视。作家波门特甚至在《犹太人》一书中说："在好莱坞，整个人群的犹太裔程度达到这样的地步，非犹太人感到自己是外人。"华纳兄弟、米高梅公司老板、派拉蒙公司创始人……所有主持过好莱坞黄金时期的都是犹太人。伍迪·艾伦、波兰斯基、斯皮尔伯格这些闻名于世的大导演都是犹太人。犹太电影在电影界中的分量历来是沉重的。

犹太电影一般是关于犹太民族的电影，这类电影大部分由犹太人导演。由于他们的民族自豪感与民族反思精神，导演往往喜欢在电影中饱含深情地讲述自己民族的苦难——关于屠杀与战争，民族冲突与宽容。

也有的导演不是犹太人，比如罗伯托·贝尼尼，他自编自导的电影《美丽人生》取得了巨大的成功，荣获了奥斯卡最佳外语片头衔及多个国际大奖。电影讲述了意大利一对犹太父子被送进纳粹集中营的故事，父亲不忍年仅五岁的儿子饱受惊恐，利用自己丰富的想象力扯谎说他们正身处一个游戏当中，必须接受集中营中种种规矩以换得分数赢取最后大奖——坦克。父亲一边乐观地干着脏苦的工作，一边编造游戏的谎言。当解放来临之际，一天深夜纳粹准备逃走，父亲将儿子藏在一个铁柜里，千叮万嘱叫他不要出来，否则得不到坦克。他打算趁乱到女牢去找妻子多拉，但不幸的是他被纳粹发现，当纳粹押着圭多经过孩子的铁柜时，他还乐观地、大步地走去，使眼色暗示儿子不要出来，但不久，就听见一阵枪响，历经磨难的父亲惨死在德国纳粹的枪口下。天亮了，孩子从铁柜里爬出来，站在院子里，这时一辆真的坦克车隆隆地开到他的面前，上面下来一个美军士兵，将他抱上坦克。

虽然罗伯托·贝尼尼不是犹太人,但他的父亲过去真的曾被关在纳粹集中营,因此对他影响很深。拍这部电影的灵感来自雷奥·托洛茨基在即将被暗杀时写下的一段文字:"人生是美丽的"。罗伯托·贝尼尼想通过一部电影来展示面对死亡的了然心境。所以便有了这部充满爱、喜悦以及坚强的《美丽人生》。在所有犹太人电影中,几乎都充满了这些人性的元素,即使在大灾难面前,犹太民族人与人之间的关系仍旧没有变异。犹太电影抓住了这点人性光辉,通过光影折射出来,使电影带给人强烈的精神震撼。

斯皮尔伯格导演的《辛德勒的名单》无疑是最优秀的犹太电影之一,影片虽然讲的是苦难,却并没有像中国抗日电影那样恶意丑化日本人,自我博取怜悯,而是探寻和讴歌在特殊环境中的人性发展轨迹。它是一部电影,是一部史诗,是一段历史,是一个民族的创伤与心灵。

1939年9月,德军在两周内攻占了波兰,纳粹下令波兰全境的犹太人必须集中到指定的城市进行登记,每天有一万多名犹太人从乡村来到克拉科夫。

在克拉科夫的犹太人推举了24名犹太人组成委员会帮助被集中到该城的犹太人解决住宿膳食、分配劳役和排解纷争等问题。

刚从家乡来到克拉科夫的德国企业家奥斯卡·辛德勒身材高大、相貌英俊、举止风流倜傥。他在酒店及各种社交场合慷慨地大量结交德国军官和党卫军,他好女色,会享受,是地方上有名的纳粹中坚分子。他善于利用与关系攫取最大的利润。在被占领的波兰,犹太人是最便宜的劳工。因此,辛德勒的工厂只使用犹太人。然而这些人得到这份工作也就得到了暂时的安全,作为战争产品的生产者而免受屠杀。辛德勒的工厂成了犹太人的避难所。

然而纳粹对犹太人的残酷迫害使辛德勒越来越不满。1943年,纳粹对克拉科夫犹太人的残酷血洗使辛德勒对纳粹的最后一点幻想也破灭了,他清楚纳粹对犹太人的屠杀和奥斯威辛集中营的恐怖。从那时起,辛德勒只有一个想法,尽可能多地保护犹太人,使其免受奥斯威辛的死亡。他制定了一份声称工厂正常运转所"必需"的工人名单,通过贿赂纳粹官员,使他们得以幸存下来。他越来越受到违反种族法的怀疑,但他每次都很机智地躲过了迫害,一如既往地不惜冒着生命危险营救犹太人。当运输他的女工的一列火车错开到奥斯威辛时,他还破费了一大笔财产把这些女工又追回了他的工厂。

不久，苏联红军来到了克拉科夫市，向在辛德勒工厂里干活的幸存的犹太人宣布：战争结束了。下大雪的一天晚上，辛德勒向工人们告别，获救的1000多名犹太人为他送行。他们把一份自动发起签名的证词交给了辛德勒，以证明他并非战犯。同时，他们还敲下自己的金牙，打制了一枚金戒指，赠送给辛德勒，在戒指上刻着一句犹太人的名言：

当你挽救了一条生命，你就等于挽救了全世界。

辛德勒泪流满面，他为没能救出更多的犹太人而痛苦万分。大雪之中，犹太人目送辛德勒离开了城市。他的义举将永远被犹太人们铭记在心。

《辛德勒名单》虽然以黑白摄影为主调，仍是彩色大制作的规模，全片有126个角色，动用3万名临时演员演出。在波兰除有30个外景场地，还搭制了140个布景配合。前幕后动用了百余名犹太人参加工作，让他们重温一次纳粹恐怖血腥的噩梦。影片思想的严肃性和非凡的艺术表现气质都达到了难以超越的深度。描写犹太人在第二次世界大战时期遭受集体屠杀的影片过去也拍过不少，比如《善意的谎言》《集中营血泪》，但是以德国人良知觉醒并且不惜冒生命危险反叛纳粹，营救犹太人的真实故事片，这还是第一部。

影片中有一个让人难忘的镜头：在清洗克拉科夫犹太人居住区时，辛德勒在挥舞棍棒、疯狂扫射的冲锋队和被驱赶的犹太人之间看见了一个穿行于暴行和屠杀而几乎未受到伤害的穿红衣服的小女孩。这情景使辛德勒受到极大的震动。斯皮尔伯格将女孩处理成全片转变的关键人物，在黑白摄影的画面中，只有这小女孩用红色。在辛德勒眼里，小女孩是黑白色调的整个屠杀场面的亮点，后来她又一次出现——她躺在一辆运尸车上正被送往焚尸炉。

这一画面成为经典之笔，它的摄影的深层内涵和艺术价值远远超过一般意义上的电影作品，而拍摄过程充分体现出了影人的人道精神。1993年，斯皮尔伯格带领《辛德勒名单》一片摄制组初抵波兰，就在他们跨进第二次世界大战期间克拉科夫中营准备安营扎寨之时，突然收到全美犹太人协会从纽约发来的一封急电："请勿惊扰亡魂，让他们安息吧。"斯皮尔伯格读完这封寥寥数语的电文，一言不发。他当即下令摄制组全体人员撤离克拉科夫集中营，转移到几十公里以外,搭置布景拍摄。与此同时,他独自一人离开了摄制组,乘飞机直接飞往纽约。

斯皮尔伯格不派代表,不借助电话、电报、电传等迅速方便的现代化通信工具而横跨大西洋,亲赴纽约向"犹协"致歉,他的谦逊和诚意令"犹协"全体成员无不动容。拍完此片,斯皮尔伯格谢绝了片酬并决定将个人赢利全部捐给美国大屠杀博物馆。难怪后来国际影评界交口赞誉《辛德勒名单》是"一位充满人道主义精神的导演拍摄的一部洋溢人道主义气息的电影"。

斯皮尔伯格的另外一部电影《慕尼黑》则把犹太民族与周边国家的对立,放到了现代语境中,主题仍然不离反思、谅解的主题词。这是一部关于政治、复仇的真实的电影。1972年在联邦德国举办的第20届奥运会上,巴勒斯坦的极端恐怖组织"黑色九月"闯进了奥运村绑架了11名以色列运动员,以此要挟以色列释放被关押的该组织成员。

联邦德国的警察草率对待了这次绑架事件,他们直接冲进了恐怖组织的巢穴企图武装营救人质,孰料导致了11名以色列运动员全部遇难!事件发生之后,以色列"摩萨德"高层迅速训练了一批特工,展开了对"黑色九月"组织以及相关的巴勒斯坦人长达一个世纪的血腥报复。电影的主旨其实还是人性的自我救赎。在"救人即救世界"的信条下,斯皮尔伯格想要化解不单是特工们心中的痛苦,更多的是两个民族之间长达半个世纪的恩怨。

无论犹太人,还是与之对峙的穆斯林,在战争中受伤害的永远是这些无辜的平民,斯皮尔伯格展示的是生活在时代阴影下巴以两地人们的生存处境:对死亡的恐惧,对生命的无力挣扎。斯皮尔伯格说:"我没有在影片中将杀人者描写成魔鬼,恐怖分子也是人,他们有他们的家庭和朋友,可是他们滥用行刑的方式杀害无辜的人们,我诅咒这样的屠杀。"

斯皮尔伯格反对恐怖主义,对以方就对付恐怖主义采取的报复手段也提出了他深深的质疑,在接受《时代》周刊的采访时他说,"我一直喜欢以色列在它受到严重威胁时做出的强烈反应。但同时,我认为以报复来对抗杀戮并不能解决任何问题,它只会造成一种没完没了的报复机制。现在那个地方已经是一片血的沼泽。"

斯皮尔伯格跨越种族的人道立场不可避免会遭到以色列犹太人对他的谴

责，他们无视斯皮尔伯格"为了和平"的创作初衷，甚至指责斯皮尔伯格"背叛了犹太人的民族感情"。正如斯皮尔伯格事先担心的那样，他的确卷入了被误解的旋涡。然而，人性总是复杂的，特别是在民族情绪的压力下，人们很难以客观、理想的态度去看待事物。或许斯皮尔伯格的预见性，在几十年或者几百年后，才能被以色列人正视。

另外一个犹太裔导演罗曼·波兰斯基导演的电影《钢琴师》同样是以讲述个人命运的手法，表现出一个民族的苦难与新生。第二次世界大战期间，一位天才的波兰犹太钢琴家，四处躲藏以免落入纳粹的魔爪。他在华沙的犹太区里饱受着饥饿的折磨和各种羞辱，整日处在死亡的威胁下。他躲过了地毯式的搜查，藏身于城市的废墟中。幸运的是他的音乐才华感动了一名德国军官，在军官的冒死保护下，钢琴家终于挨到了战争结束，迎来了自由的曙光。

无论是斯皮尔伯格还是罗曼·波兰斯基，他们始终坚持用人性的手法讲述犹太民族的故事。英国著名间谍作家约翰·勒卡雷说："电影不是个人的呓语。小说、诗歌可以是，但电影不能是，电影应该是能作用于现实，电影应该是有用的。"有一个电影导演，三年前就拿到一个剧本，却一直不敢拍，直到他的第一个儿子出世。他说："我没有把握，我等到我的儿子出世，他的生命让我对生命有了全新的了解。这时，我想，我可以拍了……"这个人名叫斯蒂芬·斯皮尔伯格。这部电影，后来被称为历史上最经典的电影之一——《辛德勒的名单》。

是的，电影的人性，来自电影人的人性。在古装剧、红色剧泛滥成灾的中国，荧幕上总是恶搞、嘲笑与奚落，看不到人性的光辉。同样是面对民族苦难与历史，为何两个国家的影人做出了不同的姿态和诠释，这难道不值得我们深思吗？

四、追寻犹太人的人性渊源

网上曾流传过这样的新闻，耶路撒冷发生了一起公交车爆炸的恐怖袭击事件，炸死了十来个人，其中包括两名中国人，这两名中国人都是福建人，是去打工的。以色列政府立刻与中国方面联系协商赔偿事宜,但经过中国领事馆的核实,此两人系偷渡客,属于非法入境,于是使馆方面不再配合。后来,以色列政府专门开了一个会,会议认为,在以色列国土上无辜死亡的人,政府都有责任对其负责,至于这个人偷渡与否,那是另外一回事。会议最后决定,对两名死难的中国人一视同仁地按照国民待遇善后。

会后,以色列政府派专人到福建找到两位农民工的家人,抚恤金标准如下:死者健在的父母按照每月1100美元的标准发放直到老人去世;未成年子女按每月1100美元的标准发放直到成年;有妻子的按照每月1700美元发放直到去世。死者家属要求一次性支付,以色列政府也同意了,最后支付的金额是每位死者赔偿70万美元。所有相关的调查费用全部由以色列政府负担。消息传开,在福建掀起了去以色列打工的狂潮。福建省政府的官员说,怎么挡也挡不住。这则消息虽未经证实,但不可否认,以色列的善后处理工作的人性化,历来是很受称赞的。

2003年1月5日晚,在以色列特拉维夫再次发生"人体炸弹"恐怖袭击事件,2名中国劳工在大爆炸中当场遇难,7名中国人受伤,其中一人抢救无效身亡。对于在恐怖事件中遇难的中国劳工,在赔偿的问题上,以色列做到了"国民待遇"。以色列将承担起抚养其遗孀、亲属以及孩子的责任。抚恤金支付方案包括近2000美元的安葬费,遇难者的遗孀每月还可获得1500美元到1800美元左右的生活补贴,这笔费用根据死难者的家庭情况、孩子的数量及年龄等因素来确定。这里面包括死者遗孀、孩子的生活费用、教育费用等。当孩子的年龄超过了21岁后,这笔费用会有所减少。

著名杂文家、时评家鄢烈山先生认为:"以色列赔偿机制的完善,表现在国家赔偿与通过市场机制运作的保险公司赔偿两方面有效的严密的结合。这一切都根植于深厚的人道主义,没有这个思想基础或者说价值观念推动,把人(普通人、底层人)不当人,就根本不可能有这样的措施。"

对于自己的国民,以色列的人文关怀更是无微不至。2001年,云南丽江发生了以色列游客不慎在虎跳峡落水的事故,经中国方面寻找无果,为此,以色列政府派专机来丽江,带着专业的搜救设备和一个专业搜救队,并高薪雇用中国人沿江几百里进行拉网式搜索,活要见人,死要见尸,时间持续一个多月。

有人说，一个这样对待他国和自己死去国民的国家，不管你怎么说，我都坚信，这是个好国家。

犹太人关注人的精神，可以说是这个民族与生俱来的本性。"人，是一切价值的尺度"，正如弗洛伊德所言，假如没有了人类，那曾经回荡过牧童笛声的田野小溪；那曾经留下情侣足迹的村间小路；那山川草木、日月星辰，除了"存在"之外，又有什么"魅力"呢？动物之间的相互蚕食，自然中的山崩海啸，又算什么灾害呢？不言而喻，世界之所以有善与恶、美与丑、欢乐与苦难的冲突，也都是因了人这"万物之灵"之故。

宇宙本无所谓无情有情，有情的世界是人创造的，是人的世界。虽然结构主义者福柯认为，世界开始的时候不需要人，世界结束的时候也不需要人。但问题在于，不管世界是否需要人，人都需要世界，正如恩格斯所说："人是最名副其实的社会动物，不仅是一种合群的动物，而且是只有在社会中才能独立的动物。"

马克思说过："人是人的最高本质。"因此"必须推翻那些使人成为受屈辱、被奴役、被遗弃和被蔑视的东西的一切关系。"可悲的是，人经常把自己当作实现非人目的的手段。因此，人啊，不能不无数次地向自己提出在童年时代就已经提出的要求：好好地认识自己，解开人生之谜，以最终"成为自己的社会结合的主人，从而成为自然界的主人，成为自己本身的主人——自由的人"！这段话虽然在一定程度上道出了"人是什么"的部分含义，却有着某种哲学的空泛。

按照犹太人的"圣经"《塔木德》的观点："人是被宠爱的，因为他是按上帝的形象创造的，然而，人是按上帝的形象创造的这一点是通过一种特殊的爱才让人知道的，如《圣经》所说：'因为神造人是照自己的形象造的。'"（《创世记》9：6）身体是上帝的杰作，它证明了上帝的无限美德和无穷的智慧。每一个人都是一个与众不同的个体，这一点证明了这种美德和智慧所能创造的奇迹，这昭示了上帝的伟大。因为人用同一模具铸就的许多硬币都相似，而神圣上帝用一个人的模具所造就的每一个人却彼此不同。为什么没有相同的脸呢？是为了不让人看到华美的宅宇或漂亮的女人时声称为自己所有。人在三个方面区别于他的同胞——声音、相貌和心灵。声音和相貌上的不同是为了维护道德，心灵上的不同是因为强盗和暴徒之敌。

有两则故事非常值得思考，第一个故事如下：

"市长要我去谋杀一个人，我要是不去，市长就会派人来杀了我。在这种情况下，我该怎么办？"

阿瓦拉比回答说："宁可让市长杀掉，也不要犯谋杀罪。你为什么认为你的血就比他红呢？"

第二个故事如下：

两位行人在沙漠中迷了路。只有一人还剩有一瓶水——他们两人剩下的唯一的生活资料。分享的话，两人将会一起死去；留给一个人的话，它就会给予他走出沙漠的足够力量，职责为握有这瓶水的人规定了什么呢？

本·佩托拉比说："宁可两人都死去，也比一个人成为他的同伴之死的目击者要好。"

拉比阿基巴反对说："保持自己的生命优先于他人的生命。"

这两则故事从两个侧面思考了"生命的价值"这一重大的问题。拉比们认为：人不应该视自己的生命价值高于他人，同样一个人自己的生命价值绝不低于他人，人的生命都是同等重要的。也即"己所不欲，勿施于人"或"人所不欲，勿施于己"，这也许是犹太人的一种道德智慧吧。

犹太人从来不去玩弄空洞的理论概念或说教，而是用幽默或耐人寻味的小故事来启迪人的思想。通过上述两则故事看出，一个人没有权力把自己不愿意要的东西（死亡）强加于他人（谋杀别人），但一个人也不应该把一般人都不要的东西（死亡）留给自己。而当人己双方都面临着人类所不要的东西，而又必须由一方做出选择时，关键要看个人具备的客观条件。道德是绝对的，当我们身陷困境时常常又无所适从，这就需要智慧，生存的大智慧。

但是，我觉得犹太人有关"人的教义"和生命的大智慧最重要的是下面一句话，这句话值得每一位中国人铭记：人首先是由个体被创造出来的，这样做是要教导人们无论谁毁灭了一条生命，上帝便视其为毁掉了整个世界；无论谁拯救了一条生命，上帝便视其为拯救了整个世界。因此，对人类的冒犯就是对上帝的冒犯。

正是有了这种高贵的信念与信仰，犹太人的文化血脉中的人性之流才没有枯竭，而是随着国家的繁荣与民族的强大，变得更加汹涌澎湃。尊重人，既是尊重人的生命财产与政治权利，也是尊重公民思想的丰富性与价值观的多样性。从孩童时期开始，以色列的国家观念已经开始在影响国民。

1948年以色列国家建立，教育一直采取开放式教育，不搞填鸭式的知识灌输，教学以启发为主，十分重视提问和交流。犹太人素来注重提问和交流式的教育传统，很久以前，犹太教的"拉比"们读经时的主要方式就是分成两组，轮流提问或者作答。教学中衡量学生成绩的优劣不看其能否按标准答案回答，而是要看提问者是否能提出有深度的问题，这是一种让人增长智慧的学习方法。这个传统一直承袭下来，如今在中小学中，一个班最多只有20几个学生，6个人一组，围桌相向而坐听课。专家们认为，这种形式有利于学生们讨论问题。

以色列的启发式教育在学前教育中就充分体现出来。幼儿园是小朋友的天堂，他们可以尽情玩耍，发挥自己的天性。孩子们都很愿意去幼儿园，没人把入园看成是可怕的事情。孩子到园的时间没有严格限制，先来的先玩，后来的后玩，没有吃早饭的吃完了再去玩耍。虽然有集体活动，也是自愿参加，老师从不强迫他们做事情。

当孩子们画画、做纸花或者玩玩具时，老师在一边出主意、加以鼓励，还不时地加入到集体游戏中。孩子们做完游戏，就自己去洗手，找毛巾擦手，虽然常常把衣服搞湿了，但是锻炼了他们自己动手的能力。以色列是一个宗教气氛浓厚的国家，在一些幼儿园里还专门设有宗教班。这些未来的"小拉比"们与其他孩子一样玩耍，只不过要多上一门诵经课，生活和习俗上也要严格遵守犹太教的教规。

以色列教育的另一个显著特点是重视非智力因素的培养，他们认为价值观、责任感、情感等方面的提高是教育的基础。以色列全国有120个大大小小的博物馆，为了培养年轻一代的爱国精神和民族自尊心，教育部要求以色列青年在上大学之前，至少要进大屠杀纪念馆参观三次。在这个国家中，进行非智力因素培养的最有效方式是参加青年组织。全国共有12个不同的青年组织，拥有100万成员。分布在各地的8个办公室都设有专职人员，协调不同青年组织的活动，由教育部给予经费支持。每个组织一般每周活动两次，内容为帮助新移民的"向导"活动（进入20世纪90年代，以色列接收了100多万移民，多半来自苏联,其中有两万人是黑皮肤的埃塞俄比亚犹太人。)新移民在新环境里遇到许多困难。

对此,以色列开展了一项叫"向导"的有益活动,旨在帮助移民家庭。全国组成了300个"向导"小组,小组成员都与移民家庭建立起固定联系,帮助他们与社会沟通,为他们排忧解难、参观展览、参加冬令营、夏令营等等。孩子们都身着灰绿色的统一制服,不分年龄、不分阶层共聚一堂。这些有益的活动使年轻人的非智力素质得到提高。

以色列教育观念的建立与制度的更新,正是源自这个民族根深蒂固的"人道"向心力。与中国大会战似的"统考"相比,以色列的教育无疑是更加尊重人的教育。

有人概括了犹太人的六点基本人性:

一、犹太人有很强的民族感与历史感。犹太人将自己称为"记忆的民族"。说犹太人是"记忆的民族",是为了表示他们记忆和继承历史的遗产。在这些记忆中,不光有民族的伟业和光荣,还有那些迫害、离散、痛苦和失败。犹太人通过记忆,将这些痛苦和教训世代相传,以警后人。历史其实就是一个民族烙印的记录。犹太人认真记忆民族历史的原因之一就是想通过这个方式,让离散于世界各地的犹太人认识到犹太人的一体性。

二、犹太人有强烈的宗教意识。犹太人信奉犹太教,而犹太教义视耶和华为唯一真神,并不认同其他宗教,拒绝承认耶稣为救世主,因而犹太人与其他信仰的民族产生摩擦,这也被公认为犹太人遭人排挤的最大原因。

三、犹太人尊重他人,彼此宽容。这由传统保留下来的美德无疑是其民族安身立命的智慧。

四、犹太人尊重知识,推崇智慧。他们认为知识固然重要,但它是用来磨炼智慧的。智慧是终其一生永远相伴相随的财富,它会永远帮助你,庇护你;而知识不同,它可能给你带来好运,给你带来财富,但它不会永远这样,因为知识会随着时间的推移而变得陈旧。而智慧才是真正的财富,远胜于金钱。犹太人认为智慧有死的智慧和活的智慧。只有用于实践产生了效益的智慧才是真正的智慧,这样的智慧才是最重要的。

五、犹太人勤劳。犹太人的生存之法是培养勤勉的习惯。在犹太人的家庭里，犹太人的父母很注意培养他们子女的这种勤勉精神。犹太人认为对于勤劳的人，造物主总是给他最高的荣誉和奖赏，而那些懒惰的人，造物主不会给他们任何礼物。犹太人崇尚工作，他们讨厌整天清闲、无所事事、到处游走，他们认为那是最难受的事情，而整天勤勉甚至紧张的工作才是他们喜欢的。

　　六、犹太人重视教育。一个典型的犹太家庭与中国家庭相仿，男子外出挣钱养家，女子操持家务，相夫教子，确保子女完成学业。富有人家是这样，贫困之家亦是这样。一个犹太孩子，除需外出求学外，每天要做多次祈祷；每七天要过一个安息日；每年有十几个节日，父母通过这些对孩子进行着宗教的、民族的也是文化的教育。犹太人的家庭教育是其他人难以比拟的。

第三章　和谐的智慧

亲善产生幸福，文明带来和谐。

——雨果

一、中国传统文化中的和谐智慧

中国古代的"和谐"理念大致有三种意思：一、"和而不同"，事物的对立统一，即具有差异性的不同事物的结合、统一共存；二、政治和谐，一种社会政治安定状态；三、遵循事物发展客观规律，追求人与自然的和谐。

上古时期的和谐智慧

上古时期，中国人的和谐文化就已经开始萌芽。据《尚书·虞书》《史记·五帝本纪》《孟子·告子》记载，舜历来与尧并称，为传说中的圣王，他不仅是构建上古和谐社会的旗手和榜样，他的治家治国的方略和成就更是前无古人。舜帝对和谐社会的贡献首先是从家庭做起的，因为家庭是社会的细胞，家庭不和谐，自然要影响到社会和谐，所谓"一室之不治，何以天下国家为"。这种重视家庭和谐的思想跟舜帝的经历息息相关。

传说黄帝以后，先后出了三个很出名的部落联盟首领，名叫尧、舜和禹。他们原来都是一个部落的首领，后来被推选为部落联盟的首领。尧老后，准备物色继承人，但考察了很多人都觉得不合格。有一次，他又把四方部落首领找来商量，要大家推荐，到会的一致推荐舜。尧点点头说：你们能不能把他的事迹详细说说？

大家便把舜的情况说开了：舜的父亲是个糊涂透顶的人，人们叫他瞽叟（就是瞎老头的意思）。舜的生母早死了，后母很坏。后母生的弟弟名叫象，傲慢得没法说，瞽叟却很宠他。舜，名玄景或重明或重华，黄帝的八世孙。因生于姚地（今河南濮阳范县），以地取氏为姚。舜生活在这样一个家庭里，待他的父母、弟弟挺好。所以，大家认为舜是个德行好的人。

尧听了挺高兴，决定先把舜考察一下。他把自己两个女儿娥皇、女英嫁给舜，还替舜筑了粮仓，分给他很多牛羊。那后母和弟弟见了，又是羡慕，又是妒忌，和瞽叟一起用计，几次三番想暗害舜。

有一回，瞽叟叫舜修补粮仓的顶。当舜用梯子爬上仓顶的时候，瞽叟就在下面放起火来，想把舜烧死。舜在仓顶上一见起火，想找梯子，梯子已经不知去向。幸好舜随身带着两顶遮太阳用的笠帽。他双手拿着笠帽，像鸟张翅膀一样跳下来。笠帽随风飘荡，舜轻轻地落在地上，一点也没受伤。

瞽叟和象并不甘心，他们又叫舜去淘井。舜跳下井去后，瞽叟和象就在地面上把一块块土石丢下去，把井填满，想把舜活活埋在里面。没想到舜下井后，在井边掘了一个孔道，钻了出来，又安全地回家了。象不知道舜早已脱险，得意扬扬地回到家里，跟瞽叟说："这一回哥哥准死了，这个妙计是我想出来的。现在我们可以把哥哥的财产分一分了。"说完，他向舜住的屋子走去。哪知道，他一进屋子，舜正坐在床边弹琴呢。象心里暗暗吃惊，很不好意思地说："哎，我多么想念你呀！"舜也装作若无其事，说："你来得正好，我的事情多，正需要你帮助我来料理呢。"以后，舜还是像过去一样和和气气对待他的父母和弟弟，瞽叟和象也不敢再暗害舜了。

"咸以杀舜为事"，而舜以他的思想品德和聪明才智妥善地处理了家庭的各种矛盾，使父母喜悦，兄弟亲睦，由对立走向了和谐。尧听了大家介绍的舜的事迹，又经过考察，认为舜确是个品德好又挺能干的人，就把首领的位子让给了舜。这种让位，历史上称作禅让。

《尧典》所记舜的主要事迹有命后稷按时播植百谷；挖沟开渠以利灌溉；疏通河道，治理洪水；公布五刑，除去四凶族。舜知人善任选用能人，如舜任命了许多官职：命禹作司空，主平水土；命弃作后稷，主管农业；命契作司徒，主管五教；命皋陶管理五刑；等等。舜为首领时，把各项工作都做得很好，开创了上古时期政通人和的局面，所以舜成为中原最强大的盟主。

舜即帝位后，广泛征求四岳等大臣的意见，惩罚奸佞，举贤任能。一方面，他把共工、獾兜、三苗三人分别流放到北、南、西三方，又在羽山处死了鲧，使得边疆皆服，民族和睦。另一方面，他启用皋陶等二十二位贤人，使其各建奇功，百业兴旺。

乡党邻里是紧伴家庭周围的小社会，邻里的和谐是整个社会和谐的重要组成部分。舜帝以他高超的技艺和伟大的人格帮助和感化里邻，使历山之人让畔；雷泽之人让居，河滨之器不窳。他协助尧帝治国，所举八元政绩斐然，天下大治。他践帝位，黜暗升明，百官德让，以至"凤凰来仪，百兽率舞"，达到了社会和自然高度和谐统一的至治境地。

道家的和谐智慧：善居首

到了先秦时期，和谐的思想逐渐成形，并具备了一些宗教的气质。老子（约公元前 571 年～公元前 471 年），字伯阳，谥号聃，又称李耳（古时"老"和"李"同音；"聃"和"耳"同义），楚国苦县厉乡曲仁里（今河南鹿邑太清宫镇）人。曾作过周朝"守藏室之官"（管理藏书的官员），是我国最伟大的哲学家和思想家之一。老子的思想主张是"无为"，存世有《道德经》（《老子》），以"道"解释宇宙万物的演变，"道"为客观自然规律，同时又具有"独立不改，周行而不殆"的永恒意义。《道德经》中包括大量朴素辩证法观点，他的和谐思想比较宏观，大都涉及形而上的大宇宙观。

《道德经》说："万物负阴而抱阳，冲气以为和"，"知和曰常，知常曰明"。老子所著《道德经》全篇与"和"字紧密相扣、密切相关，这个"道经"又可以称作一部"和经"。他从"道"这个宇宙万物总规律出发，阐述了人与自然之间、人与人之间、人的内心精神世界以及各国家之间的和谐和睦相处问题。

人与自然方面要"天地合一"。意思就是人要和天地大自然和睦相处。"天地合一说"为道家和儒家所推崇，但侧重点各有不同。儒家推崇的是人化自然，人是中心和支配者，道家虽然也把人摆在比较高的位置（"域中有四大：人大，地大，天大，道亦大；而人矣其中焉"），但人只是天地大自然中的微小部分，它的生存发展均取决于天地万物，只有遵循自然法则而行，使自己合乎自然要求，才能为自然界所接纳和认可。"人法地，地法天，人天法道，道法自然"，才是天地万物有序的运转。

人与国家之间要"政通人和"。"政通"在于制定与政策的执政者能和民相"和"，处理好社会政治、经济和文化生活中的大的平衡问题。君主要处理好与天下百姓的关系问题，以诚信而不以心机智巧治理，"以智治国，国之贼；不以智治国，国之福"。在执政理念上，要"贵以贱为本，高以下为基"。社会财富分配要均衡，"天地相合，以降甘露，民莫之令而自均"，这是"天道"。

人与人之间要"知和曰明"。老子把"和之至"作为良好社会关系的标准，提出维护和融洽社会人际关系的一些道德行为准则，强调最多的是"善"。"善乃"天道，"天道无亲，常与善人"，把亲善、友善、和善、慈善等善心善举普及渗透到社会行为关系各层面。广结善缘，广为善事。"上善若水"，像水那样善利万物，"居善地，心善渊，与善仁"。

到庄子这里，道家的和谐思想再次升华。《庄子》一书提出万物一体的思想，提倡自然和谐的处世哲学，对后世产生了极其深远的影响。庄子关于"和"的思想非常丰富，今本《庄子》32篇中明确提及"和"字的有57处。庄子认为，"和"是天德、天道的本性，是万物生成的缘由。庄子还借用"和"的范畴，表述一种融洽、协调、平缓的状态和境界，涉及自然和调、家庭和美、人际和顺、社会和谐、生理调适等多方面的内容。

庄子的和谐观中蕴含着许多积极因素，人与自然的和谐就是天和，是指自然界和人类社会和谐共生、和睦共处，即"天人合一"的理想状态，它是庄子实现和谐途径的起点。庄子认为，人与自然能够和谐共处，是因为人类生存于原始纯朴的自然环境之中，人类能从大自然中获得生存所必需的生活资料；人与自然的和谐状态，也是事物协调完满、充满生命力的最佳状态。和谐得以保持，世界就充满生机，就兴旺进步；和谐受到破坏，事物就向相反方向转化，无论是生态、世态还是身心状态，就会失调、失序、失衡，影响其发展和进步。庄子说："圣人处物而不伤物。不伤物者，物亦不能伤也。唯无所伤者，为能与人相将迎。"

人与人的关系和谐即人和，是指人与人之间和睦相处，社会秩序公正、平等，道德风尚良好的社会理想状态，它是庄子和谐实现的中介。为实现人际关系自由和谐这个目标，庄子提出了一个颇为完整的纲领及体系。这个纲领就是："鱼相造乎水，人相造乎道。相造乎水者，穿池而养给；相造乎道者，无事而生定。故曰：'鱼相忘乎江湖，人相忘乎道术。'"庄子希望人与人相处，就像鱼和鱼同游于水中那样，自由自在，自适其适，自然而然，自得其乐。照庄子的说法，这是人际关系的理想境界，是最美的天然和谐状态。

庄子的和谐观，还涉及自身的生理修养。他认为，"和"是人的生理调适的完美状态。《庚桑楚》篇云："儿子终日嗥而嗌不嗄，和之至也。"婴儿整天哭号而喉咙却不会哽塞嘶哑，就是因为婴儿的生理达到了和谐的极致。在《在宥》篇中，庄子借广成子言："我守其一以处其和。故我修身千二百岁矣，吾形未常衰。"意即，我在修养身心时，能做到执守纯一之道，居处阴阳调和之境，所以现在一千二百岁了，形体还未曾衰朽。

有人认为，道家思想在发展的过程中也有不少的偏差，与宗教的根本精神有所违背，经过一些人的调整它才回归到中国传统文化的轨道里。道教经过调整比较注重世人对它的评价，吸收了儒家的忠与孝，并把家庭伦理提升到与天道平齐的地位，一直到后来甚至有了"忠孝神仙"的教义。"道教"能不能作为一个"教"，至今尚存在争议，但道家思想对中国人和谐观的形成影响是巨大的，当佛教传入中国后，教义中甚至都多多少少吸收了一点道家的"和谐"文化。

儒家的和谐智慧：大同理想

早在两千五百多年前,中国的大思想家孔子就提出了"大同社会"的概念，这是全民公有的社会制度，包括权力公有和财物公有，而首先是权力的公有。权力公有的口号是"天下为公"，具体措施是选贤举能，讲信修睦。管理社会的是被选举出来的贤能,而选举贤能的权力在于"天下"，也就是全社会的民众，所以说权力公有。"大同"社会的基本特征，可以归纳为三个方面：

一、人人都能受到全社会的关爱。"不独亲其亲，不独子其子"，说的是每个人都能推己及人，把奉养父母、抚育儿女的心意扩大到其他人身上，使全社会亲如一家。"老有所终，壮有所用，幼有所长"，意思是对各种年龄段的人群都要做出合适的安排。对"矜、寡、孤、独、废疾者"这五种人要实行生活保障，更充分地体现了全社会的关爱。

二、人人都能安居乐业。"有分"，就是有稳定的职业，能安心地工作；"有归"，就是男女婚配及时，有和乐的家庭。古代男耕女织，妇女在家也要从事蚕桑，这样才能丰衣足食。以上两个方面主要是就物质生活说的。

三、货尽其用，人尽其力。"货恶其弃于地也，不必藏于己"，这是说人们珍惜劳动产品，但毫无自私自利之心，不会将它据为己有；"力恶其不出于身也，不必为己"，这是说人们在共同劳动中以不出力或少出力为耻，都能尽全力地工作，却没有"多得"的念头。这主要是就人们的思想观念说的，因为只有树公心、去私心，才能达到货尽其用、人尽其力的境界。

不过大同社会并不是完全不可能。只要社会发展到一定程度，人们的修养到达相当高的境界就可以实现大同社会。

佛教的和谐智慧：空为首

佛教产生于古印度的公元前 6 世纪至公元前 5 世纪，是世界三大宗教之一。它于公元 1 世纪左右大概在西汉末东汉初的时候传入中国。佛教传入中国，与中国的传统文化和社会情况相结合后，衍生出中国民族化的佛教，以和为贵的传统中国思想也被吸纳进中国佛教的思想理论之中，其中最显著的就是佛教僧伽的"六和敬"的主张。所谓"六和敬"就是"身和同住、口和无诤、意和同悦、戒和同修、见和同解、利和同均"。此"六和敬"是中国佛教僧团道德的最基本原则之一，它是在印度佛教主张的"动静和谐"之"以戒为师"的思想基础上，又把中国传统"以和为贵"的思想充分吸收到佛教僧团里面，使之变成了僧团的日常生活理念，并且弥漫在整个佛教界里。

在佛教看来，从内心的和谐，乃至到世界（国家间）之和平为奠基的世界和谐，皆可以有境界上之不同。基础者是世间层次，高级者是出世间层次。具体而言，佛教将一切佛法根据众生的根性之不同区分为五种性质，即所谓的五乘——人乘、天乘、声闻乘、独觉乘、如来乘。其中人乘、天乘合称人天乘，是世间性质的善道，所获是世间之福德，而声闻乘、独觉乘、如来乘称解脱乘与菩提乘，即所谓的小乘与大乘，是出世间性质的善道，所获是出世间之解脱与觉悟。

佛教是爱好和平与提倡平等的宗教，佛祖释迦牟尼创教以后，就把和谐思想作为佛教徒修行的基本道德标准之一，《佛说决定总持经》说："假使有人皆取众生好斗争者，和谐别离，广令安隐。"这是佛教告诫众人，不要与那些好斗的人相争，要与他们和谐相处，远离是非，过一种安心隐居的生活。佛陀还将和谐的思想作为佛教戒律的辅助手段，《根本萨婆多部律摄》卷第十四云："又处中人亦具十六法，谓持戒等有慈爱心。亲往二朋，和谐诤事，有德有能，异此，便非应。"用慈爱心来作为和谐思想的基础，用和谐思想来处理与他人的纷争，这也是佛教特有的思想之一。

佛教认为人的本心本性，天然具足，圆满无缺。由于人们各种欲望的生起，人生便会失去各种安宁与平静。因此，佛教宣扬四大皆空，追求心灵的一方净土。构造内心的清净是构建和谐社会的前提，人只有处理好了自己内心的各种纠结和烦恼才能到达内心的宁静与和谐。当我们每个人都能达到内心世界的宁静与和谐的时候，由无数个体组成的社会才能宁静和谐。毕竟人的和谐是和谐社会的重要组成部分，人与人之间，各种团体，各阶层之间如果都能做到平等友爱、融洽相处，那么和谐社会就能更好更快地构建。

在人与自然界之间，佛教缘起论告诉我们，世间一切事物都是相互依存的，人和自然"一体不二"。具有多样性、差别性的众生，只有在同一自然中和谐地存在，才能保证其自身的发展。因此，应当摒弃人类中心主义的倾向，放弃对自然贪婪的攫取，尊重自然，关爱自然，使人与自然处在相依相存、手足一体的亲和之中。要提升精神生活的层次，降低物质方面的攫取，使我们所赖以生存的自然环境保持清净无染。

佛教主张"不杀生"，倡导素食。素食的根本目的是在生活中培养人的慈悲情怀，尊重生命、爱护生命。素食对于保护动物的多样性的意义是显而易见的。爱因斯坦曾经说过：没有什么能够比素食更能改善人的健康和增加人在地球上的生存机会了。佛教讲"心净则国土净"，要求具备普遍性的慈悲心，并将此慈悲心推广至一切有情众生，维护生态系统的完整性与良好的运作状态，以确保生态圈的活力与社会的永续存在。

中国传统文化中的和谐理念与追求，是博大精深的思想体系，也是传统文化核心精神的集中体现，更是一笔弥足珍贵的历史文化遗产。传统文化虽然不能给我们提供构建和谐社会的现成答案，但它却可以为我们解决当代人与人、人与社会、人与自然以及物质文明与精神文明的矛盾提供历史的智慧、现实的参照。

二、中国传统和谐智慧与普世价值的疏离

虽然中国传统文化中的和谐智慧有着积极的一面，但与现代意义上和谐社会中的和谐，仍然有着不小的差距。那么，怎么样的社会才算是和谐的呢？

东晋文人陶渊明写过一篇文章《桃花源记》，以武陵渔人进出桃花源的行踪为线索，按时间先后顺序，把发现桃源、小住桃源、离开桃源、再寻桃源的曲折离奇的情节贯串起来，描绘了一个没有阶级，没有剥削，自食其力，自给自足，和平恬静，人人自得其乐的社会："土地平旷，屋舍俨然，有良田美池桑竹之属。阡陌交通，鸡犬相闻。其中往来种作，男女衣着，悉如外人。黄发垂髫，并怡然自乐。"这样的理想主义式的和谐社会，是当时的黑暗社会的鲜明对照，是作者及广大劳动人民所向往的一种理想社会，它体现了人们的追求与向往，也反映出人们对现实的不满与反抗。

现代话语中，人们将"桃花源"称为乌托邦（Utopia）。乌托邦本意为"没有的地方"或者"好地方"。延伸为还有理想，不可能完成的好事情，其中文翻译也可以理解为"乌"是没有，"托"是寄托，"邦"是国家，"乌托邦"三个字合起来的意思即为"空想的国家"。空想社会主义的创始人托马斯·莫尔（英国人），在他的名著《乌托邦》中虚构了一个航海家航行到一个奇乡异国"乌托邦"的旅行见闻。在那里，财产是公有的，人民是平等的，实行着按需分配的原则，大家穿统一的工作服，在公共餐厅就餐，官吏由秘密投票产生。他认为，私有制是万恶之源，必须消灭它。

乌托邦是人类思想意识中最美好的社会，如同西方早期"空想社会主义"。

西方一位学者提出的空想社会主义社会：美好、人人平等、没有压迫、就像世外桃源。一般而言，乌托邦的作者并不认为这样的国家可能实现，至少是不可能以其被完美描绘的形态付诸实现。但是他们并非在做一项仅仅是想象或空幻的搬弄，就如乌托邦主义这个词汇的通俗用法所指的一般，其目标则主要是批判和讽刺：将乌托邦中的善良人民和作者当时社会的罪恶作巧妙的对比，而借之谴责后者。反乌托邦文学的功能与此相同。

反乌托邦是科幻文学中的一种文学体裁和流派。反乌托邦主义反映的是反面的理想社会。在这种社会中，物质文明泛滥并高于精神文明，精神依赖于物质，精神受控于物质，人类的精神在高度发达的技术社会并没有真正自由。这一类小说通常是叙述技术的泛滥，技术修饰着原有的优点，深深掩饰着固有的缺陷。在表面上提高了人类的生活水平，而本质上是在掩饰空虚的精神世界。人被关在自己亲自制造的钢筋水泥牢笼里，阴暗冰冷、精神压抑。

在这种生存状态下，物质浪费蔓延，道德沦丧，民主受压迫，等级制度横行，人工智能背叛人类，最终人类文明在高科技牢笼中僵化、腐化，走向毁灭。反乌托主义的代表作有1932年英国赫胥黎的著作《美丽新世界》，英国乔治·奥威尔的《动物庄园》和《一九八四》，以及俄国扎米亚京的《我们》。这类小说并不都是宣扬消极意义。如阿西莫夫所著的《钢窟》则描写的是在人与人工智能在矛盾的环境下，对人性自由的渴望并最终化解了人机矛盾，建立了人机合作的典范。

乌托邦只存在于幻想中，当人们秉承着乌托邦理想改造现实社会时，往往会招致各种灾难。因此，现代意义上的和谐社会与乌托邦没有联系，而是指一套存在着监督制衡体系，司法公正、公民能够参与公众生活与决策的民主社会。和谐社会有六个基本特征：

一、民主法治，就是民主得到充分发扬，依法治国的基本方略得到切实落实，各方面积极因素得到广泛调动；

二、公平正义，就是社会各方面的利益关系得到妥善协调，人民内部矛盾和其他社会矛盾得到正确处理，社会公平和正义得到切实维护和实现；

三、诚信友爱，就是全社会互帮互助、诚实守信，全体人民平等友爱、融洽相处；

四、充满活力，就是能够使一切有利于社会进步的创造愿望得到尊重，创造活动得到支持，创造才能得到发挥，创造成果得到肯定；

五、安定有序，就是社会组织机制健全，社会管理完善，社会秩序良好，人民群众安居乐业，社会保持安定团结；

六、人与自然和谐相处，就是生产发展，生活富裕，生态良好。

一个国家只有做到民主法治，从社会到家庭再到个人才可能创造出一种和谐的氛围。经济学家茅于轼先生在文章《美国游记——和谐社会的切身体会》中记录了这样一件事情。一天，他开完会坐公交车回华尔街。可是我不知道该坐哪趟车，看见来了一辆，估计方向不错，就上去了。但他不知道怎样买票，拿着钱询问司机。司机答复说，不收现钱，只能事先买好。正犹豫，司机示意他先坐下。他又试着问别的乘客，能不能卖一张票给我。可是他们手上的车票面值和茅于轼所要的票价不同，交易没做成。坐公交车却没有票，我心里很不安。最后车到了第八街，大家都下车了，他只好跟着下，但司机示意他坐下。他继续开车，直到一个能去华尔街的地铁入口处，告诉他可以下车了，换地铁就能到达。

茅于轼先生表示："这件事让我感受很深，这是一个纽约公交车司机对待一位不是故意的无票乘客的方式。"他还说："这让我想起北京公交车的售票员态度，这几年也有了很大改进。我曾经看到过一位衣着破旧、行动不便的老太太无票乘车，她上下车所用的时间比普通人要长。售票员并没有翻脸，老人下车时还特别照顾她，怕她摔了。"

和谐社会有时不仅仅是一个大的口号或国家叙事，而是每个人的一句话、一个动作抑或一个问候。不可否认的是，一个真正的和谐社会必定有优越的制度保障，才可能持久而不失活力。

和谐是中国传统文化的重要命题与核心精神，儒、墨、道、法、兵等主要思想学派对和谐思想都有深刻的阐发。

儒家提倡"中和"，强调"礼之用，和为贵"，注重人与人之间的和睦相处，人与社会的和谐发展。

道家追求人与自然的和谐统一，提倡遵道以行，率理而动，因势利导，合乎自然，虚静处下，海涵宽容，从而建立起自然和谐的治国秩序。

墨家倡导"兼相爱，交相利"，主张实现个体与社会的有序一体，道德与功利的和谐一致。

法家主张对个人、社会、国家三者关系正确定位，在大一统的格局内，实现国家主导下的社会和谐。

兵家讲求"令民与上同意"，强调"先和而造大事"，把"令之以文，齐之以武"作为治军经武的重要前提，视"和谐"为克敌制胜的根本保证。

然而，中国传统文化的本质属性与现代文明存在着某些隔阂，传统文化中的和谐智慧是在东方专制主义与小农自给自足的经济环境社会环境中形成的，带着浓烈的农耕文明气质。我们今天谈到的构建和谐社会，比起舜帝时代构建的和谐社会，完全是两个不同的概念。因为现在在物质文明、政治文明、精神文明发展程度上已经有了极大的不同，对公有制与私有制的认识更是大相径庭。舜帝时代某些民粹主义与自然法精神虽然值得现代人借鉴，但必须认识到两个不同文化的社会，其内核也已经发生了质变，和谐的含义自然也要相应作出调整。

老子曾这样勾画出"政通人和"的社会和谐画图：人人吃得好，穿得美，住得安，风俗淳朴，也就是《道德经》中说的"甘其食，美其服，安其居，乐其俗"。也描绘了一幅君民相合的活跃场景："民"对"君"的执政水平效果很满意，不是"畏之"，"辱之"，而是"亲而誉之"。"君"受到激励鼓舞，表示再接再厉，不辜负百姓信任，全力搞好工作，将来退下的时候，老百姓说我们这些年活得挺自在，所谓"信不足焉，有不信焉。悠兮其贵言，功成事遂，百姓皆曰我自然"。

这仍旧只适用于"君君臣臣父父子子"的封建语境，君与民的关系并不平等，他们在人格上也不同等，所以这种"和谐"的君臣关系并不适合"人人生而平等"的现代性语境。再者，道家所言的"善"充满了道德说教，人与自然的"和谐"也仅仅是从形而上的神秘主义中揭示出来的，偶然间契合了当今的环保思想。而实际上，中国传统文化中的社会契约精神、自然科学精神从来没有形成体系，故将此种和谐生搬硬套地用于现代和谐社会的重建，无异于缘木求鱼。

如今，时代已经进入后工业化时代，一方面，科学和技术在飞速地发展，现代化水平越来越高，物质财富呈几何级数增加，人类尽情地享受着科学技术带来的种种便利，获得了空前的舒适和安逸，得到了最大限度的发展空间；另一方面，人类整体沦为机械与高技术的奴隶，精神滑坡，道德沦丧，良知泯灭，人和自然变得日渐疏离，人与人之间的关系日渐淡薄，国家与国家之间的矛盾日渐突出、不可调和，局部战争、种族冲突不时发生，由于人类大肆破坏大自然引发的自然灾害发生频率越来越高。

人类在经由工业化、城市化走向现代化的进程中，引发了对地球自然生态环境的巨大破坏，人类在享受充足物质财富的同时，也面临着全球气候异常、资源能源短缺、生存环境恶化的严峻挑战。

经过改革开放30多年来的持续快速发展，中国经济总量已位居世界前三位，成为全球具有重要影响的最大新兴经济体和世界工业与制造业大国。但也付出了很大代价，资源环境的约束日益突出。发展不平衡、不协调、不可持续的问题日益显现。无论是国内还是国际我们都面临着同样的问题，在现代化环境下人与自然、人与人、人与社会、国家与国家，不同种族之间，如何才能够达成和谐，如何才能够求同存异和睦相处。面对困惑，中国古代智慧给我们提供了一些帮助，比如《道德经》中"道"和"德"包含的公平正义，宽厚包容精神，"无为"和"自然"反映的良好社会秩序观，"柔弱"和"不争"表现的和平主义和创造而不占有价值观，等等。

另外，《道德经》文笔洗练，立意深远，本身也是一部含义丰富的文学作品。其中的一些语言已成为人们日常生活中的口头禅，如"出生入死"，"天长地久"，"千里之行，始于足下"，"自知之明"，"大智若愚"，"大器晚成"，"功成身退"，"天网恢恢，疏而不漏"，等等。对古代文献的研究，其实也是民族"寻根"的一个过程。

庄子对人生虚静、恬淡的生活追求大胆而热烈，执着而坚定，在物欲横流、人为物役的现实世界之外为人们找到了一个宁静的心灵港湾。这为现代人的精神生活指明了方向，也是现代人日益干枯的精神领域的一点清凉剂，并且为内心世界的和谐提供了广阔而深邃的思想渊源。这些都是传统文化的当代性价值，但是，一个和谐社会的建立不仅仅要汲取古代的智慧，更应该放眼全球，在普世价值中寻求和谐社会建立的根源，"西学为体，中学为用"，方是和谐的真谛。

三、犹太人的和谐：无意识的文化行为

中国传统文化、欧洲文化以及犹太民族文化是当今世界极为活跃的三种区域性文化。中国是世界上人口最多的国家，也是历史文化传统最悠久的国家之一，更是20世纪末21世纪初在经济领域发展最快的国家之一。在某种意义上，中国文化的传播与中国经济的发展，代表了世界未来的走向之一；欧洲文化曾经在过去的几个世纪中始终占据着世界发展的主导地位；犹太民族文化不是以地域划分的，其之所以对世界经济和文化有着重要意义，是因为它的宗教传统和价值观念，更因为在这个民族文化的熏陶下，产生过众多的杰出人物，在过去100年中以其最独特的方式影响着世界发展的进程。

这三种文化都有对"和谐"的不同理解与实践。近代孙中山先生也一直在呼吁"天下为公"的主张，但是，为什么上千年来中国却一直是周而复始的治乱相循情况？特别是近代中国更是出现了民不聊生、饿殍遍野的凄惨景象。我们三番五次地标榜仁义道德，为何循环式的国家构建反而不断地摧毁仁义道德？因此，如果只是陶醉于"天下为公"的理想色彩之中，却忽视了这些个别现象产生的根源，必将会走上历史的老路，并对社会和企业造成危害。晚清时期，一位国粹派学者从美国回来后，无奈地发出了这样的感叹：我们的"大同社会"，在美国实现了。

相较于中国，西方国家鲜有人沉迷于理论上的说教，仁义礼智信这些人类最基本的素质在他们看来理所当然应该遵从，根本不需要说教与标榜。但中国人花了太多时间在纸与嘴皮子上，倒是忘记了实践。

犹太人的和谐智慧与中国完全不同，他们的"和谐"标语常常以经文语录的形式散落在民族文化的文本中，没有死板高深的道德说教，却以祷告等形式潜移默化地融进了犹太人的血液里。所以，犹太人的和谐是无声的和谐，不需要用高调的语言标榜。犹太人历尽苦难，他们越发珍视个人的价值与家庭幸福，在犹太人那里，和谐首先始于家庭。

在犹太习俗中，热恋的恋人有着浪漫的仪式。姑娘身穿白衣裙，来到葡萄园，翩翩起舞，对犹太男青年说："抬起你的眼睛，看看谁是你挑选的合适对象。"结婚时，新娘右手握剑，不断挥舞，象征从此与其他追求者一刀两断，只钟情

丈夫一人！

犹太人的"圣经"《塔木德》(《塔木德》是犹太人继《旧约》之后最重要的一部典籍，又称"犹太教法典"，共有613条戒律，是犹太人的生活"圣经"。与《圣经》、柏拉图的《理想国》、亚里士多德的《政治学》和伊斯兰教的《古兰经》并称为影响人类的巨著）中对女人在婚姻中的作用如此描述：

从前有个虔诚的男人，娶了一个虔诚的女人，他们没有孩子。他们说："我们是对上帝无用的人。"就离婚了。那个男人又娶了一个邪恶的女人，她使他变坏了。那个女人又嫁了一个邪恶的男人，她使他变好了。这说明了一切都得靠女人。

一个安静的丈夫和一个唠叨的妻子一起生活，就像老年人爬上沙丘一样困难。好的妻子造就丈夫的欢乐，她使他的生命延长一倍……坚定的妻子是丈夫的欢乐，他将在安宁中度日。好妻子意味着好生活，她是上帝赐给敬神者的礼物。妻子的魅力是丈夫的快乐，她用女性的技巧使他的骨头生长出血肉。青春美丽的容颜就像圣坛上的灯光一样明亮。健美的腿和脚就像银座上的金柱。

对于男人在婚姻中的责任，《塔木德》这样说：

如果你的妻子矮小，你要俯首聆听她的话。如果一个男人像爱自己那样爱妻子，比赞美自己更多赞美妻子，引导儿女走正当的路，在他们长大后安排他们结婚，那么这个男人的"帐篷充满安宁"。

一个人应该时时注意不要冤枉妻子，因为她爱哭，她容易受伤害。一个人必须留心他对妻子的敬意，因为上帝降福给家庭全都为了她。

拉瓦对玛郝匝的人说：敬重你的妻子，你就会变得富有。

从前，有个人的妻子有一只手畸形，但是直到她去世时他才发现。拉比说："这个女人活得多么谦卑啊，她丈夫竟然从来没有发现她的残疾。"折比希亚对他说："她把手藏起来是很正常的，但是这个男人多么谦卑啊，因为他从来没有检查过妻子的肢体。"

家庭的核心是夫妻，如果夫妻不和睦，子女、父母也不会幸福。评判一个家庭是否和谐，很大程度就是看夫妻之间的关系是否和睦。所以，犹太文化中有很多描述良性关系的劝世良言。《圣经·创世纪》说：那人给一切牲畜和空中的飞鸟，野地的走兽都起了名，只是那人没有遇见配偶帮助他。耶和华上帝使他沉睡，他就睡着了，于是取下他的一条肋骨，又把肉合起来，耶和华上帝就用那人身上所取的肋骨，造成一个女人，领她到那人跟前，那人说："这是我骨中的骨，肉中的肉，可以称她为女人，因为她是从男人身上取出来的。"因此，人要离开父母，与妻子结合，二人成为一体。

犹太人对婚姻关系非常重视，每个小孩从小就受到这方面的训练，因为这是他一生幸福中的关键。

首先，犹太人强调每个人必须结婚，"不结婚的人生活中没有快乐，没有幸福，没有好事。"未婚的男人并不是完全的男人，缺乏女性的生活是残缺的，女人就意味着男人的家，婚姻既是宗教上的义务，也是人性的要求，是通向爱情和性满足的最理想的道路。

一个犹太人一旦结婚，就把爱献给了妻子，犹太人认为，一个没有妻子的男人生活中没有欢乐，没有祝福，没有仁慈，只有结婚了，他才能埋藏从前的罪恶。犹太法律禁止儿子结婚后仍然和父母同住，这样既可以让年轻人独立成长，又可以减少婆媳矛盾，一举两得。犹太社会生活得稳定，就是家庭的稳定。

有这样一则关于婚姻的犹太故事：一位罗马皇帝质问一位拉比说，你们的上帝是贼，因为《圣经》上写着："耶和华神使他沉睡，他就睡了；于是取了他的一条肋骨。"拉比的女儿对皇帝说："请给我派一名官员调查一桩案子。"罗马皇帝问："出了什么事？"她回答说："夜里贼闯进了房子，偷了我们的一只银罐子，却留下了一只金罐子。"皇帝说道："但愿这样的贼天天光顾我。"她于是反驳说："那么，第一个男人只是失去了一根肋骨，却得到了一位侍奉他的女人，这不是一件极好的事情吗？"

犹太拉比对婚姻的另一条建议是："选择妻子时向下迈一步。"因为娶一个社会地位比自己高的女人可能导致自己被她或者她的亲属看不起。选择妻子，对遗传学非常相信，不仅看中人的生物性的遗传，而且注重知识等社会内容方面的遗传。"为了能娶到博学之士的女儿，男人应该卖掉一切，这是因为将来万一他死了，或者被流放，他可能确信自己的孩子将来会有学问；不要让他娶一个愚昧人的女儿，因为一旦他死去或者被流放，他的孩子将会一无所知。"

此外，犹太人提倡在婚姻中不重视美貌，而要重家庭。《塔木德》说："年轻人，睁开眼睛挑选你自己的新娘吧，不要只看外表，二是要看家庭背景，因为优雅风度是虚假,美貌是徒劳。"如果只重美貌,而不重品行,夫妻之间就容易出现不忠诚的事。

《塔木德》规定:"为了和学者的女儿结婚,一个人应该变卖所有的家产。如果不能和学者的女儿结婚,就娶一个大人物的女儿。如果娶不到大人物的女儿,就娶镇上犹太教领袖的女儿吧。如果娶不到犹太教领袖的女儿,就让他娶镇上慈善家的女儿吧。如果娶不到慈善家的女儿,就让他娶教师的女儿吧。但是千万不要让他和不学无术人家的女儿结婚。"

在犹太人的眼中,爱情不会像婚姻那么长久,因此,他们坚决反对热恋,但不否定恋爱。《塔木德》说:"人不能隐藏三件东西:咳嗽、贫穷以及恋情。"但其又认为:恋情愈炽热,恋爱的生命愈短。犹太人完全用冷静和理智的眼光关注婚姻。只有当夫妻和睦,家庭和谐,社会才能迸发出生机与活力,和谐才能从小和谐扩展为大和谐。犹太人的这种和谐智慧可以说是与生俱来的,伴随着他们流浪的脚步,一刻也不曾离开。这个智慧源自犹太人的信仰。

《圣经》中说,上帝创造人是有顺序的:第一天创造了光,第二天创造了空气,第三天创造了水和各种蔬菜,第四天分开昼夜和节令,第五天创造出大鱼和各种鸟类,第六天造出昆虫和各种野兽,然后才开始造人。

神说:"我们要照着我们的形象,按照我们的样式造人,使他们管理海里的鱼、空中的鸟、地上的牲畜和土地,和地上所爬的一切昆虫。"神就照着他的形象造男造女。神并赐福给他们,又对他们说:"要生养众多,遍满地面,治理这地;也要管理海里的鱼、空中的鸟,和地上各样行动的活物。"神说:"看哪!我将地上一切结种子的菜蔬和一切树上所结有核的果子,全赐给你们作食物。至于地上的走兽和空中的飞鸟,及各样爬在地上有生命的物,我将青草赐给它们作食物。"事就这样成了。神看着一切所造的都甚好。有晚上、早晨,是第六日(《旧约·创世记》1:26—31)。

上帝对自己创造的世界非常满意,用《圣经》的话说就是,"事就这样成了","神看着是好的",让一切都"各从其类"。第七天是安息日。紧接着,上帝又在东方立了一个伊甸园,并让他创造的人"亚当"修理和看守伊甸园,还担心亚当寂寞,在他沉睡之际,从他身上取下一根肋骨,造了一个女人陪伴他。

上帝是一个伟大的理想主义者,他认为世界就应该从此美好,万事万物按

第三章 和谐的智慧

照自己制定的秩序"各从其类",这就是一个和谐的世界。但万万没想到,女人经不起蛇的诱惑,怂恿亚当吃了善恶树上的果子,从此破坏了和谐的秩序。(原来世界和谐的秩序是:上帝→人→动植物→蛇,现在变成了蛇→女人→男人→植物→上帝。因为上帝来了,男人亚当和女人夏娃都躲在了树的后面)这使上帝很伤心,也很生气。

这个和谐的秩序,从犹太教的角度说,就是以《摩西十诫》(摩西是公元前13世纪时犹太人的政治和宗教领袖,犹太人的先知和立法者,率领犹太人出埃及,摆脱法老的奴役。《摩西十诫》宣告了犹太教的诞生,内容是:不可敬拜别的神,不可雕刻偶像,不可妄呼上帝的名字,要守安息日,要孝敬父母,不可杀人,不可奸淫,不可偷盗,不可作假见证陷害人,不可贪恋别人的房屋、妻子、奴婢、牛驴及其他东西。)和《托拉》(犹太教的律法书,又称《摩西五经》),这五卷律法书分别是:《创世记》《出埃及记》《利未记》《民数记》《申命记》。后来,人们干脆将《托拉》(代表犹太人的《圣经》,包括《律法书》、《先知书》和《圣文集》,又称《旧约》或《希伯来圣经》和"二十四书"。)或《塔木德》中的613条戒律为基础的"不杀人,不奸淫,不偷盗,不作假见证陷害人"等,构成了人类永恒的戒律和道德基础,只要人类不遵守这"十诫",社会就不会和谐,人类就会走向灭亡。

律法的本质就是道德,律法的延伸就是法律,道德和法律构成了和谐世界的基础。所谓的道德,用苏格拉底的话说,就是"我们应当如何生活"。(这句话是苏格拉底转引自柏拉图的《理想国》),柏拉图说:

"我们讨论的不是小事,而是我们应当如何生活的问题。"用康德的话说,道德的最高原则被称为"绝对命令"。在《道德形而上学基础》一书中,康德写道:"只根据你决意依据、同时成为普遍法则的准则而行动。"从最高原则中可以产生人们的所有责任和义务。康德认为,人类有着"本质的价值",例如有尊严,这使他们具有"无上价值"。但是,人类是有理性的行为人,要用理性来指导自己的一切行为。如果没有理性的存在者,世界的道德维度就会消失。(《道德的理由》,詹姆斯·雷切尔斯著,杨宗元译,中国人民大学出版社2009年1月版,第131~133页。)这意味着,在最肤浅的层次上,我们对他人有严格的仁慈责任:我们必须为促进他们的福利而努力;我们必须尊重他们的权利,避免伤害他们，并且通常总是"努力尽我们所能，促进其他人的目的的实现"。因此，和谐社会的基础是政府尽可能为人们谋福利和尊重每个人的权利。

犹太教及其改善世界的目标差不多始于4000年前，是随着亚伯拉罕和一种革命性的思想——一神教的出现而开始的。亚伯拉罕获得的这一启示使人在宇宙中的位置发生了变化，人的使命也发生了变化。异教徒的宗教通过享乐主义和"一切以人为中心"降低了人的地位。一神教则提升了人的地位，将宗教关注的焦点从"自以为是"转移到"因行称义"上——人只有执行上帝的戒律，体现自己的仁慈、善良、谦恭和同情，才能为世界带来正义、和平与和谐。《塔木德》说，当一个人死后升入天堂，他会被问道：

你是否诚实地工作着？
你是否腾出时间用于学习？
你是否参与繁衍后代的生殖活动？
你是否努力地自救？
你是否探讨智慧的哲理？
你是否深入探求事物的本质？

只有每天追问自己这些问题的人，才有可能领到去天堂的钥匙。成功是犹太人的一项无穷无尽的任务，他们要努力奋斗，摆脱一切艰难困苦，去修复破碎而不够和谐的世界。这也是犹太人强调教育、重视学习的原因。这一责任和使命，激励着一代又一代的犹太人，去救济他人、改善环境，为受压迫者寻求公正，让世界变得更加美好。在犹太人的心目中，成功不应以一个人获得财富的多少来衡量，而应以他在成功的路上克服的困难来衡量，以及在真正成功后成为一个什么样的人来衡量。成功意味着充分发挥自己的潜能，并利用自己力量去改善残破的世界，从而实现道德的完善和精神的超越。

《托拉》历来教导人要充分地享受生活："我将生死、祸福陈明在你面前，所以你要拣选生命，使你和你的后裔都存活。"（《圣经·申命记》30:19）而"无论谁拯救了一条生命就是拯救了整个世界"这句话所强调的则是每一条生命的价值。犹太教对生命的高度尊重，以及认为每次拯救一个人也是在拯救"整个世界"的使命观，体现出了犹太文化尊重生命的底色。如果连生命意识都淡薄了的社会，何来和谐？

四、以色列的和谐源自民主与法治

　　站在耶路撒冷橄榄山上望向耶路撒冷老城，金色圆顶的建筑是纪念穆罕默德登天的地方，近处的建筑是耶路撒冷老城外客西马尼园及教堂。耶稣在最后的晚餐后与弟子就在此休息，弟子犹大出卖了他，最后被罗马士兵从这抓走。园里有上千年的老橄榄树，依然活得结实，郁郁葱葱。

　　虽然耶路撒冷是以色列的宗教中心，而特拉维夫则是一个民风开放的沿海城市。现代的特拉维夫以两种建筑风格闻名于世，其中最具国际知名度的特拉维夫白城，拥有大约2500座包豪斯学派或国际风格建筑，形成大片白色外墙的景观，已经在2003年被联合国教科文组织列为世界遗产。特拉维夫是世界上这类建筑最集中的城市，同时，该市采用了花园城市的城市规划，设计了许多宽阔的林荫大道，与这种建筑风格相当和谐。在市郊，各种农业高新科技园正孵化着世界上最先进的农业科技。

　　这就是以色列，在被称为"火药桶"的中东散发着独特而又奢侈的和谐芳香。以色列建国后，犹太人把和谐智慧发挥到了极致，国家迅速崛起，成为了西亚一颗璀璨的明珠。以色列高科技的惊人成就，以色列谜一般的崛起，是新制度经济学家们喋喋不休的话题。一位从英国获得博士学位后移民以色列的"北京人"说，以色列在政治经济制度层面的安排，是以色列得以崛起的关键要素。

　　以色列的技术创新，得益于政府以市场化为导向的法治环境。以色列商贸劳工部外贸局局长说，自20世纪50年代末期《鼓励资本投资法》诞生以来，《鼓励工业技术研究法》等鼓励私人和外资投资高科技的专门法律，接连出台。微软等世界一流的高科技公司，潮水般涌入。以色列的技术创新，还得益于政府垄断枷锁的砸碎，私有化历史进程的加速。将我们从中国送到以色列的以色列航空公司，就是一家两年前由国营改制为私有的公司。

　　以色列的技术创新，同样得益于风险投资制度。在海法高科技园区，一个只有三个人的技术公司，试图为中国人既不损害欧美知识产权又能便宜地使用欧美游戏软件，提供技术支持。公司总经理从政府那里拿到了第一笔免费的风险投资，他说，他必须小心翼翼地使用它，因为政府只给他一次机会。

以色列风险投资协会主席表示，20世纪90年代初，不存在风险投资产业，政府设立专门的风险基金，打破创业者初期的资金瓶颈。如果成功的话，受益归个人所有，失败了，损失由政府承担。15年后，美国拥有全球排名第二的风险投资产业。

以色列央行行长斯坦利·费希尔说，鼓励经济腾飞的制度创新至关重要，数十年前，不少人问他，以色列人这么聪明为什么不好好工作？这位前美国花旗银行副董事长说，那时候的制度安排，不能鼓励人们创新的自主性。以色列人不仅看重他们的经济制度，还看重他们的政治制度和法律制度。在以色列高等法院门前，以色列商贸部的官员说，好的法律和好的政治，为以色列的经济发展创造了一个好的制度环境。

以色列的政治制度和法律制度均不同于美国，但三权分立的框架、宪法之上的原则、自由民主的精神，是一致的。以色列是议会制国家，议会是最高权力机构，拥有立法权，负责制定和修改国家法律，对政治问题表决，批准内阁成员的任命并监督政府工作，以及选举总统和议长。议员候选人以政党为单位竞选。以色列没有宪法，只有议会法、总统法和内阁法等基本法。总统是象征性的国家元首，职能基本上是礼仪性的。议会有权解除总统职务。内阁向议会负责。

以色列是中东地区唯一一个具有完善的多党制的自由民主制国家，公民拥有各式各样的政治权利和公民自由。青年是一个国家的"主力军"，他们的幸福感无疑是衡量一个国家是否"和谐"的标准之一。按规定，以色列年轻人在高中毕业后都要先服兵役，男子服役三年，女子服役两年，退役后再进大学读学位。正由于经受过战火洗礼，以色列大学生一般没有多少书生气，而普遍显得成熟老练。但物极必反，因此，一些节日就成为他们宣泄情绪和表现自己的极佳时机。

犹太教的普林节其实是狂欢节，人们以彩妆形式庆祝犹太人逃脱被屠杀的命运。即使是在宗教色彩浓郁的耶路撒冷，年轻人节日期间奇装异服的怪诞打扮也能为人接受。年轻人此时最喜欢参加的活动有两个:去舞厅通宵达旦蹦迪;在闹市区化装游行。他们尽情玩乐,把在恐怖袭击阴影下生活的压抑发泄出去,当然,所有这些活动都被严格限制在一定区域内,在他们周围布满了警察和保安。当然,他们对此早已习以为常。

除了狂欢节,篮球比赛也成了心情宣泄的载体,每当有重大的比赛,不仅体育场内挤满了人,酒吧里也是人满为患。许多体育场外的警察和酒吧门外的保安也都通过收音机收听比赛实况报道。

实际上,现在再提起战争和自杀式爆炸袭击,以色列人的心态平和了一些,他们会说:没有什么可怕的,以色列每年死于交通事故的人比死于战争的人多得多。据统计,以色列自建国以来死于战争的总人数尚不是两万一千人,而死于交通事故的人却多达两万二千多人。

以色列是一个名副其实的移民国家,居民来自全球70多个国家。漫步在以色列大街小巷,你会看到形形色色的以色列人。既有金发碧眼的欧洲犹太人,黑头发黄皮肤的亚洲犹太人,也有黑皮肤的非洲犹太人。由于生活环境的关系,许多以色列人都会讲好几种语言。以色列开国者曾设想把国家变成一个大熔炉,把来自不同国家的移民改造成"新以色列人",即实现"一个民族、一种语言"的目标。最终它实现了"一种语言",却没有形成"一个民族"的文化。

在各国高水平艺术家的共同推动下,以色列文化艺术很快达到国际一流水平。比如苏联的移民在音乐方面就做出很大贡献。以色列曾流传这样一则笑话:如果看到走下飞机的俄罗斯移民腋下没有夹着小提琴盒,那这个人一定是弹钢琴的。

在思想文化方面,以色列鼓励思想创新。尽管犹太教信奉"一神思想",但他们鼓励思想多元化,倡导思想独立、言论自由。1995年,刺杀以色列前总理拉宾的那个青年,在没有死刑的以色列开始了漫长的牢狱生涯。他表示"绝不后悔"的言论,也能自由地见诸报端。

言论自由仅仅是客观地报道事实而不做评判,只有做到言论自由,新闻机制才是健康的,国民思想才能得以释放,国家活力才能蓬勃发展。这样政治制度与民族文化相辅相成,共同造就了以色列的和谐。一位在希伯来大学攻读哲学博士学位的中国人说，只要你信仰犹太教，无论你来自哪里，都可以皈依为以色列公民。换言之，今天的犹太人不再是一个确定的种族，而是一个文化共同体。包容的心态与健全的制度，可以说是以色列成功的关键。

在促进文化融合的同时，以色列也尊重不同群体在各自特殊发展过程中形成的文化特征，努力促进文化的多元互补和兼收并蓄，使以色列文化出现了包容发展的繁荣局面。以色列产生了一批才华横溢的作家和诗人，如柴尔尼科夫斯基、毕阿利克、布伦纳、阿格农、肖夫曼等。阿格农是其中的杰出代表，于1966年荣获诺贝尔文学奖。

以色列被公认为是世界上音乐水平最高的国家之一，每年要举办三四百场音乐会，以色列爱乐乐团举世闻名，伯恩斯坦、斯特恩和祖宾等音乐大师蜚声世界。政府一直鼓励文艺团体深入边远、偏僻地区演出，使那里的居民能有同等机会享受丰富多彩的文化生活。以色列的文博事业相当发达，目前有大小博物馆200多个，每年的参观人数近1000万，是世界上参加文博活动人数在总人口中所占比例最高的国家之一。以色列的新闻出版事业也十分发达，人均拥有图书量在多次统计中位居世界第一。

民族精神的复兴和文化的繁荣使全民素质不断提高，以色列开国元勋古里安曾说："要用最简单的话描述犹太历史，就是质量胜过数量。"历史上，没有一寸国土而流散全球的犹太民族得以顽强生存，靠的是犹太民族较高的文化素质和凝聚力，而60多年来以色列能够发展振兴，也是靠的民族智慧与现代思想的有机结合。

中国传统经典《礼记·大学》中明确指出："国不以利为利，以义为利也。"老百姓为利而争是正常的，但是，国家却不应当与民争利，而是应当以仁义为本，这才是国家的利之所在。韩非在《韩非子·外储说左上》中也强调说："利之所在民归之，名之所彰士死之。"趋名逐利其实是人的本性，但是，这必须建立在良好的法制基础之上，否则，就会使社会产生一片混乱。实际上，中国历史上一直存在各种"仁政"的言说，而实践却与话语相反，暴君专制与流氓革命几乎贯穿于整个历史。

中华民族与犹太民族都经历了很多磨难，犹太人经历苦难之后是忏悔与改进，而我们呢？

第四章 实践的智慧

> 动手实践的意义在于它能够培养和发挥孩子的创造性和才能。如果我们给孩子安排一条轻便的道路,他们只需饭来张嘴,上课就念书,什么也不管,这样我们就会害了孩子,会使聪明人也变成傻瓜。
>
> ——著名教育家徐特立

一、实践短板:中国学生怎么了

1992年,青少年问题专家孙云晓在采访中日少年探险夏令营时发现,和同龄的日本孩子相比,中国孩子身上存在很多缺点,比如独立性差、不能吃苦、没有环保意识等。他在《夏令营中的较量》一文中曾担忧,中国孩子是日本孩子的对手吗?当时这篇文章引发了持续几年的全国大讨论。孙云晓在这个研究报告中,把中国和其他国家学生的对比总结成了"四强四弱"的特点,即自信心强,上进心强,幸福感强,纪律性强;实践能力弱,自主能力弱,亲子沟通弱,休闲娱乐弱。

孙云晓认为:我们的教育总是把目标定在天上,却不注意脚下该怎么走。能站在学校讲台上的,不是教授、专家就是学者、官员,虽然课本里也写着劳动无贵贱,但普通人的生活永远是低调的,不被关注或赞扬的,学生们也早已习惯了把科学家、学者、官员等社会知名人士作为偶像。中国学生实践能力弱几乎是中外学者的共识。一位美国的大学教授说,最近几年,一些中国学生托福考试成绩很高,而实践运用能力较差的情况已经引起了美国高校的普遍质疑,使得美方对中国学生的托福成绩认同感大打折扣。

中国学生缺乏实践能力,家庭教育和学校教育都有责任。目前,中国学校教育主要是以传授书本知识为主，缺乏公民课与劳动实践课，很多学生毕业工作后才开始与社会零距离接触。虽然大学也有社会实践，但很多学生只是为了应付实践而敷衍了事。而国外不仅在德育教育的研究方面取得了很大的成就，在德育实践方面也摸索出了很多行之有效的方法和手段。

早在18世纪，法国伟大的启蒙思想家卢梭便提出了"自然主义"的主张，他的教育思想包含在其专著《爱弥儿》中。卢梭的教育思想是从他的自然人性观出发的。他认为，人生来是自由、平等的；在自然状态下，人人都享受着这一天赋的权利，只是在人类进入文明状态之后，才出现人与人之间的不平等、特权和奴役现象，从而使人失掉了自己的本性。为了改变这种不合理状况，他主张对儿童进行适应自然发展过程的"自然教育"，以培养理性王国的"新人"。

卢梭认为，教育要适合儿童的身心；"以行求知，体验中学"；"培养儿童兴趣，教给儿童方法"。他认为教育的来源有三，其一是自然的教育(education of nature)，源自人类生来所具有的各种感官及能力的内在发展；其二是人的教育(education of man)，即通过他人教导我们如何有效运用自然的发展；其三是事物的教育(education of things)，源自对我们的环境中影响我们的事物所取得的良好经验。在这三种不同的教育中，自然教育完全不受我们控制，事物的教育只有某些方面才能由我们支配，唯有人的教育才是我们仅能掌握的。我们每一个人都是由这三种教育培养长成，三种教育必须圆满配合，使其他两种教育配合我们无法支配自己的那项教育，一个完整的完善的教育体系才能得以建立。

卢梭强调教育内容应包含直接与生活有关的知识，让学生由经验中自我发现，由自我发现而得到乐趣。

到实验主义者杜威这里，实践更是被放到了最重要的地位。他提出了"学校即社会，教育即生活"等著名主张，是当代西方活动教育理论的集大成者。在杜威的教育哲学中，"经验"是一个最重要的词。他认为"经验"就是有机体与环境相互作用的结果，是人的主动的尝试行为与环境的反作用而形成的一种特殊而会明白的意义，如果再加上心灵的力量，那么认识的所有大门都将在他面前敞开，知识将成为他改造事物和进行创造的工具。

西方现代制度的建立与完善，都遵从了卢梭与杜威的教育思想。比如注重人性与实践，强调学校知识的"学以致用"。到今天，美国的大学几乎都建有服务学习机构，在西班牙，很多大学为提高学生参加社区服务的积极性，专门开设了社工课，学生可以通过参加社区服务工作获得学分。有的西班牙大学还设立了社工系或与社工相关的学位。比利时的学生志愿者活动也十分普遍。

国外的用人单位很重视应聘者的社区服务经历。西班牙最大的就业网站之一"聚合"发布的最新调查报告显示，41%的专业人士都认为社工经历具有与就业经历同等的重要性，20%的公司人力资源经理称决定录用应聘者是因为其拥有的社工经历。为了表示对拥有社工经历应聘者的重视，"聚合"网站在为用户设定的个人履历表上专门增加了"社工经历和事业"一项。据西班牙《马德里日报》记者戴维介绍，很多公司在招聘时都非常看重学生的社区实践经历，参加社区工作在某种程度上反映了一个人的责任感和待人接物的能力，因此往往能够给其履历加分。

国外社区服务的工作类型有很多，参与的方式也丰富多样，可以是学生自己联系，也可以通过学校或者社团集体参与。社区伙伴关系中心与美国弗吉尼亚理工大学有着紧密的合作关系，同时与社区的非营利性组织、学校、医院、政府机构等也有联系，它在社区服务和学生之间架起了一座桥梁。例如，该中心鼓励学生与当地幼儿园联系，根据幼儿园需求定制服务计划，并招募和组织服务团队，中心还为每一份社区服务计划提供100美元预算，用于购买所需用品。

除帮助老年人、清理公园小道等志愿服务外，美国大学最受学生欢迎的是一种称为"服务学习"的社区服务形式。服务学习的范例是弗吉尼亚理工大学工程学院开展的罗西项目。工程学院认为让新生了解工程的最好方法是"把鱼儿放回水中"，即让学生进入所在社区，解决社区面临的实际问题。在罗西项目中，学生们被分成小组，每个小组接受一个社区合作伙伴提出的任务，在一个学期内运用课堂上所学的知识来完成任务。这些任务大多并不繁重，例如，为一家食品店设计一个衡量不同食品营养价值的系统，或者修理计算机等。另外，弗吉尼亚理工大学每年还组织名为"参与"的展览会，展示一年来学生参与的社区服务项目。

西班牙格兰纳达大学教师劳拉说，她在上大学时也曾做过很长时间的社工,主要是帮助那些吸毒、酗酒或者父母离异的"问题儿童"补习功课。她认为,参加社区服务不仅需要一腔热诚,更要有耐心和毅力。"在工作过程中会遇到很多困难,社区服务会占用很多课余时间,战胜这些困难无一不需要毅力。"劳拉说。巴伦西亚大学的毕业生玛利亚自己开了一家牙科诊所。她说,上大学时自己就喜欢从事社区服务工作,曾利用自己的医学技能为一些家庭生活困难的人义诊。这些经历是无形的财富,为她后来的创业打下了重要基础。

各种社区服务让年轻人走出课堂,接触社会,了解社会上存在的问题并参与社会问题的解决,有助于学生将理论与实践更好地结合起来,可以锻炼学生的组织能力,提高其公民参与意识和责任感,激励他们不断追求社会正义,为促进社会和谐稳定发展做出努力。

与此相反,随着生活的富裕,越来越多的中国家长从小就不要孩子干活,把他们当成"小皇帝"供着,这种溺爱使他们从小养成好逸恶劳的恶习,再加上以考试为纲的学校教育轻视动手能力,学生从小就没有养成社会实践的习惯。

2009年教师节前夕,国务院总理温家宝到北京市第三十五中学调研并讲话,他指出,教育的根本任务是培养人才,特别是要培养德智体美全面发展的高素质人才。从国内外的比较看,中国培养的学生往往书本知识掌握得很好,但是实践能力和创造精神还比较缺乏。这应该引起我们深入的思考,也就是说我们在过去相当长的一段时间里比较重视认知教育和应试的教学方法,而相对忽视对学生独立思考和创造能力的培养。温家宝总理还说:"教育要符合自身发展规律的要求。陶行知先生说:'教是为了不教。'就是说要注重启发式教育,激发学生的学习兴趣,创造自由的环境,培养学生创新的思维,教会学生如何学习,不仅学会书本的东西,还要学会书本以外的知识。我曾经把学、思、知、行这四个字结合起来,提出作为教学的要求,也就是说要做到学思的联系、知行的统一,使学生不仅学到知识,还要学会动手,学会动脑,学会做事,学会思考,学会生存,学会做人。"

学、思、知、行是一个系统的学习过程,行就是实践,它是学的目的,也是学的动力。现代学习理论认为,"人的最佳学习状态不是静止被动的知识灌输,而是对人生的全身心投入和探究"。如何探究?最佳的方法自然是亲身实践体验,只有切身主动的实践体验才可能全身心投入其中,否则只是坐而论道,永远难有深入之感。联合国教科文组织第38届国际教育会议指出："把理论知识用于实践，以及学生参加劳动，是现代化教育的重要组成部分。"从这里我们也可以看出国际教育组织对实践性教育的高度认同与重视。

国外诸多研究充分证明，实践活动与育人效果之间有着深层次的联系。卡内基教育促进基金会第七任主席欧内斯特·博耶在1987年的报告《大学：美国大学生就读经验》中指出，大学教育的效果直接与学生在校园里度过的时光以及学生参加各种活动的质量联系在一起。美国著名统计学专家、哈佛大学查德·莱特教授历经十年调查研究发现，所有对学生产生深远影响的重要事件，有4/5发生在课堂外，发生在课堂内的只有1/5。

"鼓励学生参加课外活动，在课外活动中培养学生的领导能力，是耶鲁培养众多美国杰出人才的秘诀。"耶鲁大学校长理查德·莱温说的更为直接。美国学者朱克曼经过对100多位诺贝尔奖获得者深入调查分析之后得出结论，精湛的实验技巧是他们共同的人格特质。

我们在发出"中国学生怎么了"的疑问的同时，更应该思考问题背后的本质原因。教育是一个社会系统工程，家庭教育只是整个教育系统的一部分。教育的问题根本原因不在父母或学校，而是教育系统的设计出了问题。

二、犹太人说：光会提出问题还不行

犹太人爱知识与智慧是很有名的。在犹太人家庭，学问受到高度重视，孩子从小就认为书本是甜的，从这个方面看其他民族的家庭相形见绌。其中一名作家写道："犹太人家庭是学问受到高度评价的地方，在这个方面非犹太人相形见绌。就是这一个因素，构成了其他一切差异的基础。"这是犹太民族永葆强大的"秘密"。

在每个犹太人家庭里，当小孩稍微懂事时，母亲就会翻开《圣经》，滴一点蜜在上面，然后叫小孩去吻《圣经》上的蜂蜜。这仪式的用意不言而喻：书本是甜的。古时候犹太人的墓园常常放有书本，因为"在夜深人静之时，死者会出来看书"。当然，这种做法有一些象征意义，即生命有结束的时刻，求知却永无止境。犹太人的家庭还有一个世代相传的传统，那就是书橱要放在床头；要是放在床尾，会被认为是对书的不敬而遭禁止。犹太人不禁书，即使是一本攻击犹太人的书。犹太人爱书的传统由来已久，深入人心。在人均拥有图书和出版社以及每年人均读书比例上，以色列超过了世界上任何一个国家，为世界之最。

犹太人家庭的孩子几乎都要回答这样一个问题："假如有一天你的房子被烧毁，你的财产被抢光，你将带什么东西逃命呢？"如果孩子回答的是钱和钻石，母亲将进一步问："有一种没有形状没有颜色、没有气味的宝贝，你知道是什么吗？"要是孩子回答不上来，母亲就会说："孩子，你要带走的不是钱，也不是钻石，而是智慧。因为智慧是任何人都带不走的，你只要活着，智慧永远跟着你。"

但是，犹太人爱的不是死知识与死智慧，而是能运用在实践中的活知识和活智慧。犹太人认为：死读书、读死书的人绝不是智者。所有的知识只有进入到实践环节才有意义。所以犹太教育倡导：光会提出问题还不行，还必须会解决问题。所谓解决问题，就是考验实践能力。

有这样一个笑话，充分显示出犹太人不因循守旧、活学活用的逻辑思维。有一个人想深入了解犹太人的思想和精神，但读完《圣经》等典籍后，仍觉对犹太人知之甚少。后来，他听说《塔木德》才是犹太人最重要的典籍，于是便向一位拉比请教。

拉比对他说："虽然你有良好的愿望，但恐怕你现在的知识还不足以真正理解《塔木德》。"

这个人很执着，坚持让拉比给他讲讲《塔木德》。拉比无奈，先向他问了一个问题："有两个男孩一起打扫烟囱。打扫完后，两人从烟囱中出来，一个男孩满脸乌黑，另一个脸上却没有一点烟尘。你认为哪一个男孩会去洗脸呢？"

这个人回答说："当然是那个弄脏了脸的男孩去洗脸。"

拉比笑着对他说："你错了，两个孩子打扫完烟囱时，一个脸脏一个脸净，脸脏的男孩看到对方脸净，就觉得自己的脸也是干净的；而脸净的男孩看到脸脏的男孩，会认为自己的脸也是脏的。因此，只有可能脸净的男孩去洗脸。"

听到这，那人恍然大悟，要求拉比再问他一个问题。结果拉比把刚才的问题重复了一遍，那人立刻就回答："当然是脸干净的男孩去洗脸了。"不料拉比又笑了:"你又错了,恐怕你是没资格读懂《塔木德》了。"

那人大惑不解,问道:"我的答案就是您刚才告诉我的,那到底什么是正确答案呢?"

拉比耸耸肩解释道:"既然是两个男孩一起打扫烟囱,怎么可能是一个脸干净一个脸脏呢?"

有人会说,拉比所言完全是一种诡辩论,因为问题的前提就是"一个脸干净一个脸脏",而最后他却说"怎么可能是一个脸干净一个脸脏呢?"这岂不是自相矛盾?其实,这说明《塔木德》不会告诉人死的知识,而是告诉人一种思维的方式,即"活的智慧",犹太人将那些读了很多书却没有智慧的人比作"背着书本的驴子",毫无用处。只有滚动的智慧,才能不断发展和创新,才能成为真正聪明的人。有的这样的活知识,经商赚钱还不是小菜一碟。实业精神和冒险传统引导他们进入一片边缘性的独创性的和全新的生存领域,牛仔王子李维·施特劳斯便是这种犹太创新智慧的运用者。

在犹太人的历史演变中,受异族的奴役始终是它的基本格调。但犹太人也并非天生具有逆来顺受的性格,相反,倒是进行过多次反对异族统治的起义。其中犹太王国的犹太人反对罗马统治的两次大起义算是最著名的。第一次起义是在公元66年至70年间进行的。这次起义是一连串冲突的结果。公元66年,犹太人联合起来反抗,成立革命政府,其影响扩大到整个国土。罗马军队开进加利利。公元70年犹太教历5月10日,耶路撒冷陷落,圣殿被毁,犹太国崩溃。此后数十年间,犹太人和罗马人间的冲突接连不断。第二次起义是在公元132年。巴尔、科赫成为这次起义的领袖;虽然最初获得成功,他的军队毕竟抵挡不了罗马军队的镇压,公元135年,起义失败。从此,犹太人不得进入耶路撒冷由于长期的奴役生活,使得犹太人的活动范围和生活区域始终未能扩展开来。

犹太人在长期流浪的过程中不得不自力更生,在异族的压迫下不得不穷途思变,他们观察着世界,思考着世界,改变着世界。自古以来,犹太父母教育孩子很讲究,遇到问题他们不是亲手帮孩子解决,而是鼓励他自己思考自己解决,从小培养孩子的实践能力。犹太人在群星璀璨的文学家、物理学家、化学家名录中占了相当大一部分,其实跟犹太民族的这种实践智慧是息息相关的。

众所周知,爱因斯坦是犹太人。但现代理论物理大师尼尔斯·玻尔、"核和平之父"西拉德、"原子弹之父"奥本海默、"控制论之父"维纳也是犹太人。

对解剖学和病理学做出过卓越贡献,在解剖学中至少有 12 种显微结构以他的名字命名的亨勒是犹太人。青霉素的发现者弗莱明、弗洛里和钱恩,链霉素的发现者瓦克斯曼也是犹太人。他们分别获得 1945 年和 1952 年的诺贝尔奖。犹太人对世界医学做出了杰出的贡献,皮肤血液是犹太人最擅长的领域,以至于在德国,皮肤学被称为"犹太皮肤",许多皮肤病及其治疗方法都是从犹太医生的名字命名的。如"卡波西肉瘤","乌纳瘤","夏姆伯格病"等。

美国著名犹太生物学家阿瑟·科恩伯格因发现了赖氨酸的生物学合成结构及脱氧核糖核酸获得了 1975 年的诺贝尔奖。另一位获诺贝尔医学奖的犹太生物学家勒韦,用青蛙做实验证明了心脏跳动的频率与各种化学物质在神经系统的释放有关。犹太科学家海因里希,由于发现了呼吸酶活动的性质和方式获得了诺贝尔奖。

此外,有机化学的创始人冯·拜耳、施温格、玻恩、李普曼、威斯塔特、卡罗、亨利、德里福斯等不计其数的著名科学家都是犹太人,而且他们大都获得过诺贝尔奖。

现代人类的进步史,其实也是科学发展史。科学是生产力,实践是科学研究的生命力。脱离了社会实践的科学研究也就失去了它的生命力。

三、尼尔斯·玻尔:实践出真知的典范

根据《塔木德》所述,在让孩子学习知识之前,父母有义务让自己的孩子学习一些做人的基本知识。一个连做饭都不会的人是没有资格做学问的。很多犹太学生很早就开始打工,有的在蔬菜店门口招揽生意,有的在印刷厂里做杂活。有些立志当老师的高中生会在夏天做中小学生夏令营的领队,如果要实现自己的理想,不学会实践是不行的。犹太物理学家尼尔斯·玻尔的成功,诠释了犹太人的这种实践智慧。

很多人都知道著名的犹太物理学家爱因斯坦,却不知道另外一个著名的物理学家尼尔斯·玻尔。爱因斯坦与玻尔围绕关于量子力学理论基础的解释问题,曾开展了长期而剧烈的争论,但他们始终是一对相互尊敬的好朋友。玻尔高度评价这种争论,认为它是自己"许多新思想产生的源泉",而爱因斯坦则高度

称赞玻尔："作为一位科学思想家，玻尔所以有这么惊人的吸引力，在于他具有大胆和谨慎这两种品质的难得融合；很少有谁对隐秘的事物具有这一种直觉的理解力，同时又兼有这样强有力的批判能力。他不但具有关于细节的全部知识，而且还始终坚定地注视着基本原理。他无疑是我们时代科学领域中最伟大的发现者之一。"

这位受到爱因斯坦高度赞赏的科学家于1885年10月7日生于哥本哈根，父亲克里斯丁·玻尔是哥本哈根大学的生理学教授，母亲出身于一个富有的犹太人家庭。尼尔斯·玻尔是三个孩子当中的一个，排行第二。弟弟海拉德天资很高，后来成了有名的数学家。就是在这个充满幸福的家庭里玻尔受到了父母良好的教育和影响成长起来的。

还是在孩子们很小的时候，他父亲就非常注意培养他们独立思考和动手的能力。他经常提出各种各样的问题，鼓励孩子们做出解答；遇到需要动手解决的问题，也要求孩子们自己去做。同时，老玻尔教授同丹麦最著名的科学家、哲学家、文学家的交往也给年幼的玻尔很早就有大量接触丹麦——实际上也是整个欧洲最优秀的科学与哲学思想的机会。当父亲与朋友们交谈时，尼尔斯总是安静地坐在那里，心里充满了崇敬，把他们的话像空气那样吸进去。这些谈论成了他自己的观点，也成了他毕生遵循的科学方法。

7岁的时候，玻尔进入了小学。他的各科成绩都很好，在班里总是第一。只是作文例外。按照学校的要求，一篇文章总是要先有一段引子，最后还要专门有个结尾。这一点也不合年少的玻尔的口味。他的思想方法是，直截了当地提出科学性见解。所以，他对作文课总是怀有抵触情绪。有一次，教师叫他写一篇题为《自然力在家庭中的应用》的文章，这个题对这位未来的科学家来说，分量未免太重了。他在文中做了这样反抗式的结尾："我们家里不用自然力。"

在同学的眼里，玻尔是个杰出的人物。他从不硬啃书本，并不去争第一，但又总是毫不费力地执全班之牛耳。当玻尔升到高年级，开始学习数学和物理时，他的显著才能就是人人有目共睹了。在19世纪、20世纪之交的年代里，高年级的物理课讲授十分简单。而尼尔斯所学的东西则早已超出了课本的范围。没有多久，他就对教科书中陈旧、错误的内容，根据自己从杂志里读来的物理学加以圈注了。一个同班同学问，如果在考试中涉及不对的内容，那该怎么办？

玻尔诧异地回答:"当然告诉他们什么是对的呀!"

1903年,尼尔斯进入了哥本哈根大学。入校之初,他被深奥的哲学问题所深深地吸引。他选修了哲学史和逻辑学两门课。特别是父亲的好友于夫丁的课,使玻尔佩服得五体投地。于夫丁引导学生们回顾了16—18世纪的主要哲学派别,然而,他并不打算劝说学生们信奉其中的任何一种。他所强调的只是问题的提出,而非解答。他是这样解释的:"解释是死的,问题却是活的,否则,哲学就不会有生命力。"

玻尔如饥似渴地阅读了大量的哲学著作。他曾为荷兰近代伟大哲学家斯宾诺莎的心物平行论所吸引,更为实证主义大师穆勒的《一个丹麦学生的故事》心灵激荡。还是这本小册子,促使玻尔去探讨认识的辩证过程,以及所有知识的"伟大的内部联系"。

为了探讨哲学问题,尼尔斯和海德拉参加了一个以讨论哲学和科学为内容的小组。这个不超过12个人的小组每月数次聚集于咖啡馆,在那里,只要面前放上一杯咖啡或一杯啤酒,他们的谈话就能持续到第二天早晨。在激烈的争论中,常常出现玻尔和海德拉对峙的局面。这兄弟俩的思路好像是并行的,他们不断改变自己和对方的表述,尽管激烈,却又以事实和道理维护自己的观点。但他们从不固执己见。随着讨论的深入,观点也变得越来越精辟。1905年,丹麦科学文学院重奖征求有关液体表面张力的论文。尼尔斯自信地加入了这场竞争。在大量的参赛论文中,只有两篇被选中,其中就有玻尔的一篇。

21岁的玻尔,以惊人的勇气和卓越的才能,对当代最有名的物理学家之一的泡利的基本理论做出了发展,他得出了出人意料的结论。即在确定表面张力时,还有附加因素应该考虑进去。没有人能预见到和想象出,有关水的表面张力的知识,竟在35年后为研究原子结构提供了线索,而且还有助于发展原子弹和核能。玻尔几乎没有留下悬而未决的细节,他所涉及的每一点,都在后来曲折而无法预料的科学发展中再现了。因此,荣获了丹麦科学院颁发的金质奖章。随后,这篇论文在英国伦敦皇家学会《哲学学报》——英国最著名的科学杂志上发表。

1907年,玻尔取得了学士学位。以后,玻尔深入研究了汤姆逊的著作,阅读了洛伦兹与德鲁德的文章,经过分析,他选择了金属的各种物理性质为研究题目，在电子理论的指导下研究金属的电导率、热导率、磁电现象和热电现象作为自己的硕士论文。他认为：金属的电子理论大有可为，他决定继续把它作为自己博士论文的研究内容，论文完成后，答辩于1911年年初举行。当地的一家报纸这样报道了这次答辩会："26岁的科学巨匠尼尔斯·玻尔只用了一个半小时，就以博士身份离开了大学。时间之短是破天荒的……玻尔所写的东西，所提出的问题都是太新颖，太不寻常了，以致没有人能够对他提出问题。"

1913年年初，玻尔任曼彻斯特大学物理学助教时，在朋友的建议下，开始研究原子结构，通过对光谱学资料的考察，写出了《论原子构造和分子构造》的长篇论著，提出了量子不连续性，成功地解释了氢原子和类氢原子的结构和性质。1921年，玻尔发表了《各元素的原子结构及其物理性质和化学性质》的长篇演讲，阐述了光谱和原子结构理论的新发展，诠释了元素周期表的形成，对周期表中从氢开始的各种元素的原子结构做了说明，同时对周期表上的第72号元素的性质作了预言；1922年，第72号元素铪的发现证明了玻尔的理论，玻尔由于对于原子结构理论的贡献获得诺贝尔物理学奖。他所在的理论物理研究所也在20世纪二三十年代成为物理学研究的中心。

20纪世30年代中期，研究发现了许多中子诱发的核反应。玻尔提出了原子核的液滴模型，很好地解释了重核的裂变。玻尔认识到他的理论并不是一个完整的理论体系，还只是经典理论和量子理论的混合。他的目标是建立一个能够描述微观尺度的量子过程的基本力学。为此，玻尔提出了著名的"互补原理"，即宏观与微观理论，以及不同领域相似问题之间的对应关系。在对于量子力学的解释上，玻尔等人提出了哥本哈根诠释，但遭到了坚持决定论的爱因斯坦及薛定谔等人的反对。从此玻尔与爱因斯坦开始了玻尔—爱因斯坦论战，最有名的一次争论发生在第六次索尔维会议上，爱因斯坦提出了后来命名为爱因斯坦盒子的问题，以求驳倒不确定性原理。玻尔当时无言以对，但冥思一晚之后发现巧妙的方法进行了反驳，使得爱因斯坦只得承认不确定性原理是自洽的。这一争论一直持续至爱因斯坦去世。

1937年5月，玻尔曾经到过中国访问和讲学。期间，玻尔和束星北等中国学者有过深度学术交流，玻尔称束星北是爱因斯坦一样的大师。束星北的文章《引力与电磁合论》《爱因斯坦引力理论的非静力场解》是相对论早期的重要论述。

第二次世界大战开始，丹麦被德国法西斯占领。1943年玻尔为躲避纳粹的迫害，逃往瑞典。二战期间德军占领丹麦，海森堡前往哥本哈根与玻尔相见，即哥本哈根会见。此次会谈的内容各当事人说法不一，至今仍然在争论之中，但可以确定的是海森堡的话让玻尔十分生气，并损害了他们俩的友谊。为避免被德军扣留，玻尔被迫于1943年逃离丹麦，坐船前往瑞典，然后坐一架小飞机到达伦敦。为了防止被人发现，飞机要飞得很高。据说玻尔因为专心思考，而忘记了戴氧气面罩。另一种说法是玻尔的头太大，面罩尺寸不合适，使得玻尔在空中曾失去了知觉。随后玻尔从伦敦前往美国，任洛斯阿拉莫斯实验室所进行的负责研制原子弹的曼哈顿计划的顾问。按照著名物理学家费曼的说法，当时玻尔就如同物理界的神一般受到大家尊敬。1945年，玻尔回到丹麦，此后致力于推动原子能的和平利用。1962年11月18日，玻尔在哥本哈根去世，去世前一天，他还在工作室的黑板上画了当年爱因斯坦那个光子盒的草图。

1965年玻尔去世三周年时，哥本哈根大学物理研究所被命名为尼尔斯·玻尔研究所。1997年IUPAC正式通过将第107号元素命名为Bohrium，以纪念玻尔。其子奥格·尼尔斯·玻尔也是物理学家，于1975年获得诺贝尔物理学奖。

玻尔从1905年开始他的科学生涯，一生从事科学研究，整整达57年之久。他的研究工作开始于原子结构未知的年代，结束于原子科学已趋成熟，原子核物理已经得到广泛应用的时代。他对原子科学的贡献使他无疑地成了20世纪上半叶与爱因斯坦并驾齐驱的、最伟大的物理学家之一。

今天在有的人看来，玻尔的研究是有争议的，第二次世界大战中日本的广岛与长崎上的蘑菇云的阴霾至今还留在人们心里。但是，任何事物都有两面性，事在人为，原子能用于造福人类的梦想已经实现，而且向着更加有效、安全、普及的方向前进，而波尔的名字将永远被世人铭记。

犹太民族的名人册里，还有很多像波尔那样杰出的科学家，比如"原子弹之父"奥本海默、多才多艺的天才物理学家费曼等。犹太民族的智慧就像一股甘洌的源源不断的泉眼，它滋养着本族人民，并惠及整个人类世界。

四、不同实践观源自不同文化

中国人的实践能力,特别是在科学领域方面的实践能力,与犹太人尚存差距。归根结底,这是两个不同的文明与不同文化的差别。

科学实践活动的准真空

曾经有人统计过公元1150年到1300年全世界最优秀的科学家,共有626名,其中95人是犹太人,占总数的15%,可是他们的人口仅占全球大约0.5%。他们的贡献远远超过了应有的份额,看来中国人完全不能与犹太人相比。中国人的聪明也是世界公认的,但是中国没有创新、不出科学成就也是世界共知的,现在连我们自己都开始意识到并加以承认:中国的传统文化中的确存在一些反科学实践的文化。

台湾地区著名的国学大师南怀瑾先生认为,如果从黄帝纪元开始,在那个时代中国文化就是以天文、数学为主,应该是人类历史先进的一页;到了两三千年前的墨子,也是主张科技的,应该算是中国社会最初的科学家、工程师;另一位著名的台湾历史学家许倬云先生也说,中国是有科学发展和科学家产生的,"中国的科学发展到魏晋南北朝时期,由横的来看,有前述刘徽、祖冲之的数学,有葛洪、陶弘景的炼丹学。此时还有贾思勰的《齐民要术》,是本很好的农书,有最早的水道地理《水经注》……宋元的时候,不仅有优秀的数学家,还有制作水钟的苏绰,及科学观察家沈括"。

也有人认为,中国人缺乏科学精神与科学实践。比如,梁启超在《科学精神与东西文化》中,就曾经指出了中国人科学精神缺乏的症状。他认为,中国人对于科学的态度,有根本不对的两点:

其一,把科学看太低了,太粗了。我们几千年来的信条,都说的"形而上者谓之道,形而下者谓之器","德成而上,艺成而下"这一类话。多数人以为:科学无论如何如何高深,总不过属于艺和器那部分,这部分原是学问的粗迹,懂得不算稀奇,不懂得不算耻辱。又以为:

我们科学虽不如人，却还有比科学更宝贵的学问——什么超凡入圣的大本领，什么治国平天下的大经纶，件件都足以自豪，对于这些粗浅的科学，顶多拿来当一种补助学问就够了。因为这种成见横亘在胸中，所以从郭筠仙、张香涛这班提倡新学的先辈起，都有两句自鸣得意的话，说什么"中学为体，西学为用"。……

其二，把科学看得太呆了，太窄了。那些绝对的鄙厌科学的人且不必责备，就是相对的尊重科学的人，还是十个有九个不了解科学性质。他们只知道科学研究所产结果的价值，而不知道科学本身的价值；他们只有数学、几何学、物理学、化学等概念，而没有科学的概念。他们以为学化学便懂化学，学几何便懂几何；殊不知并非化学能教人懂化学，几何能教人懂几何，实在是科学能教人懂化学和几何。他们以为只有化学、数学、物理、几何……等等才算科学，以为只有学化学、数学、物理、几何……才用得着科学；殊不知所有政治学、经济学、社会学……等，只要够得上一门学问的，没有不是科学。我们若不拿科学精神去研究，便做那一门子学问也做不成。中国人因为始终没有懂得"科学"这个字的意义，所以五十年很有人奖励学制船、学制炮，却没有人奖励科学；近十几年学校里都教的数学、几何、化学、物理，但总不见教会人做科学。

梁启超先生同时认为，"若说欧美人是天生成科学的国民，中国人是天生成非科学的国民，我们可绝对的不能承认"并信心十足地指出："只要我们不讳疾忌医，努力服这剂良药，只怕将来升天成佛，未知谁先谁后哩！"梁启超先生看透了中国缺乏科学实践精神的本质原因。其实中国人的科学实践能力并不比西方人差，在某段特定的历史时期，甚至远远较西方人先进。从先秦开始，中国人一直都在运用数学知识来解决生活问题，比如，修建水库、建筑等。

中国的数学家都是致力于实践方面，这点可以从数学的历史上找到根据。而外国文化在工业革命前恰恰相反，古希腊的学术气氛是非常浓厚的，他们那时候讲的主要是思辨，很多都是理论的知识。但后来，国家实行闭关政策，又遭受外敌侵略，严重阻碍了中国的各种发展，包括人们的实践能力。

从根源上看，依旧是皇权专制的政治制度抹杀了社会活力，消解了民间的科学实践精神。纵观历史，古代的科学实践基本处于准真空状态。比如火药的发明，并不是一种科学实践，而是一种巧合。火药发明于中国隋唐时期，距今已有一千多年了。火药的研究开始于古代道家炼丹术，古人为求长生不老而炼制丹药，炼丹术的目的和动机都是荒谬和可笑的，但它的实验方法还是有可取之处，最后导致了火药的发明。

另外，商业文明程度越高的社会，往往科学精神与创新精神也更活跃。

西方的工业革命最先从商业开始，自由竞争带动了商业发展，从而引发了工业革命。而中国的商业精神历来没有健康的制度保障，重农抑商政策是中国古代历史上主张重视农业而限制打击工商业的经济思想和政策，它跟厚土文明与皇权专制是相辅相成的。古代的中国商人没有面向开放的市场，大都以商帮的形式组织起来进行商业活动。比如，明清时期的十大商帮中，以晋帮（山西商帮）、徽帮最为著名。

晋商在中国经济发展史上的地位非常重要，它绵延繁荣达500年之久，商路踪迹遍布全国和近邻俄罗斯、日本、蒙古等国。从晋商中产生的金融机构票号，执晚清中国金融牛耳百余年，号称"汇通天下"。晋商大族大部分起家于贫寒：渠家起家于小贩；王家起家于卖豆腐；常家则起家于背着褡裢小买小卖的"行商"。据资料记载，其他的晋商大族也基本如此。

明清商人积累了巨额财富，据说明代徽商的资产达到百万两白银，山西商人之富超过徽商，清代山西不但"百十万家资者，不一而足"，资产达到千万两的也不乏其人。道光年间山西商人创造出经营汇兑业的票号，汇通天下，显赫一时。但票号在晚清的晋商行业中几乎是一枝独秀。由于晚清金融倒账风波不断、票号顽固守旧，加之辛亥革命中战乱的影响，票号在辛亥革命后不久彻底衰败。

可见，商帮这种形式是封建社会的必然产物，在现代社会的重建中避免不了被消灭的厄运。明清时期的资本主义幼芽，最终在制度与战乱的破坏中败下阵来，新的专制主义几乎以同样的方式，奴役着臣民。由于商业精神的匮乏，生产与消费对象普遍停留在传统的农业作物，如丝绸、香料、茶叶、盐、米等等。简单的手工劳动被长期延续下来，萧规曹随的作坊式生产不可能催生出机械生产的需求，因而，现代工业革命就注定了与中国没有关系。

厚土文明缺失冒险精神

犹太人在历史上长期受到迫害，他们被剥夺各种权利，甚至是生存下去的权利，在生活中面临着各种压力。但在流浪的途中他们没有气馁，而是形成了坚强向上、自强不息的民族性格，而民族性格决定了他们的行为。犹太人保持祖宗传统的习惯、戒律同时，还认为不存在终极真理，他们否认特权，崇尚平等精神。他们习惯利用一切可以利用的条件进行工作，用进一步的努力和高昂的精神去克服困难。流散时期的犹太人面对艰难的生存环境始终把求知视为一种至高无上的神圣事业，十分注重提高自身的文化素养。生存的残酷性又赋予了他们高度的务实精神，所以在现代科学领域中，犹太人的功劳不言而喻。

希伯来文明自三千年前发端以来，却从未中断过，成为人类文明史上极少数的一以贯之的文化。犹太人以自己独特的民族文化来塑造自己、改造自己。相较于不断迁徙的犹太民族，厚土文明下的中国人更向往安宁的定居生活，虽有因战乱、灾荒的迁移，但都是不得不为之的事情。久而久之，人们丧失了冒险精神，知识分子作为社会的中坚力量，不愿意去体验民间疾苦，丰富自己的阅历，更多人是蜗居在书房中企图走功名之路。

明朝的董其昌在《画禅室随笔——卷二》画诀中写道："读万卷书，行万里路，胸中脱去尘浊，自然丘壑内营，立成鄄鄂。""读万卷书"是指要努力读书，让自己的才识过人。"行万里路"是指让自己的所学，能在生活中体现，同时增长见识，也就是理论结合实际，学以致用。但传统的"学而优则仕"法则，把他们的知识限制在了四书五经的狭隘范围中。"致用"也就成了升官发财了。

中国文明起源于长江和黄河流域，那里气候适宜，土壤肥沃，适合种植农作物。人的本性就是只要当前的环境不危及自己的生存，便很少去冒险。于是古人的历史是相当平和的，即使有血腥的战争，那也是内斗，这样就造成了我们更趋向于过安逸的生活，而很少想着去探索外面的世界。

正如学者任不寐在《灾变论》一书中所说的那样："往往仅仅出于'活着'的目的，灾民可以不择手段；为了吃饱喝足他们可以做任何残暴的事情，可以接受任何无耻的任务，干任何下贱的营生。"在《现代化的陷阱》里，学者何清涟曾用过"有肉的卖肉，有灵魂的卖灵魂"来形容目前这种道德崩坏的状况。

凡历史上有较长时间的中央集权或者较晚进入资本主义的多数都缺少冒险精神。因为中央集权下，民众很难从冒险中获得什么利益，平稳的、按部就班的是保证正常生活的最好方法；土地为主要生产资源的时候，各个国家都不鼓励民众的冒险，除非资源已经不能满足需要了。进入资本主义较早的国家，在初期发展的时候，需要大量的物质资料。在国内不能满足的时候，他们就极度地向外扩张，并用很多的方法鼓励国民的扩张意识和行为。冒险成功的人也可以获得巨额的暴利。

1840年以前，中国长期在中央集权的状态下，大大小小的农民起义每年有几百次，成功的改朝换代的几百年才有一次，不在活不下去的情况下，农民们是不愿意做一些冒险的事情的。在历史上相当的时间内，中国的文明和经济是领先于周边的国家的，更重要的是，国内的生产是可以满足统治阶级需要的。地理位置的限制（沙漠、高山、海洋），使得统治阶级不鼓励轻易地向外扩张，这样更利于统治。

相比之下，犹太人基本上是到处受排挤和打压，这样一来就危及了他们的生存，于是不得不到处奔波，找寻适宜的生存环境，这样的历史必然造就伟大的文明。为近代科学技术做出了巨大贡献的西方国家，大部分与中国比起来都是小国家，狭小的地域和有限的生存资料必然促使他们去向外扩张，去探索外面的世界，这样也就促使他们养成了冒险和探索精神，而这两种精神在推进科学发展上都是必不可少的。然而，自然环境适宜，生存资料丰富的中国，却造就了人们缺少冒险和探索的精神。

《塔木德》中说："只有在别人不敢去的地方，才能找到最美的钻石。"这句话的意思很简单，只有敢于冒险的人，才能收获巨额财富。很多犹太人拥有强烈的冒险精神。越是敢于冒险的人，越是不会不经大脑地蛮干，他们都会谨小慎微地办事，在遇事思考时，他们会将各种相关因素考虑在内，这样他们就会做出最明智的选择。

犹太人是最善于冒险的，这种冒险精神为他们赢得了"世界第一商人"的称号。对于这一称号，他们当之无愧。他们具有过人的胆识，知难而进、逆流而上的气魄，他们还具有拿得起、放得下的气概，正是这种种因素，使他们登上了"世界第一商人"宝座。他们敢于冒险的气魄也让世界为之惊叹。冒险精神其实也是一种大胆的实践过程，犹太人虽然喜欢冒险，但他们总是在冒险之前做好理性分析，尽量把损失降到最低。他们的冒险，并非一无所知的冒险，而是因地制宜、适时地将智慧与理想付诸实践，大致表现在以前两个方面。

第一，犹太商人善于寻找并把握机遇。犹太民族被称作是"唯一纵贯五千年、散居五大洲的世界性民族"。在长达两千多年的散居生涯中，他们失去祖国，四处漂泊，正是这种特殊的经历造就了犹太民族强大的生命力与无与伦比的适应能力。那些世代为商的犹太人更是才思敏捷，善于判断并富有冒险精神。他们常常以生意为立足点，从一个国家迁移到另一个国家，在他们的心目中，生意无国界。正因为如此，他们面对陌生的环境，寻找发展自己的契机。一旦发现了突破口，哪怕只有一点希望也绝不放弃。犹太商人常常嘲笑那些不善于把握机遇的外国人，并断言这样的人终究难成为巨商。在美国，犹太人之所以"能在商业界划出一片属于自己的星空"，按照美国学者杰拉尔德·克雷夫茨的观点，是因为"犹太人具有长时间磨炼出来的经商才干和对持续不断的迫害的高度警觉，他们常常选择在供求的某一环节上满足人们需要的灵巧职业和企业"。

第二，犹太商人重合同、守信用。犹太民族自称"契约之民"，称其宗教为"契约之宗教"，称其经典——《旧约·圣经》为"神与以色列人的签约"。也许正是受这一宗教文化传统的影响，大部分犹太商人都重合同、守信用，并以此作为"犹太生意经"的精髓，把毁约作为商人的大忌，并视之为对上帝的背叛。他们认为犹太民族是最守信用的民族，一旦说出口的话，就一定要履行，不管签合同与否。而其他民族，因不守约故而不可信。犹太人中即便出现了不守信用的人，那么这个人一定会被犹太社会抛弃，一个犹太商人如果被犹太社会所抛弃，那么就等于判了他的死刑，绝对没有作为犹太商人东山再起的希望。由于这个铁的制度，故犹太商人都严格遵守诺言。

犹太民族在两千多年前被逐出家园后，便在世界各地流浪。他们在异国他乡饱受歧视和压迫的过程中，深深地体会到金钱的重要性，只有手上拥有金钱，才能在压迫和歧视中存活下来，于是他们凭着惊人的智慧和坚韧的忍耐力创造了一个又一个商业奇迹，而在这过程中成就了独特的犹太人企业家精神。犹太民族所哺育出来的大批犹太商魂更是成为当代企业家所学习和效仿的对象。

冒险的目的是生存或生存的更好。为了这个目的，我们需要冒险，要实现这个目的，我们要理性的冒险，就像犹太人那样。

官本位与民本位的文化差异

儒学也就是孔孟之道，它原教旨就是由孔子的学生所收集的孔子言论集《论语》。在《论语》理论基础上，孟子对儒学的发展做出了最大的贡献。孟子对孔子的评价是：如果没有孔子，那就是五百年的黑暗。后人对儒教也同样进行了发展，如董仲舒、朱熹等。但真正能确立儒教成为中国社会几千年来国教地位的却是历朝历代的皇帝们。

"儒"这个职业原本是"学成文武艺，货与帝王家"，孔子的伟大处恰好在于他超越了一般的儒，他不仅把儒当作一个谋生的职业，他更从儒出发追求一种政治理想、社会理想、人生理想。孟子说，"孔子三月无君，则惶惶如也"。孔子要求每个人都要做与其社会地位相符合的事，"不在其位，不谋其政"。其门生曾子也云："君子濈不出其位。"孔子把最高统治者放在神圣不可侵犯的地位，称："君君，臣臣，父父，子子"，要求人们"行己也恭，事上也敬"，忠实地为最高统治者效劳。严格的等级思维，束缚了民众的自由个性和思维，培养了一个个奴才型人格，给国家和民众带来了难以估量的损失。

以儒学为纲的政治制度以"官本位"思想为核心，本质上是轻民忠君的。中国的"官本位"文化起源于秦王朝。秦王朝的创始人嬴政为了削弱地方势力，把权力集中到中央，在全国废除王侯分封制，实行"郡县制"，由皇帝直接任命各级官吏来治理整个国家。自此"官吏"就是权力的象征，权力能够带来财富和地位，因此官吏成为社会最尊贵的阶层。

"官本位"意识根植于我们几千年小农经济的土壤，产自传统社会之社会管理需要，秦始皇"以吏为师"的政策将其推上了历史的极致。这种意识之于我们的传统社会，可谓有功有过。但在今天中国的现代化进程中，它拥有了新的表现形式，它的毒素以及对社会文明进度的阻碍作用，也无以复加地显露出来。

几千年来，"官本位"意识对中国人的心灵造成难以愈合的创伤。中国人的生命与灵魂被绑定在政权机器的身上，无法获取自身的独立的价值。对于知识分子而言，最大的成功就是游离于腐朽的官僚体系中，对于芸芸众生而言，就是苟且地活着，没有自由没有思想，如同行尸走肉般地活着。中国传统文学中无数"青天大老爷为民做主"的主题，无不反映了这样的一个残酷的现实——官是民的全部依靠，民的命运全然依仗于官的好坏。

商业精神与科学技术最怕"官本位"的专制制度，因为这制度压抑人性，阻碍思想自由，控制经济，破坏市场自由，最终阻碍历史的前进步伐。到了近现代，科技的落后、制度的弊端终于让中国人尝尽了被侵略凌辱的苦痛，接着才有了民族的自觉——洋务运动、维新变法、辛亥革命、五四运动，等等。

康熙年间的一位传教士巴多明提出了中国科学落后的问题，他的看法是：首先，凡是想一试身手的人得不到任何报酬。从历史上看来，数学家的失误受到重罚，无人见到他们的勤劳受到奖赏，他们观察天象，免不了受冻挨饿⋯⋯钦天监正假如是一位饱学之士，热爱科学，努力完成科研；如果有意精益求精，或超过别人，加紧观察或改良操作方法，在监内同僚之中就立刻引起轩然大波，大家是要坚持按部就班的，这势必成为一种阻力，以使北京观象台无人再使用望远镜去观察肉眼看不见的东西，也不用座钟去计算精确的时刻，皇宫内原来配备得很好的仪器都出自欧洲的能工巧匠之手（指耶稣会士汤若望等人），但有人大反特反这些发明，他们抱残守缺、墨守成规、只顾私利⋯⋯这就是在我前面论述的，祖先遗传给我们的那些基因在作祟了。

巴多明认为："使科学停滞不前的第二个原因，就是里里外外没有刺激与竞争，假如中国邻邦是一个独立的王国，它研究科学，它的学者足以揭露中国人在天文学中的错误，中国人也许可以大梦初醒，皇帝变得谨慎，追求进步；据我所知，中国只想去抑制这个王国，使之静默无言；勉强它恭恭敬敬地接受中国的正朔；人们可以看见中国人不止一次为了皇历而战。"其实，巴多明是在批判中国当时的闭关锁国政策。

在观察中国科学发展状况的诸多欧洲人中，18世纪法国资产阶级启蒙运动的旗手，被誉为"法兰西思想之王"的伏尔泰曾风趣地称："当他用中国的茶碗喝着阿拉伯的咖啡时，他感觉他的历史视野扩大了。"他认为中国科学与艺术落后的原因表现在道德、教育、语言等方面,在《路易十四时代》一书中,伏尔泰认为:对祖先的崇拜导致中国人缺乏胆识;并把中国人对祖先的崇拜与欧洲人对亚里士多德的崇拜结合起来。

在《风俗论》中,伏尔泰写道:"试问中国人为什么这样落后、这样停滞不前?为什么天文学在他们那里古已有之却故步自封,这些人好像天生如此,和我们的性格不同,他们只想发明机器,有利民生,一劳永逸,不愿越雷池一步。很多艺术、科学源远流长、连绵不断,而进步是这样少,也许有两个原因:其一即是这个民族敬祖先敬得出奇,在他们眼里凡是老祖宗传下来的都是圆满无缺的;其二就是语言的性质,语言作为一切知识之本。"祖先崇拜其实也是"官本位"思想的另一个家庭释义,即父权思想。

英国历史法学的代表人物梅因在其《古代法》中指出:在人类社会早期,几乎毫无例外都经历了一个"家父权"统治时期,在这个时期里"家父"对于卑亲属的人身和财产有终身的权力。与君权的结合使父权在中国漫长的封建社会中始终处于强势地位,在古代罗马时期父权就已盛行,罗马帝国后期公民权渐至普及,父权也随之渐小。随着西方社会的发展父权最终归于消灭,社会发展实现了"从身份到契约"的历史性跨越。而在中国,直至辛亥革命的爆发、清王朝的覆灭,父权才从圣坛走上了衰微之路。

五四运动不仅是一场社会政治运动,也是一场思想文化运动。在这场运动中,先进的知识分子们极力以西方现代文明为蓝本,改造危机之中的传统文化,重建中国的新文化,从而掀起了新文化运动的滚滚浪潮。五四新文化运动不仅关注民主、科学等涉及国家制度和民族前途的公共领域话题,还特别重视与民众日常生活和生命历验密切相关的私人领域话题。其中,父权作为一个家庭生活领域的私人话题,也成为新文化运动讨论的重要内容之一。

中国古代家庭关系的最大特点是在家庭成员间一分为二:家长和家属。家长一般由男性长者担任,父家长制最为普遍。父家长有权支配家庭财产及其成员,在家庭中处于绝对权威的地位。父家长制不仅有礼教支持,还得到法律的认可和保护,所谓"凡诸卑幼,事无大小,毋得专行,必咨领于家长","家事统于一尊"。

在父家长制下,家长和家属之间是支配与被支配的不平等关系,家属没有独立完整的权利。在父家长与其子孙之间，更是一种等级尊卑关系。董仲舒在《春秋繁露·基义》中，用阴阳来比附父子："其在家，则父为阳，子为阴……阳贵而阴贱，阳尊而阴卑，天之道也。"这种尊卑关系使父对子有人身支配权甚至人生决策权。

这样一来，个人的权利在家庭伦理的胁迫下被消灭了，年轻人失去了自己的生活，循规蹈矩地被安排被组织，以顺应社会大趋势，他们不再思变，即使思考了，也被强大的权力与国家机器压下去了。

中国人注重"天人合一"，犹太人注重"因行称义"。这种价值理念的差别，造就了中国人与犹太人不同的实践观。很多事情我们能想不能做，在各种条条框框的规定下，大家都畏畏缩缩地生活。而犹太人则始终讲究合作、协商。

在中国，群体文化是主导价值观。我们希望国家"政通人和"，在英、美等西方国家，则强调个体主义，尤其强调个人的价值与尊严，个体的特征与差异。犹太人的上帝唯一论，希腊人的逻辑绝对论，两者构成了西方思想体系中的标杆基石；犹太人的人性相对论，希腊人的科学辩证法；犹太人的律法绝对尊严性，希腊人的数学绝对准确性，两者组成了西方人的方法论。

总体来说，西方人的现代思想正是建立在犹太文化与古希腊文化地基之上的，它强调人的信仰与尊严，法律的公平与正义，公民间的信任与协作。每个文化都有自身的优劣，它山之石，可以攻玉，借鉴别人的文化的目的，是让自己变得更强大。历史已经三番五次地告诫我们：闭目塞听，只能自取灭亡。

第五章　学习的智慧

> 在劳力上劳心，是一切发明之母。事事在劳力上劳心，变可得事物之真理。
>
> ——著名教育家陶行知

一、与犹太学生的本质区别

"让书本飞""让试卷飞"，是泄愤还是疏压，或是一场被过度解读的狂欢？华南师范大学公共管理学院教授王建军认为，撕书不理性，但同时也折射出中国毕业仪式意识的欠缺。"我们国家应该有这样一个有组织的仪式，让高考生知道自己毕业了，成年了。"

撕书，表面上是群体狂欢式的发泄，但在本质上透露出中国教育体制的不完善，它让学生太累太蠢，把他们变成了一头头任劳任怨的驴。

"撕书事件"与学生的"驴"化

2010年6月10日，互联网上开始流传一个附带多张照片的热帖，在学校一幢教学大楼前，每个楼层的走廊栏杆前，站着不少学生，欢呼声中，这些学生将书本纸张撕下后，奋力向外抛洒，一张张课本和试卷纸如同冬日里飘飘洒洒的雪花，漫天乱飞。

教学楼前的空地上成了白花花的一片，用网友的话说如同诗人笔下"忽如一夜春风来，千树万树梨花开"的意境，场面非常壮观，这一过程还被现场的学生用手机拍了照并传上网络，并被各大论坛转载，拍这个现场的是该中学一位高一的学生。发帖网友介绍了当时的情景,"桌子,板凳,卷子,书,伞,饮水机桶,灯管,扫帚,墨水瓶,书包,饮料瓶……昨天晚上都是把卷子撕碎了扔,今天上午直接整堆整堆的扔,昨天文科班的很安静,今天把书全部剪成了条状往下倒,装在麻袋直接往下倒……"

原来,这是湖北仙桃市的一个中学高三考生考前为减压疯狂撕书。此帖在各大网站转发后,引发众多网友跟帖热议,有人认为无论是"撕书"、"扔书"还是"烧书",这其实并非个别现象,其实纯粹属于一种情绪的宣泄和压力示范行为。"咱以前也这么做过。"有网友如此感慨。

"现在的学生撕书如此疯狂,既是张扬个性的体现,又是面对巨大压力的结果,应该理解这些孩子的行为。"网友"Sweamfire"还跟帖强调说:"现在学生压力大啊。我们大学毕业的时候也是这样,现在变成高中了。以后估计可能是小学,或者幼儿园。"

"这些学生的素质太低,这是对知识的不尊重!"也有网友则称,撕书的行为过于偏激,也不可取。网友"基于坚定"还跟帖说,"鄙视撕书!书本是值得尊敬的,它教会了你知识!我从来不扔书,从小学的一直留到现在,书上有我的笔记,有我的回忆,为什么要抛弃。"

媒体资深评论员王石川针对此事发表《撕书比"撕"人好》一文,指出:"如果说高考是中国孩子的成人礼,那么撕书则是成人礼这个仪式中的一则花絮,它浪漫中带有血色,喧嚣中带有决绝。表面上看,这则花絮可有可无,实际上不可或缺,它隐喻着一种彻底的告别。"他认为我们已经进入大众教育时代,迈入大学门槛并不太难,但高考仍被赋予了太多的符号和价值,对孩子来说,这是不能承受之重。他说:"可以说,层层压力之下,中国的孩子是世界上最可怜的孩子。高考结束了,适当宣泄一番比憋在心里强,隐忍不发,他们迟早会憋出病来,这远比撕书可怕。"同时也看到了"撕书也许不是宣泄的最好选择,但在没有更好的宣泄方式之前,在心理救济尚处于缺位的语境中,在全社会给孩子的压力没有降温之前,撕书称得上次优选择,因为人人皆有书,撕之便捷、成本低廉"。

这几年,高考前的"撕书仪式"已经变成了一种常态。2011年,慈利一中、聊城三中等学校也发生过此类事件。此前,兰州二中、襄樊五中、新都一中等学校的"撕书"行为也频频亮相媒体。而有些学生的宣泄方式更激烈,在高考完之后,选择从教学楼上往下砸东西、扔木板、杂物等方式来发泄。

"让书本飞""让试卷飞",是泄愤还是疏压,或是一场被过度解读的狂欢?华南师范大学公共管理学院教授王建军认为,撕书不理性,但同时也折射出中国毕业仪式意识的欠缺。"我们国家应该有这样一个有组织的仪式,让高考生知道自己毕业了,成年了。"

撕书,表面上是群体狂欢式的发泄,但在本质上透露出中国教育体制的不完善,它让学生太累太蠢,把他们变成了一头头任劳任怨的驴。

中国人深谙"十年树木,百年树人"之道,大陆从1987年开始推行9年义务教育法至今,令人感慨良多。尽管20年来大陆人民所享受到的政治民主和物质便利有了极大的提高,但普通家庭要支撑9年义务教育的压力仍然严峻。前几年曾经发生过这样一桩令人唏嘘的真实故事,在人民大会堂宴请全国优秀农村教师时,一位来自边陲的女教师曾面对丰盛宴席潸然泪下,此举不是因感恩,而是因舍不得下咽数千元一桌的酒席,在女教师眼中,是很多贫苦孩子的学费!数月前国家统计局对中国农村的调查结论是:80%的农村家庭年人均收入在2000元以下,90%的农村家庭年人均大宗消费支出在500元以下。9年义务教育费用的无节制膨胀,可能越来越严重地剥夺贫困家庭受教育的权利。

中国是世界第一的人口大国,如果教育方面的投入足够,教育的效率和质量高,如果再加上良好的环境,就会是创造财富最多;如果教育方面的投入不足,教育的效率和质量低,就是人口最多,要吃饭的人最多,贫穷的人最多。贫穷会导致国家、社会出现各方面问题。

根据联合国教科文组织的统计,目前中国政府对教育的投入和新加坡、韩国、泰国等新兴国家不可同日语之,甚至较印度和巴西等也逊色。根据中国官方的统计,目前中国总人口中接受过大学以上教育的不足3.5%,而在小学以下教育程度的近一半。如此现状,让人不能不忧虑未来中国人如何自立于世界民族之林。

中国历史上不乏尊师重教之举,甚至有"天地师君亲"的牌位,但由于种种原因,教育体制的现代化迟迟没有跟上经济发展的步伐,教育观念更是没有经过更新,当中国教育遇到先进的西方教育,弊端立见。

中国教育的问题非常多,既有政治体制、教育体制给教育带来的"官本位"

问题和资金投入不足问题，也有旧的法律、制度等把中国教育套得很死板等遗留问题，还有教育思想陈旧、具体办法陈旧等带来的问题。

中国高中教育除了补课还是补课，为了应付考试，学生不得不日复一日地重复学习书本知识，而很多知识是毫无价值的。他们缺乏对社会的关注和思考，缺乏对客观事物的观察与评判，一切价值观都来自书本。就像一头驴拉着磨子转，驴根本不知道为什么要这样做，它又没有办法，只能这样做才有饭吃，久而久之，一戴上夹板就不由自主地拉起磨来了，甚至不再需要主人的皮鞭抽。这就是体制化。

经过高考的洗礼后，学生进入梦寐已久的"象牙塔"。但一切都没那么美好，最近几年导师论文抄袭、师生间的不齿交易、校园内的暴力事件……种种黑幕让人们对中国的高等教育失去了信心。教育等级越高，知识性的教育的重要性就相对降低，研究性的教育就越重要，因而中国的教育是中小学相对水平最高，大学教育其次，研究生教育最差。大学向官员和富人卖硕士、博士学位，都是对中国教育和学术的破坏。

有一个谜语是为："一直无业，二老啃光，三餐饱食，四肢无力，五官端正，六亲不认，七分任性，八方逍遥，九（久）坐不动，十分无用。"谜底便是"啃老族"。现在有很多毕业生不愿意吃苦，毕业后赋闲在家，衣食住行全靠父母。

官本位以及糟糕的制度对教育的腐蚀远不止这些，例如中国大学的学官们在没有进行过教学和拿出研究成果的情况下，自己给自己教授、博导等教育、学术职位，这种"近亲繁殖"带头败坏教育和学术风气。还有如中国的教育制度末位淘汰、量化考评等居然导致了一些中小学教师在课堂上公然叫学生作弊、在考试时在官员安排下参同作弊等。

如果中国的学校官本位和官员腐败情况继续发展下去，最需要职业道德的群体中国教师、教授的学术风气和职业道德将继续败坏。对学生道德品质的培养，父母的言传身教，重要性远远超过学校的教育，但学校教育无论如何不应该降低学生的道德品质以及破坏学生公平竞争、自立自强、遵守规则的意识。

教育就像一个大染缸，学生跳进去再跳出来后是个什么样子，将直接决定社会的公民素质甚至国家的兴衰。一个"撕书"的狂欢仪式，带给我们的警示还不够吗？

西方教学思想的本质是什么

中国的很多老师、家长认为中国的教育出了问题,都是在埋怨体制,实际上,还是我们头脑中的价值观和思想理念存在问题。虽然中国古代的"有教无类""因材施教"等教育理念值得现代人学习推广,但这些思想都是零碎的片段存在于古人的著述中,中国历史上始终缺乏系统的、以人为本的教育思想。

在中国古代文献中,"教育"一词最早见于《孟子·尽心上》,"得天下英才而教育之"。《说文解字》释"教,上所施下所效";"育,养子使作善也",教育就是教诲培育的意思。这就注定了中国教育的本质是培养维护封建政权的"书呆子",使其"非礼勿视,非礼勿听,非礼勿言,非礼勿动"。而从启蒙运动开始,西方人的教育思想与理念便与时俱进,逐渐形成了强调人的价值和能动性的教育体系。

教育的目的是什么?中西是不一样的。从孔子开始,中国教育的目的似乎就是培养完美的奴才。孔子最喜爱的模范学生是颜回,在《论语》中说了他许多好话。可除了艰苦朴素的生活作风外,该生唯一的优点似乎就只是"不违如愚"。所谓"不违如愚",也就是说颜回没有反对意见,看起来好像很愚蠢似的。

差不多与孔子同时,希腊也有个大教育家柏拉图,他的得意门生亚里士多德跟颜回恰好相反,他的名言是:"吾爱吾师,吾更爱真理。"

公元前384年,亚里士多德出生于色雷斯的斯塔基拉,这座城市是希腊的一个殖民地,与正在兴起的马其顿相邻,他的父亲是马其顿国王腓力二世的宫廷御医。从他的家庭情况看,他属于奴隶主阶级中的中产阶层。他于公元前367年迁居到雅典,曾经学过医学,还在雅典柏拉图学院学习过很多年,直至老师柏拉图去世。

亚里士多德十八岁起就被父亲送到当时著名的柏拉图学院在那里他学习。由于他勤奋刻苦涉猎广泛很受老师柏拉图看重,可是柏拉图又说:"要给亚里士多德戴上缰绳。"意思说亚里士多德非常聪明、思维敏捷不同于一般人,不加以管教就不能成为柏拉图期望的人。亚里士多德很尊敬他的老师,但是在很多问题上他又有着自己独立的思考和见解。

从18岁到38岁——在雅典跟柏拉图学习哲学的二十年,对亚里士多德来说是个很重要的阶段，这一时期的学习和生活对他一生产生了决定性的影响。苏格拉底是柏拉图的老师，亚里士多德又受教于柏拉图，这三代师徒都是哲学史上赫赫有名的人物。在雅典的柏拉图学院中，亚里士多德表现很出色，柏拉图称他是"学园之灵"。但亚里士多德可不是个只崇拜权威，在学术上唯唯诺诺而没有自己的想法的人。他同大谈玄理的老师不同，他努力的收集各种图书资料，勤奋钻研，甚至为自己建立了一个图书室。

有记载说，柏拉图曾讽刺他是一个书呆子。在学院期间，亚里士多德就在思想上跟老师有了分歧。他曾经隐喻地说过，智慧不会随柏拉图一起死亡。当柏拉图到了晚年，他们师生间的分歧更大了，经常发生争吵。用孔子的标准来看，这种学生简直是欺师灭祖的叛逆。但柏拉图虽然不赞同他弟子的观点，却一直没有剥夺他发言的权利。

俄罗斯大教育家乌申斯基曾有过这样一段话："教师个人的范例，对于学生的心灵是任何东西都不能代替的最有用的阳光。"教师在教与学中起着最关键的作用，如果没有柏拉图的包容，亚里士多德不可能有自己独到的见解，更不可能成为闻名于世的大教育家。

亚里士多德是现实主义的鼻祖，他不同于老师柏拉图以自己假定的理想国衡量现实，他主张从现实的国家出发，防止国家堕落和促进国家的发展。他对人性和理性持怀疑态度，主张法治，而法律的来源也不是人的理性或者学者的思考，而是来自于历史和传统中为人们所遵循和认知的东西，也就是历史的理性。他对变法和改革持一种十分谨慎的态度，非到万不得已不宜改革。

亚里士多德关于物理学的思想深刻地塑造了中世纪的学术思想，其影响力延伸到了文艺复兴时期，虽然最终被牛顿物理学取代。在动物科学方面，他的一些意见仅在19世纪被确信是准确的。他的学术领域还包括早期关于形式逻辑理论的研究，最终这些研究在19世纪被合并到了现代形式逻辑理论里。

在形而上学方面，亚里士多德的哲学和神学思想在伊斯兰教和犹太教的传统上产生了深远影响，在中世纪，它继续影响着基督教神学，尤其是学术传统的天主教教会。他的伦理学，虽然自始至终都具有深刻的影响，后来也随着新兴现代美德伦理的到来获得了新生。同柏拉图一样，他认为城邦高于公民，但是他也主张人有自己的权利。因为城邦不仅是理性的产物，也是人们满足自身需求的产物，因此他要求实现城邦和公民利益的平衡。

亚里士多德全部作品的数目大得惊人，有47部留存下来，古代书名册上记录表明他写的书不少于170本。但是令人吃惊的不仅在于他的作品数量，而且在于他知识的博大精深。实际上他的科学著作构成了他所在时代的一部科学知识百科全书。其中包括天文学、动物学、地理学、地质学、物理学、解剖学、生理学，几乎古希腊人所掌握的任何其他学科都无所不有。他的科学著作一部分是对其他人已经获得的知识的汇编，一部分是他雇用助手为他收集资料所获的创造成果，一部分是他自己通过大量的观察而获得的成果。

有能力做每一个科学学科的学术带头人，这就是一项令人难以置信的功绩，将来可能不会再出现这样的人物。但是亚里士多德的成就远不止这些，他还是一位有创建的哲学家，对推理哲学的每一个领域都做出了重大贡献，他的论著有伦理学和形而上学，心理学和经济学，神学和政治学，修辞学和美学。他写了若干有关教育、诗歌、野蛮人的风俗习惯和雅典宪法的作品。

亚里士多德还确立了公平的正义和交换的正义的均衡正义原则。一方面对于不同出身、财产、地位、能力的人要平等对待，另一方面对于特殊的任务也可以给予特殊的优待。为此他非常推崇民主制和君主制的结合，在立法问题上实行民主，行政上实行君主制。他希望借此在维护城邦整体利益时保证公民的各种利益，并提出了分权学说。

亚里士多德不仅是一个教育家，还是一个思想家，他以超前的前瞻性为现代文明提供了一个限制权力的理念，所有这些价值与理念，都浸透到了西方文明的土壤中，既强调个人权利、国家与公民间的权力平衡等。以这种思想为脉络，西方教育思想逐渐形成了自己的体系，其本质，就是尊重人的人格、塑造人的独立思维与创造能力。

两种不同的文化血脉，造就了今天两种不同的结果。在西方，如果学生质疑教授内容，教师只会心花怒放，因为那表现出了学生勤于独立思考。然而在中国，学生都是乖孩子，不懂得提出质疑。在中国，教育其实是一种行政手段，师生关系是刀俎和鱼肉的关系。它山之石，可以攻玉，

犹太人的孩子是怎么学习的

犹太民族的《塔木德》，其意思是"伟大的研究"，是一部汇总了对《圣经》进行解释和研究的经典。对千百年来流离失所的犹太人来说，《圣经》和《塔木德》就是祖国。子女从父母那里接受戒律和生活习俗的教育。儿童从小就要学习与背诵这些经典。当然，随着时代和环境的变化，《塔木德》也常被加上新的内容。因此，有人认为，犹太人的成功秘密就藏在《塔木德》中。

学习应该是怀疑、思考、提高知性能力的过程。知性并不是指知识。知性是以知识为基础，以完善知识、提高心性和能力为目的而构建起来的精神大厦。知识本身就是一笔财富，但犹太人看重的是将知识如何转化为实实在在的物质财富，即人的知性，也就是人的智慧，因为智慧是打开幸福和财富之门的金钥匙。

在犹太人眼中，学习不只是学习，而是以本身所学为基础，自行创造出新的东西的过程；学习的目的不在于培养另一个教师，也不是人的拷贝，而是在于创造一个新的人。世界之所以进步即在此。

犹太人也蔑视一般的学习，他们认为一般的学习只是一味模仿，而不是任何创新。实际上，学习应该是怀疑，思考，提高知性能力的过程，只要是活着，犹太人总是不停地学习，因为对犹太人来说，学习是一种神圣的使命。犹太人认为，肯学习的人比知识丰富的人更伟大。

在犹太教中，勤奋好学不只是仅次于敬神的一种美德，而且是敬神本身的一个组成部分。这种宗教般虔诚的求知精神在商业文化中的渗透，内化为犹太人孜孜不倦，探索求实，锐意进取的创新意识。他们孜孜以求在知识海洋中积累的丰富知识，对形成犹太人所特有的计划谋略与智慧发挥了文化滋养的作用。可以想象一个目不识丁的人或知识缺乏者在世界舞台上根本不会有运筹帷幄的智慧。

以色列父母让孩子习惯阅读传统与经典，父母不是为了让孩子理解文章经书的意思，而不是只让他们背诵。他们认为，如果培养不出一个好的记忆力，以后的学习就会困难或者无法进行，所以他们自称是"记忆的民族"。犹太人把学习叫作"重复"，在各方面都具有极强的韧性。在漫长的流散历史中，正是这种重复及记忆，让他们得到了良好的挫折教育，具备永不言败的精神。也

第五章 学习的智慧

正如海明威在《老人与海》中的名言一样：人可以被毁灭，但不可以被打败。

犹太人重视学校的正规教育，但更重视的自教自学。他们的学习方式可被称为是"投入学习法"。因为他们在学习的时候，会动用全身的器官进行辅助，而不是单纯的阅读。实质上，犹太人在教育方面的最大特点就是贯彻完全的幼儿教育和他们一生的学习生涯教育。而这一切，毫无疑问，都是源于杰出的家庭教育。家庭教育中，父亲的责任重大。因为他被认为是上帝委派给人的第一位老师。

犹太人重视知识，他们很相信培根说的"知识就是力量"，但他们更重视智慧，即运用知识的能力。学习应该要能创新，应该以思考为基础。而理性的思维方式就是犹太人的思维方式。他们有着永恒的探索心境，崇尚创新。《塔木德》中说道：宁可失去所有的财产，也要把女儿嫁给学者。犹太人认为学者比国王伟大。在犹太家庭中，几乎每个孩子就要猜一个谜团：假如有一天，你的房子被烧毁，你的财产被抢光，你将带着什么东西逃命呢？其答案是一种没有形状、颜色及气味的宝贝，即智慧。

另外，国家在职业教育方面很重视，已经成为犹太教育的基本内容。《塔木德》规定，无论富人、穷人，须一律学习职业。实践证明，犹太人的生存能力极强，在经商、金融、法律、谈判、生活等各个方面都很卓绝。

世界上多数民族都将早晨作为一天的开始，公历的一天开始于午夜，而犹太人的一天则是从太阳落山时开始的。当孩子问为什么时，他们会说："将黑暗作为开始的人，他的最后才是光明；而将光明作为开头，最后则是黑暗。"教育孩子先吃苦，后享受。当孩子问现在是几点钟时，他们的回答总是精确到秒。犹太人的时间观念极强，对数字也是非常敏感与精确。

时间管理是犹太孩子从父母那里学会的第一项投资本领。很多中国家长抱怨说孩子的自我管理能力差，总是输在自己的惰性上。其实，孩子的自我管理能力本质上的一种时间管理能力，它关系到一个孩子做事情的效率乃至事业的成败。

犹太人实行的是恩威并用的教育方式，即"爱抚加惩罚"。如果惩罚，绝对禁止对孩子的身体造成伤害。犹太父母力戒惩罚或斥责孩子，也尽量避免用言辞警告他们。即使被迫惩罚孩子，犹太家长也力戒讽刺挖苦,更不会自持"孩子是我生的、是我养的"，就随意用不留余地的语言指责孩子。当孩子为了逃避惩罚而推卸责任，乃至说谎话时，家长要对他的这种行为说"不"，拒绝让他把自己的行为推给别人，告诉他这种做法是错误的，每个人都要对自己的行为负责任。当火气上来时，犹太父母采取退避或保持沉默的对策。退避，可使孩子认识到事态的严重性，避开父母与孩子间的正面冲突，还可避免因在气头上说出过头话伤害孩子。

犹太人的这种学习智慧，跟自古以来的神学与哲学结合的思维方式息息相关。在没有犹太神学的影响时，希腊人的聪明产生出了逻辑学，但却因为无法解答逻辑元素背后的意义而崇拜众多假神偶像，这就像印度人和中国人那样，把无法控制的事情物化成偶像进行崇拜，财神、灶神、爱神等越拜越多，这让希腊的哲学智慧不断庸俗化而消亡。犹太神学让希腊的哲学重新具有社会价值，从此走上西方理性和人性思想之路。不幸的是，中国人在封建社会中曾发生过的"百家争鸣"从没有达到犹太人和希腊人的思想高度，整个思想主体围绕着"事君"和"权谋"发展，甚至老庄思想也被权力奴化成权谋方法。

这就造成了两个民族学习观的强烈反差。犹太人从小教孩子智慧比钱重要，而中国人教孩子"钱才是自己的，有权才有钱"，钱不变，道亦不变。两者在五岁就拉开了距离。

二、如何走出中国式的"学""思"怪圈

《论语·为政》："子曰：'学而不思则罔，思而不学则殆'"。也就是说，只知道学习，却不知道思考，到头来等于白学；只知道思考却不去学习，则就变得有害了。"学"与"思"就像一胎双生的兄弟，少了其中一个，学习方法就是不完善的。几千年来的皇权专制，却把读书人的"思"限制在了"为君谋"的枷锁里，而学的对象也是四书五经、程朱理学。我们该如何走出中国式的"学""思"怪圈，不仅要借鉴本土的优秀文化遗产，更应该放眼望世界，在世界文明的浩瀚海洋中汲取营养。

教育回归路：晏阳初与陶行知的教育思想

思想是思想，道德是道德，政治是政治，中国历来的思想道德教育常常混淆概念，而中国人总是将它们混为一谈。统治者对思想道德教育进行垄断，用传统经典与科举考试等一系列系统对读书人进行洗脑教育。如今，教育仍旧是社会争论的焦点话题，教与学一直是困扰中国学校的难题。对关系人本素质提高的价值、人格、权益、政治思想、社会参与等意识方面的教育则注意不够。如果我们的教育把自我意识和自我实现视为自私和个人主义，并对此采取虚无主义，甚至以社会整个需要的名义来规范限制个体的个性发展的价值形成，后果只会导致真正的个人主义和缺乏社会责任感的自私行为。

实际上，从晚清开始，国人就已经意识到传统教育思想的弊端，并开始引进西方的教育思想。以"五四"为顶峰，中国教育的现代化其实首先是教育理念的"西化"。其中，先行者晏阳初与陶行知的教育理念与实践，到今天仍具有现实意义。

在《九十自述》一书中，晏阳初说："'三C'影响了我一生，就是孔子(Confucius)、基督(Christ)和苦力(Coolies)。"具体地说，"三C"就是指中国古代的儒家民本思想、西方传教士的榜样和来自四海的民间疾苦与智能。他经常称：孔子的道理给予他做中国人的基本性格；耶稣的积极战斗，不惜牺牲自己的精神，指引他为国为民服务的正确道路；而全世界人民的疾苦使他终生致力于推行平民教育。

晏阳初于1890年10月出生四川巴中的一个书香世家，父亲是他的启蒙老师，从小就熟读《论语》《孟子》《大学》《中庸》《诗经》等儒家经典，受儒家思想的影响较深。他说："我读的古书虽然有限，但他们却悄悄地，在我幼小的心田中，埋下一粒微妙的火种，要经过一二十年，我才发现它的存在和意义。那是什么呢？就是儒家的民本思想和天下一家的观念。平民教育运动、乡村建设运动，不论在中国，或是在海外，都是民本思想的实践，而以天下一家为最高宗旨。"他的父亲也深知"书香之外另有世界，西学乃潮流所趋"。因此毅然将少年晏阳初送到几百里之外的基督教内地会创办的西学堂接受新学。

1913年就读于香港圣保罗书院（香港大学前身），后转美国耶鲁大学，主修政治经济。1918年，晏阳初毕业于美国耶鲁大学。之后应募以教育秘书的身份远涉重洋到第一次世界大战后期的法国战场为在那里的20多万华工服务，当翻译。晏阳初目睹华工被美国、英国、法国的官兵瞧不起，称华工为"苦力"。就是这些"苦力"，在战场上很勇敢、挖战壕、救伤员，其中有几千人受到了表彰，表现了中华民族勇敢、坚定、沉着的献身精神，获得了如铁十字等各种勋章。他们并不"笨"，并不比外国人差，只是他们没有机会接受教育而已。晏阳初想起"人人皆可以为尧舜"的道理，重视和尊重他们。他意识到应该把知识教给他们，使他们也能像他一样写算和认识中国的文字。在这种思想指导下，他征得在法勤工俭学的领神李石增的支持，为华工办起了"识字班"，亲自选择中国简易文字，用白话文形式编写了《华工周报》。经过三个多月每晚一小时的学习，其中有40多名华工学习较好，获得了识字班毕业证书。

1920年，晏阳初回到中国，在归国前，他立志不做官，不发财，将终生献给劳苦的大众。回国后他首先在上海基督教青年会全国协会智育部主持平民教育工作，期间编制刊行了《平民千字科》等教材。晏阳初发起全国识字运动，号召"除文盲、做新民"，3月他转到湖南长沙组织平民教育讨论会，并在长沙推行他的《全城平民教育运动计划》，他将长沙分为52个单位，发动400名小学教师以游行、散发传单等方式宣传平民教育。不久他筹资组建了200所平民学校，先后招生2500余人，在长沙实验的全国识字运动是晏阳初平民教育理论的第一次大规模实验，取得了重大的影响。

在晏阳初看来，"民为邦本，本固邦宁"，这话虽旧，但很有道理。然而，当时中国虽号称有四万万人民，但其中80%以上是文盲。而且中国以农立国，这些"有眼不会识字的瞎民"的绝大多数是在农村。因此，为平民办教育，尤其是到乡村中去为农民办教育，"开发世界最大最富的'脑矿'"，这是关系到"本固邦宁"的根本问题。从1926年以后，晏阳初把平民教育的重点从城市转到农村，教育的对象也由城市平民变为乡村农民，心甘情愿"给乡下佬办教育"。1926年晏阳初与志同道合的一批知识分子来到定县翟城村，推行他的乡村教育计划，1929年平教总会迁往定县，全力以赴地在这里开展乡村教育的实践。

晏阳初认为欲化农民，我们须先农民化。为此号召知识分子们抛下东洋眼镜，西洋眼镜，都市眼镜，换上一副农民镜。要做到农民化是非常不容易的，必须先明了农民生活的一切,要努力在农村作学徒。

到农村接触了广大农民后,晏阳初的教育思想逐步形成,他对当时中国国民的"愚、穷、弱、私"四大病根开出了救治"药方"——"四大教育,三大教育方式"。

所谓"愚",是指那时中国最大多数的人民不但缺乏知识,甚至目不识丁,他们普遍认为读书只是"读书人"的事,与普通老百姓无关,他们中80%以上都是文盲。所谓"贫",是指中国最大多数人民的生活贫困,不少人是在生与死的夹缝里挣扎。所谓"弱",是指中国最大多数人民是毋庸讳辩的"东亚病夫",人民的生死存亡只得付之天命,所谓科学治疗、公共卫生根本谈不上。所谓"私",是指中国最大多数人民不能团结,不能合作,缺乏道德陶冶和公民常识,可说是"一盘散沙"。这几个缺点不治,就根本谈不上乡村建设,广大民众只会受贪官污吏、土豪劣绅的压迫和剥削。

对此,晏阳初认为要以文艺教育救愚,以生计教育救穷,以卫生教育救弱,以公民教育救私,通过学校式教育、家庭式教育、社会式教育来付诸实施。这种教育方法主要提升国民的"四力":知识力、生产力、健康力、团结力。并以公民教育作为教育的核心,提升公民的公民意识、自主意识、自律意识、自尊意识,培养公民的整体素质。

晏阳初从农民的实际需要出发,以老百姓喜闻乐见的形式出版发行了多种平民读物和《农民周报》;创造了"表证农家","表证"就是由受过培训的农民公开表演,证明某一成功的实际效应,让更多的农民从中看到了科学技术的力量,从而信服并要求效仿。

晏阳初自20世纪20年代开始致力于平民教育七十余年,被誉为"世界平民教育运动之父",与陶行知先生并称"南陶北晏"。

陶行知,1891年生,原名文,后改知行,又改行知。安徽歙县人。毕业于金陵大学文学系。后留学美国,曾从实用主义教育家杜威学习。回国后,任南京高等师范学校教务主任,继任中华教育改进社总干事,推动平民教育运动,最早注意到乡村教育问题。

当时正值国内兴起五四新文化运动,他马上以巨大热情投身教育改革,并决心改变只为上层统治者服务的办学方式,用平民教育为"中国教育寻觅新的曙光"。他认为中国教育改造的根本问题在农村，主张"到民间去"。

为了实践理想，1926年，陶行知在南京神策门外老山脚下的小庄创建了一所乡村师范学校，自任校长，还改地名为"晓庄"，取日出而作之意。在这所驰名中外的晓庄师范学校，陶行知脱去西装，穿上草鞋，和师生一起开荒，一起建茅屋。他提出"生活即教育"，"社会即学校"，"教学做合一"，"在劳力上劳心"的理论，目的是要"发展学生的生活本领"。抗日战争期间，陶行知又在重庆创办了育才学校，把"生活教育"理论运用在培养"人才幼苗"的实践中。育才学校择优选拔有特殊才能的优秀儿童，并根据学生的兴趣和条件聘请大批专家学者担任教师。校内不仅教学生文化课，还努力与社会实践紧密结合。陶行知又派学生戴爱莲等人到八路军驻渝办事处学习《兄妹开荒》等秧歌剧，在校内组织演出。他还倡导学习"南泥湾精神"，带领师生开荒30亩，建立了育才农场。这种中国近代教育史上引人瞩目的创举，使陶行知独特的教育理论和实践誉满中外。

1932年，陶行知创办生活教育社及山海工学团。宣传生活教育，提倡教学做合一及小先生制，要求教育与实际结合，为人民大众服务。设想以教育为主要手段来改善人民的生活。一二·九运动后，在中国共产党的帮助和影响下，积极宣传抗日，参加民主运动，进一步认识到教育应为民族革命和民主革命服务。先后创办育才学校和社会大学，培养出不少革命人才。并曾帮助一些进步青年前往革命根据地。1945年加入中国民主同盟。1946年7月25日病逝于上海，享年55岁。

陶行知教育思想兼容中西，自成体系。他反对旧的考试制度，在1934年写的《杀人的会考与创造的考成》一文中，他对旧的考试方法进行了严厉的批评与抨击。他说："学生是学会考，教员是教人会考，学校是变了会考筹备处。会考所要的必须教，会考所不要的不教，甚而言之不必教。于是唱歌不教了，图画不教了，体操不教了，所谓课内课外的活动都不教了，所要教的只是书，只是考的书，只是《会考指南》！教育等于读书，读书等于赶考。好玩吧，中国之传统教育！"陶行知先生的呐喊，今天依然不过时。

陶行知教育思想的人民性和广泛性是非常强烈的。他为人民办教育，明确提出"生活教育要解放全人类"的理想。他所说的"爱满天下"就是解放全人类,他所说的"平民化"就是以工农为主体的人民性。他的教育思想的人民性,还体现在他把人民作为教育的主人,必须首先向人民学习,把他们当作教育的主人,自己是为他们服务的,因而要用人民最需要的东西教育他们,用人民最易懂的方法帮助他们掌握知识,提供他们的科学文化水平,以摆脱贫穷落后。

对于终身教育,早在1934年,他就说:"生活教育与生俱来,与死同去。出世便是破蒙,进棺材才算毕业。"直到晚年,即1945年5月,他还强调说:"无论老少,也应该受教育。"所以在生活教育中很早就提出了"活到老学到老"的口号。

在教育理想上,他主张"通过四通八达的教育,建立四通八达的民主社会";在教育准则上,他坚持道德至上的教育原则,奉行"千教万教教人求真,千学万学学做真人"的教育箴言。陶行知的"真"与孔子的"仁"在教育理念和道德目标上一脉相承;在教育策略上,他基于知行关系的深刻理解,提出"行是知之始,知是行之成"的重要论断,突出实践("行")在认识论中的先导地位,认识与实践结合,并由此确立了"行—知—行"的行动策略,使得教育理想和目标能在实践中有效落实。

在教育理论上,陶行知继承发展了杜威的现代教育思想,并从中国国情出发,提出"生活即教育""社会即学校""教学做合一"三大理论主张,主张教育要与社会生活相联系,与生产实践相结合,按社会生活的前进的需要实施教育,打破学校与社会之间的藩篱,使教育回归生活。

无论是晏阳初先生的"四大教育,三大教育方式"还是陶行知先生的"行—知—行"的行动策略,都是对中国传统教育的补充与发展,即使到今天也有着很高的价值。有这样一个关于陶行知先生的故事,或许对家长和老师有所帮助和启发:

陶行知先生某天看到一名男生正想用砖头砸同学,将其制止后,责令其到办公室。陶简单地了解了一下情况后回到办公室,发现那名男生正在等他,便掏出一颗糖递给他:"这是奖励你的,因为你比我准时。"接着又掏出一颗糖:"这也是奖励你的,我不让你打人,你立刻就住手了,说明你很尊重我。"该男生将信将疑地接过糖,陶行知又掏出一颗糖给他:"据了解,你打同学是因为他欺负女生,这说明你有正义感。"这时那名男生哭了:"校长,我错了。同学再不对，我也不能采取这种方式。"陶校长又掏出第四颗糖："你已经认错，再奖励你一颗。我的糖分完了，我们的谈话结束了。"陶行知先生对"打架事件"的处理，完全打破了以往的常规教育模式，不是采取说教的方式，而是在了解事情的经过后，抓住学生行为中的积极因素，采取"赏识"的策略，使学生自己认识到错误。

三、拿来主义：犹太人的教学智慧

犹太人说：学习是一种信仰。这个民族被打散了两千多年而复国，期间经历了无数磨难而保持了民族血统和信仰，更能从艰难中胜出别的民族，出类拔萃，他们把学习当成了生活本身，成为信仰的一部分。学习的目的很明确，不是为了自己的功名利禄，而是为了把智慧一代代传下去，图的是一辈更比一辈强，让自己民族永不败落他人之手，学习别人长处就是要超过别人让自己生存。

中国人的学习从来没有达到信仰层面，只是一种谋生之道，拜金教是动力，两千年前的学问和两千年后的没区别，反正真理和非真理都不重要，也就无所谓真假好坏，有实惠就算是正确的。中国文化看上去很长寿，但却没有新细胞，每代人都说自己祖宗比自己伟大，但却最怕与西方相比较，自傲中带着深深自卑。在中国人思想体系中，没有"绝对"和"唯一"的概念；权是人手中的，"天子"也是人封的，法制也是有权者为了自私利益所定，道德本身变得软弱无力，甚至成了权力的仆从。中国人思想无法通过逻辑和绝对理性攀向信仰和思想高峰，从而转向横向融合，将佛、道、儒等思想煮成了形式主义的一锅粥，形成了中国独特的"酱缸文化"。

从摩西到马克思，犹太人总是认定自己是理所当然的人类精神领袖。犹太民族经常涌现出非凡的人才，这与他们民族的怀疑传统也有很大的关系。犹太父母非常重视培养孩子的怀疑精神，他们认为这是孩子一生中的宝贵财富。犹太父母在孩子很小的时候，就鼓励孩子多问问题，这样不仅可以锻炼孩子的思维能力，更重要的是能培养孩子好学、好怀疑的精神。这种习惯会影响孩子一生，所以犹太人在做任何事情的时候，都敢于质疑。经过质疑，他们往往就能发现一些潜在的商机。很多人的成功就是从质疑开始的，最著名的就是牛顿发现万有引力的例子。很多人都会被苹果砸到，但是为什么只有牛顿一个人发现了万有引力定律呢？原因很简单，就是因为他在被苹果砸到的时候多问了一个为什么。

犹太人认为，智慧和知识是最甜蜜的。在犹太教中，勤奋好学是敬神的一个组成部分。没有其他任何一种宗教能对学习如此重视。《塔木德》写道："无论谁为钻研《托拉》而钻研《托拉》，均会受到种种褒奖；不仅如此，整个世界都受惠于他；他被称为一个朋友、一个可爱的人、一个爱神的人；他将变得公正、虔诚、正直，富有信仰；他将会远离罪恶，接近美德；通过学习，他会享有全面认识世界的聪慧和智性的力量。"12世纪时，犹太大哲学家迈蒙尼德还宣布："每个犹太人，不管年轻还是年老，强健还是羸弱，都必须钻研《托拉》。甚至一个乞丐也必须日夜钻研。"

犹太人认为，没有人是贫穷的，除非他没有知识。拥有知识的人拥有一切。《塔木德》里有这样一句格言："一个人要是没有知识，还能有什么呢？一个人一旦拥有知识，那他还能缺什么呢？"正因如此，犹太人养成了全民好学、全民信仰知识的悠久文化历史传统，这自然是犹太人成功的第一黄金律。

犹太人对知识与智慧的态度，可以从这则犹太笑话中得以体现：

这是发生在一条船上的故事，船客皆是腰缠万贯的大富翁，唯独其中夹杂着一名拉比。富翁们聚在一起彼此炫耀财富多寡。

拉比见后说道："我认为我才是最富有的人，不过现在暂时不向各位展示我的财富。"

航行途中客船遭到海盗抢劫，富翁们金银珠宝所有财产都被搜刮一空。海盗离去之后，客船好不容易才抵达某个港口。拉比的高深学问立即受到港口镇民的赏识，他开始在学校里开班授徒。不久，这位拉比遇到先前同船而来的富翁们，他们一个个处境凄惨落魄。

这时他们看到拉比受人尊敬的样子，一个个明白了当初他所说的"财富"，感慨地说："您的确说得对，受过教育的人拥有无尽财富。"犹太人用这个故事留给后人一个教训——知识夺之不走而能常怀于身行走各方，教育乃是人类最主要的资产。知识胜过钱财。

知识至上主义让犹太人爱学习，而学习的方法则来自他们的信仰。西勒尔的成功，便是犹太民族"学""思"智慧滋养的结果。

西勒尔是个犹太人。在他年轻的时候，有个很大的希望，那就是专心研究《犹太教规》，并且要做出成就。可是他的希望显得遥不可及，因为他实在太贫穷了。左思右想之后，他终于想出了一个办法：把挣下的钱一半交给学校的看门人。通过这种办法，西勒尔听了不少课。可是，他的钱太少了，最后连一块面包也买不起了。这时候，让他感到难受的并不是饥饿，而是看门人坚决地拦住了他，不让他听课。

怎么办呢？西勒尔决定爬到学校的天窗上听课。安息日前夕，天寒地冻，北风刺骨，由于筋疲力尽他睡着了，雪很快覆盖了他的身体。第二天早晨集合起来的学者们发现了他，当他们知道西勒尔所做的一切后，立即同意他进入学院并免掉了学费。西勒尔穿着破烂、身无分文，又是一个刚从巴比伦来的移民，他的家族名不见经传，但所有这些都不重要。后来的事实证明，学者们的宽容与决定是对的。靠着这种执着，西勒尔成了犹太人中名垂千古的伟人。从此以后，凡是有犹太人以贫穷或其他借口不去读书求学的时候，人们总会问："你比西勒尔还贫穷吗？"

如西勒尔故事所揭示的意义，在于从学校内部看兴趣和能力是知识分配的主要标准。老师找与自己兴趣相投的学生，学生找与自己兴趣相投的老师，然后他们就一起工作，直到学生学到了他们想学的知识或尽自己所能学到的知识。当然，同样真实的是孩子们的兴趣表现程度不一，他们的理解能力也有差异，一旦他们进了学校就必然会把自己与别的孩子区别开来。一个学校如何对这些区别做出反应，主要依赖于它的目标和课程设置。如果教师们致力于国家公民所必要的基本知识、基本技能、基本能力以及基本品格的教育，那么他们就会在学生中努力建立一种共享的机会，并把他们培养到近乎相同的水平。

《塔木德》中有这样一些话："对于像孩子那样学习的人，我们把他比作什么呢？就像用墨水在新鲜洁净的纸上书写。"

"但对于像老人那样学习的人，我们把他比作什么呢？就像用墨水在破旧不堪的纸上书写。"

拉比阿基瓦是一个贫苦的牧羊人，直到40岁才开始学习，但后来却成了最伟大的犹太学者之一。拉比阿基瓦在40岁之前什么都没有学过。在他与富有的卡尔巴，撒弗阿的女儿结婚之后，新婚妻子催他到耶路撒冷学习《律法书》。

"我都 40 岁了,"他对妻子说,"他们都会嘲笑我的,因为我一无所知。"

"我来让你看点东西,"妻子说,"给我牵来一头背部受伤的驴子。"

驴子牵来后,她用灰土和草药敷在驴子的伤背上,于是,驴子看起来非常滑稽。

他们把驴子牵到市场上的第一天,人们都指着驴子大笑。第二天又是如此,但第三天就没有人再理那头驴子了。

"去学习《律法书》吧,"阿基瓦的妻子说,"今天人们会笑话你,明天他们就不会再笑话你了,而后天他们就会说:'他就是那样。'"

阿基瓦妻子的意思就是他 40 岁去学习,即使别人会嘲笑他,但是第 3 天就不会嘲笑了,因为什么时候学习都不迟。

因此,犹太人常把西勒尔说过的一句名言挂在嘴边:"此时不学,更待何时?"以此激励自己或鼓励别人去学习知识。

只要是活着,犹太人总是不停地学习。因为对犹太人来说,学习是一种神圣的使命。犹太人认为到达天国以前,人必须不断地学习。学问的追求是永无止境的。所有的犹太人一向秉持着这样一种观念:肯学习的人比知识丰富的人更伟大。

在犹太人眼中,学问不只是学习,而是以本身所学为基础,自行再创造出新东西的一种过程。学习的目的,不在于培养另一个教师,也不是人的拷贝,而是在于创造一个新的人。

下 篇
如何把孩子培养成"世界公民"

第六章　公民教育缺失的三元对立危机

贫穷是培养大众犯罪的温床。

——德国著名刑法学家李斯特

当今的中国社会正在经历重大转型，这些被称为家庭的"小皇帝"的独生子女们实际上要比过去一个家庭中有多个孩子的时期承受着更大的压力和痛楚。

——北京少年犯罪专业法官尚秀云

即使是普通的孩子，只要教育得法，也会成为不平凡的人。

——18世纪法国唯物主义哲学家爱尔维修

一、"穷二代"悲剧为谁敲响警钟

中国，"崛起"的巨龙，21世纪前十年世界经济萎靡的大形势下，这条巨龙仍然挣扎着试图腾飞。绑在巨龙身体上的似乎只有一个沉重的词汇，从小孩到耄耋老人都熟悉它——经济。从中法战争、甲午战争开始，这个国家都在以或激烈或温柔的方式拒绝着一些西方世界的生活方式，古老的民族从未像现在这般对来自西方的术语"经济"产生如此浓厚的兴趣。当一个农耕文明迈向工业文明时，或许都会经历中国当下的种种阵痛。在这些阵痛中，有的事情无法避免，而有的事情却能防微杜渐。

当经济炙热得让人们头脑发昏的时候，仍旧有冷静的人在思考当下与未来——为何经济的阳光总是照不到底层。商业精神败坏与贪腐问题，青少年犯罪与公民精神的沦落……各种危机促使人们不得不反省眼前的生活。终于，人们又把聚焦点从"经济"转向了"教育"，因为教育的对象是青少年，代表着国家的希望，当下的危机都将落在他们的肩膀上。

然而，我们再次失望了。各种关于青少年犯罪、自杀的新闻见于各种媒体，让人触目惊心。有学者认为，中国历史上从未出现过契约社会，在低信度的社会环境下，中国普通群众都以原始的群落的方式生存着。当下钱权的畸形分配，有力地佐证了这一观点，青少年同样以三大群落的方式存在着——"穷二代""富二代""官二代"。

先从"穷二代"说起，因为这个群体的基础是芸芸众生，是盘踞在社会下层人数最广的人群。代表人物杨元元，一个勤奋的女孩，抱着单纯的心态，相信知识能够改变命运，最后却走上了一条让人痛心的不归路。

湖北枝江是一个封闭的小县城，杨元元在这里度过了不算愉快的童年。她自幼丧父，与母亲、弟弟相依为命。1998年高考填志愿时，母亲望瑞玲拒绝了女儿到大连学海商法的请求，理由是考武汉的大学可以省些路费。由于不忍向家里要钱，她开始超负荷地接家教和兼职，还常常为省路费而步行往返。不少当年的同学对她印象深刻的一幕是——常常夜晚在饭堂擦桌椅，或者把垃圾扫起来并从中拣出卫生筷。她还勤工俭学，担负起自己和弟弟的学费。2001年家里发生了两件大事，一是弟弟杨平平考上武大，二是原来居住的军工厂要搬迁，母亲失去住处，一夜间变得无家可归。母亲拎着家什出现在杨元元的大学寝室。床太窄，母女就侧身而卧。杨元元上课的时候，望瑞玲就弄些茶叶蛋和豆腐干到教师楼前卖。数月后，托一个老师的关系，住进了一间只有一张桌子的闲置房，学校也持默认态度。

在大学过去将近一半的时候，她对当初的理想念念不忘，便开始自学法律课程，并配酿考法学研究生。大学后期杨元元的心情变得越发郁闷，除了来源于越发排斥的本专业外，更来源于变得现实而具体的家庭压力。她的生活如钟摆般精准而机械：上课，家教，帮母亲摆摊……她几乎没有朋友，连亲友都羞于走动，她把兼职的所有收入悉数交与母亲代管和支持弟弟求学。2002年毕业时，她的校园爱情无疾而终，成绩第一的她却被挤掉了保研名额——据说是被人做了手脚。最后她在委屈和愤怒中参加考研，又失败了。无所事事了几个月后，她进入一家培训中心当英语老师，教幼儿英语，月薪800元，每天两个小时地来回武昌和汉口。自卑像一道屏障裹住杨元元。毕业很长时间里，她都没有配手机，几乎与所有同学都失去联系。"她该如何开口介绍近况呢？"弟弟杨平平说，"说还在做家教吗？"挫折感、焦虑感、封闭倾向，成为无数个像杨元元一样的"蚁族"标签。

自卑的杨元元开始在《红楼梦》里寻找自身悲剧的影子。"她说她像晴雯，"表妹望妍说，"心比天高，身为下贱。"杨元元事业上最后一丝激情消耗于2005年。由于受轰轰烈烈的大学生创业潮触动，杨元元倾尽积蓄，与人合伙办一份文艺杂志。一开始信心十足，还租了个像样的办公室，但仅坚持了半年，由于办刊思维的不合时宜，杂志基本滞销。

2007年开始，杨元元第四次酝酿考研。第二年，她接到了上海海事大学海商法研究生入学通知。而来到上海之后，面对这个物质繁华的城市，可能始终处于"大环境的适应不良"状态。再加之她与母亲同住宿舍，会有一种"寄人篱下"的感觉。这种反差造成了她的"障碍"。

入学之初杨元元就问辅导员能否将母亲安置在校内。对方建议写封申请书，杨元元照办，但写着写着就哭了起来。"她不爱把困难告诉别人。"望瑞玲说。等了一周仍无消息，杨元元母女就去找学院领导，说家里有困难，能否解决母亲的住宿。"我和元元一直请求他，说武大当初也安排住处了。结果他说，'没钱，没钱读什么书？'"望瑞玲说，"回去后元元很受伤，说这里没有温情。"

2009年11月21日，杨元元宿舍突然来了两个宿管，限令她在半个小时内搬走母亲的所有东西，以后不许再来。望瑞玲看到女儿当时神色有些紧张，不停地赔礼道歉。随后就冒雨带母亲出去找房子，学校地处偏僻，一天搜索无果，最后花了100元住了宾馆。望说女儿心疼得睡不着。第二天，她们找到一处房子，但当天拿不到钥匙。杨元元因为要排练节目，望瑞玲就叫她回去，说她能找到落脚的地方。当晚上海气温骤降到只有4℃，望瞒着女儿在学校礼堂前坐了一夜。天亮后，杨元元知道后非常自责，当即就坐在地上要母亲趴在她身上睡。晚上，母女俩拿到了钥匙，进去后发现是毛坯房。两人和衣躺在地上，抱在一起取暖。

11月24号上午，望瑞玲和女儿在宿舍收拾衣物。半个小时后，一位年轻宿管看到望瑞玲的登记，跑上来指着杨元元说："你妈要是再来，你就拿不到毕业证和学位证，你将来什么也没有。"过了一会又指着望的鼻子骂："你这个乡下来的农村老太婆,不要把你农村的那一套拿到这里来。"一直忙着赔礼的杨元元听到这里脸色变得难看起来。在回去出租房的路上,杨元元又向母亲道歉,说现在还没让她享清福。

由于持续的担心、焦虑、愧疚和疲劳,此时杨元元已严重缺乏睡眠。11月25日清晨,杨元元突然从被窝里坐起来,语带怨气:"凭什么不让我们住,我要找领导。"接着她又说:"都说知识改变命运,我学了那么多知识,也没见有什么改变。"她告诉母亲,"地上好冷,我去找学校去,我们还是要住回学校宿舍去。"这是杨元元30岁生命的最后一天,第二天凌晨,她被发现在宿舍卫生间用两条系在一起的毛巾将身体悬挂在卫生间水龙头上结束了自己的生命。

一个年轻的生命就这样离开了。回顾一下杨元元的最后24小时:11月25日下午5点左右带母亲到宿舍洗澡。她对母亲说,8点前离开宿舍,别让宿管员再来赶人。晚上10点电话叮嘱让妈妈放心,杨元元告诉杨母她在排练节目,让杨母放心回去。11月26日8点30分,杨母想进宿舍遭拒绝,杨元元没有像往常一样同母亲吃早餐。最后现场,杨母发现杨元元用两条系在一起的毛巾将身体悬挂在卫生间水龙头上,半蹲着以一种极痛苦的方式结束了生命。

这起事件引起了人们的讨论,有网友说:"有贫富差距倒可以理解,可悲的是人情冷漠逼死了人。"也有网友说:"没有生活在底层,永远不会了解生活有多么艰辛!在这样世态炎凉的社会,自尊地生存下去,对一部分人竟那么艰难!如果实在贫困,就不要读了大学还读研还读博。读这么多书有用吗?"

其实,杨元元事件并非个案,如果我们理性地分析杨元元的悲剧,会发现"穷二代"悲剧是社会与个人双重作用的结果。当前社会存在各种不公平,而当个人没有健全的心理与应对机制时,悲剧往往可能发生。早在2004年,也是一个"穷二代"马加爵在云大宿舍连杀四人,引发了轰动全国的"马加爵事件"。然而,"马加爵事件"不是悲剧的开始,也不会是悲剧的结束。2010年12月11日上午7时许,云南楚雄紫溪中学学生宿舍3栋401室,学生李国阳刺了舍友徐振宇19刀,汪磊25刀。这起重大惨案,震惊全社会,当时学生都不敢回惨案发生宿舍睡觉。

当下,我们正处于"野蛮的物质主义时代",国人最大的危机就是道德的沦丧和信仰的缺失。在这样一个"野蛮"的时代,契约与诚信已经被铜臭味掩盖,每个人都在为私利明争暗斗。包括教育等本来高尚的社会生活，也被功利环绕。在高考指挥棒的指挥下，家长往往只重视智力教育，而忽略了对子女健康人格的培养。在教养的方式上多采取简单、粗暴的家长制手段。这种消极的教育方式，容易使子女形成敏感多疑、自卑易怒、偏执敌对等不健康的品质，也可称之为人格障碍。当子女考入大学后，有的家长又将精力转移到经济支持上，而对其现实表现和心理成长关注不够。一旦子女犯罪，他们才感到惊讶和后悔。

同时，浮躁的社会风气具有不可推卸的责任。在市场经济体制没有完全形成，福利制度不完善的情况下，人们收入差距不断扩大，出现了社会分配不公的现象，加之社会对"大款"的高消费生活有意无意地渲染，使有的大学生心理不平衡，拜金主义思想膨胀。钱的多少已成为不少大学生衡量人生价值的主要尺度。一些腐败分子以权谋私，也对大学生树立正确的人生观、价值观造成影响，导致其理想、信念的困惑和动摇，对物质占有欲的过分追求导致一部分学生走上犯罪道路。另外，教育收费方式的重大变化，给有的学生家庭加重了负担，为了弥补经济上的不足，他们就以犯罪来满足自己的需求。

面对这样危机，传统的学校教育毫无用处。一些学校对大学生的思想政治教育和法律政策教育形式单调，内容僵化，重知识"输入"而轻思想品德的"塑造"，缺乏科学的管理机制，有的学生夜不归宿、逃课旷课、赌博醉酒等也无人过问。由于未做到防微杜渐，导致个别学生自觉性越来越差，自我控制能力越来越弱，很容易突破道德的防线而走上犯罪歧途。

诚然，在西方等公民社会同样存在各种少年犯罪，公民教育能否彻底杜绝少年犯罪跟公民教育是否能减少更多少年犯罪是两个不同的问题。世界上不会存在完美的教育和人格，有人生活的地方就会有各种冲突，而公民教育是一种规范、一剂良药，它虽然无法根治人类心理遗传了几百万年的痼疾，但它可以提供更多有别于中国传统教育的养料，使教育的土壤更加多元化。

二、富二代交通肇事的社会学思考

德国著名刑法学家李斯特说："贫穷是培养大众犯罪的温床。"但社会发展至今，富裕的环境仍可滋生犯罪。近年来，"富二代"犯罪现象越来越突出，个案往往引起社会关注，尤其以交通肇事案为典型。

说到交通肇事案，就不得不提"胡斌案"。一起交通事故，将两个年轻人和两个家庭的命运连在了一起。

胡斌，20岁，杭州某富商之子，杭州师范大学体育系大二学生，并曾获得首届杭州卡丁车大赛冠军。

谭卓（1984—2009年），湖南省长沙市宁乡县人，为家中的独子。2002年，谭卓以优异成绩考取浙江大学通信工程专业。2006年，谭卓毕业后就职于杭州依赛通信有限公司，担任硬件工程师。

2009年5月7日晚8时许，谭卓在浙江省杭州市文二西路被胡斌所驾驶的改装三菱跑车撞飞，后送120后不治。有目击者声称，谭卓被撞出大约5米高后再重重摔在20米以外的地方，可能当场死亡。同德医院的护士在谭卓身上找到一张电影票——西城广场UME国际影城的影票，电影是《南京！南京！》，票价30元，时间是前一晚9：06。从车祸发生地点，以及送进同德医院的时间上看，谭卓当时很可能是去电影院的路上。同日，肇事者胡斌被刑事拘留，但有网友发现肇事者QQ还在进行更新，因此质疑肇事者是否被及时拘捕。

5月8日，杭州交警召开新闻发布会，提及"当时车速在70码"（注：实际应为"千米／小时"），由此引发舆论不满。同日晚间，杭州市民及浙江大学学生自发走上街头为谭卓举行追思会。5月10日，谭卓追悼会召开。同日，杭州警方承诺将秉公办理此案。

5月11日，杭州警方承认肇事者存在违法超速行为。另据杭州媒体报道，杭州市长称该事件骇人听闻要严惩。5月12日，杭州市的部分人大代表和政协委员也发表声明对此事表示关注。

5月13日，杭州市政府澄清肇事者胡斌的飙车同伴翁振华并非市政府领导的儿子。该案中肇事车辆涉及的超速行驶和车辆改装问题将由一家专业司法鉴定机构来判定。5月14日，杭州飙车案事故鉴定完成，专家称"车速肯定不是70码"。杭州市公安局当日向媒体发布交通肇事案鉴定报告，认定事故车在事发路段的行车时速在84.1千米到101.2千米之间，且肇事车辆的发动机排气系统、前照灯、悬挂、轮胎与轮辋、车身内部已在原车型的基础上被改装或部分改装。但是该鉴定报告被网友质疑其可信性,且受害人父亲拒绝在鉴定报告上签字。同时,杭州公安局发言人证实胡斌还在羁押中。

5月15日,杭州警方以交通肇事罪向检察院提请批捕,并认定本次事故由胡斌承担全部责任。同时杭州警方也就早前的70码说法向公众道歉。5月16日,谭卓家属决定暂时不对鉴定报告提出异议。5月20日晚,杭州警方宣布公安机关侦查终结。同日,胡斌以涉嫌交通肇事罪被移送杭州市人民检察院审查起诉。受害者谭卓家属与肇事方已经达成协议,谭卓父母获赔113万元。

7月20日下午3时30分,杭州市西湖区人民法院对"5.7"交通肇事案进行了一审公开宣判,以交通肇事罪判处被告人胡斌有期徒刑三年。被告人胡斌亲属,被害人谭卓亲属、生前同事等各界群众60余人旁听了宣判。

这起交通肇事案成为了2009年网民的焦点话题,它之所以能引起轰动效应,是因为它涉及一个与劳苦大众对峙的群体:"富二代"。改革开放30多年后的今天,"富二代"现象越来越引起人们的关注。纵观古今中外,"富二代"从来都不是一个新鲜的阶层。而何以当代中国的"富二代"们如此与众不同,成为了社会广泛关注的现象呢?这与中国的市场经济行为文化、教育方式等因素密切相关,同时也在一定程度上折射出市场文化的某种缺陷。

中国古代的家庭教育其实有值得借鉴的地方,尤其在唐代之前,士族极其重视子弟的品德与人格教育。当时通过"察举"选拔人才,也就是说,一个士人必须得在社区有较好的形象,才有资格获得推荐。所以,社会有了所谓"世家",其前提是"累世经学",即父子、兄弟世代传习儒家经术,再由经术而从政,形成所谓"累世公卿"。但是,古代的文化再施用于现代无异于缘木求鱼。因为,"富二代"的内涵和社会机制早就发生了根本性的质变。

当下的"富二代"作为独生子女,生活环境优越,万千宠爱集于一身。很多"富二代"不工作,游手好闲,把打架、抢劫当成消遣。对于他们来说,生活太过容易,人生缺乏奋斗和追求的动力,更何况面对父辈的成就难以超越,于是只能在速度中证明自己。父母忙于事业而缺少对一个孩子成长所应给予的帮助,所以他们在自我纵容和外界压力面前,选择不与外界沟通。

梁启超先生在《新民说》中说:英人常自夸说"他国之学校,可以教成许多博士、学士，我英国之学校，则只能教成'人'而已"。在中国，学校教育偏重知识灌输和技能传授，忽视了人格培养。教育应该是农业而不是商业，需要阳光雨露的呵护最后自然长成各不相同的树木，而不是生产出形状外表一致的垃圾产品。

如何教育"富二代"，就牵涉到了"富一代"这个群体。在市场经济激烈的竞争中，金钱至上的价值观被越来越多的人接受，很多"先富起来"的人交给孩子的通常只是成功学，甚至是厚黑学。与西方不同，中国的新富们大多改革开放之后产生，只有短短十数年的积淀，曾经历了艰苦奋斗的他们，很容易产生"不想再让孩子吃苦"的想法，过度呵护溺爱，从而没有让孩子养成一些重要的性格和品质，直接导致孩子人格上的不健全，使"富二代"缺乏责任心、同情心和公共精神，不论在什么场合，只考虑自己的便利与得失，甚至漠视他人的生命，甚至参与黑社会活动等。

胡斌的案件在认定案件性质时，许多人主张危害公共安全罪，并同时引发了酒后驾驶入刑的讨论。但是单从刑法的层面上，加大惩罚力度就能从根本上解决这一问题了吗？也许远远不够，刑法只是惩治危害社会行为的最后手段，并非主要手段。从根本上解决这一问题，社会与个人更应该深刻地自我反省，政府的政策更应该起到积极的效果。胡斌案不是个案，浙江飙车案、四川富家子开车连撞五车、重庆重大黑社会犯罪等事件便是典型的例子。2010年的"药家鑫案"更是将"富二代"的"不仁"演绎到了极致。

2010年10月20日23时许，西安音乐学院大三学生药家鑫驾驶红色雪佛兰小轿车从西安至长安送完女朋友返回西安，当行驶至西北大学长安校区外西北角学府大道时，撞上前方同向骑电动车的张妙，后药家鑫下车查看，发现张妙倒地呻吟，因怕张妙看到其车牌号，以后找麻烦，便产生杀人灭口之恶念，遂转身从车内取出一把尖刀，上前对倒地的被害人张妙连捅数刀，致张妙当场死亡。杀人后，被告人药家鑫驾车逃离现场，当车行至郭杜十字时再次将两情侣撞伤，逃逸时被附近群众抓获，后被公安机关释放。

2010年10月23日，被告人药家鑫在其父母陪同下到公安机关投案。2011年1月11日，西安市检察院以故意杀人罪对药家鑫提起了公诉。同年4月22日在西安市中级人民法院一审宣判，药家鑫犯故意杀人罪，被判处死刑，剥夺政治权利终身，并处赔偿被害人家属经济损失45498.5元。5月20日，陕西省高级人民法院对药家鑫案二审维持一审死刑判决。2011年6月7日上午，药家鑫被执行死刑。

每天翻开报纸或打开网页，诸如"被包养女大学生杀死大款碎尸并拍下全程""因没晚饭吃12岁男孩杀死姑姑一家三口""13岁少年杀人后回家呼呼大睡"等让人触目惊心的标题便映入眼帘。深圳某机构的一次调查显示：少年犯罪中实施严重危害行为的始发年龄最小从10岁开始，较普遍的是十二三岁。这个年龄段的犯罪率正在不断上升，所犯罪行也越来越严重，趋向成人化犯罪。由于犯罪年龄愈来愈趋于年轻化，近年来学界引发了"刑事责任年龄该不该降低"的刑龄之争。所谓刑事责任年龄，是指法律规定的行为人对自己犯罪应负刑事责任所必须达到的年龄。目前，我国刑法对刑事责任年龄规定为14周岁，具有同样规定的国家还有英国、日本、意大利、德国和韩国等。但也有不少国家和地区的刑事责任年龄的起点较低，如法国为13周岁，印度、加拿大、希腊、荷兰、丹麦、匈牙利为12周岁，墨西哥为9周岁。各个国家根据本国的历史传统、人种、未成年人发育情况、教育状况等，来确定本国的刑事责任年龄。

有法律界人士认为，我国刑法是20世纪70年代颁布的，其后虽然历经修改，但对于刑事责任年龄这一部分都没有变动。而从刑法颁布至今，社会已经发生了巨大的变化，法律也应该根据情况的变化作适当调整。目前出现了少年犯罪的始发年龄提前、犯罪率上升、罪行成年化的主要原因，是少年生理和心理的成熟时间与以往相比已经提前。如果不对这些少年犯罪从重处理，只会纵容犯罪。也有人认为，即使随着社会的发展以及文化生活的多元化影响，现在的孩子可能比以前"早熟"，但这并不意味着对其实施的制裁也应当随之"提前"或者"升格"。这个争论可能暂时不会有定论，但引发的思考却不会停止。儿童犯罪、大学生犯罪事件越来越多，究竟是哪里出现了问题？

"当今的中国社会正在经历重大转型，这些被称为家庭的'小皇帝'的独生子女们实际上要比过去一个家庭中有多个孩子的时期承受着更大的压力和痛楚。"北京少年犯罪专业法官尚秀云如此说。如果说家长对孩子的教育失败是"富二代"犯罪的直接原因，那么社会与文化的教化就是本质原因。

我们的教育一直以来缺乏法律教育与公民教育，"富二代"往往有"钱能搞定一切"的观念。胡斌肇事的三菱跑车曾数次超速，而且也有媒体报道披露该车涉嫌改装。如果在第一次超速受罚后胡斌能够意识到自己行为存在的社会危害性而停止这种飙车行为，那是否可以避免其日后犯下不可弥补的错误呢？

孔子说："君子喻于义，小人喻于利。"但是，中国传统文化中的优良一面从未被现实接纳，现在人人都把"崇尚财富"误读为"唯财富论"，把"提高物质文化生活水平"误读为"享乐主义至上"，面对巨额财富时开始无限地自我膨胀。长期以来，向"钱"看的惯性和国民的保守性使中国民众对普世价值的心理适应度极低，没有形成正确的与现代社会相适应的价值观，最后终于在"消费主义"的强势攻击下畸变，成为了公共社会的罪犯。

法国启蒙思想家、18世纪法国唯物主义哲学家爱尔维修说："即使是普通的孩子，只要教育得法，也会成为不平凡的人。"如果我们的教育不深刻地自我检讨，如果我们的家长始终执迷不悟，"胡斌"与"药家鑫"仅仅是"富二代"犯罪狂欢的开始，这绝非危言耸听。

三、"官二代"烧毁的是中国教育的面孔

"官二代"的含义逐渐发生了社会学演进，到现在已经不再是指某一类人，而是指一种作风。什么样的作风呢？就是好逸恶劳、霸道、冷漠、自私、残忍、无公共意识。2012年年初，16岁少女周岩被17岁恶少陶汝坤严重烧伤后，他的"官爸""官妈"的蛮横作风也被曝光，社会再次掀起了讨伐"官二代"的热潮。

2012年2月24日，当微博上《花季少女拒绝求爱遭官二代烧伤毁容，请广大网友救救我的孩子》的广播发出时，瞬间就引起网友广泛关注，短时间内转发高达上万。

据周岩的母亲李聪介绍，2011年9月17日下午，与自己女儿周岩同在一所中学读书的学生陶汝坤，因追求受害人周岩不成来到周家，用打火机油将被害人周岩点燃，并在一旁叫嚣"去死吧"，直接导致周岩烧伤严重。被害人周岩经7天7夜的抢救治疗才脱离生命危险，但伤势已极为严重，其头面部、颈

部、胸部等严重烧伤，一只耳朵也烧掉了，烧伤面积超过30%，烧伤深度达二度、三度，整个人完全面目全非。

周岩以前是个很乐观开朗的女孩子，现在她对生活失去了希望，每每看到镜子后就会哭个不停。看见女儿这样，父母都十分心痛，但没有钱给她整容，也没有钱去法院打官司。全家在走投无路的情况下，才选择上网求助。

此事在网上曝光之后引起轩然大波，双方父母陶汝坤的父亲陶文和周岩的母亲李聪作为双方代表在网上做出相应回应。陶汝坤父亲陶文也现身合肥论坛对被害人致歉并承诺承担相应责任。但同时也在为其子陶汝坤做相应有利说明："2010年初和周岩产生早恋，虽我们极力反对，但感情一直较好。案发前一周左右，因周岩另有男友，陶汝坤不能正确妥善对待，在2011年9月17日晚对周岩实施了伤害……""事情发生的当夜，陶汝坤就多次向周岩和其家人表达了后悔愧疚的心情，并向其母亲下跪忏悔。双方父母就赔偿问题也一直在商谈……"并出示相关治疗收据证据。

周岩的母亲李聪维护起了周岩的腾讯微博，并在线解答网友对此案的相关疑问。对事情的叙述明显跟陶家不一样。根据李聪的意思，周岩对陶汝坤并没有产生感情，只是偏执的陶汝坤一直在骚扰周岩。"他们初中都是在寿春中学上的，同校不同班。为了躲避陶某的追求，2010年9月，我把女儿转学到撮镇中学去读书。但是转学也未能阻止男孩的骚扰，为了躲避男孩女儿休学在家。"而惨案发生后的一段时间陶家有去看看周岩，但"现在很久没出现过了"。当然，周家的重点明显是得到公正处理并获得相应赔偿。毕竟如周岩那般重度烧伤的医疗费用不是他们那个工薪家庭所能支付得起的，此外周家也公布了捐赠账号，希望得到社会人士的热心捐赠。

2012年4月23日上午，"合肥少女毁容案"一审在合肥包河区人民法院未成年人法庭举行。公诉机关对被告人陶某某提出的罪名是涉嫌故意伤害罪。由于涉及该案的两名当事人均属未成年，法院将不公开开庭审理此案，受害少女周岩将出现在庭审现场。

经过长达9小时左右的不公开审理，包河区人民法院宣布"合肥少女毁容案"庭审结束。公诉机关指控犯罪嫌疑人陶某某涉嫌故意伤害罪。该案并未当庭宣判。期间陶某某当庭道歉但周家不接受。

2012年5月10日下午3点整,"合肥少女毁容案"开庭宣判,受害人周岩未出席宣判,包河区人民法院以"故意伤害罪"判处陶汝坤有期徒刑12年零1个月,陶汝坤未当庭提出上诉,称"要回去想一想"。

不管对谁来说,这都是一场惨剧。陶汝坤是因为求爱不成,心生怨恨而纵火毁容于周岩,这并非是一时冲动,而是有预谋的行为,因为他是携带打火机油来到周家,趁周岩不备,拿出准备好的油浇到受害人头上并点燃焚烧。在如此罪行之下他喊出来的还是"去死吧"这样的嚣张言语,可见没有一点法律意识。他这一把火点下去,不仅烧毁了一个花季少女的面容,更将中国教育的虚假面具烧尽,暴露出来的真面目是如此狰狞。

有媒体对此发表观点认为,应试教育的体制弊端说白了就是花钱买一个所谓文凭而已,切莫与教书育人挂钩。在如此教育下出来的青少年还有法律意识吗?当然他们还是知道不能杀人放火,但那只是停留在意识清醒时,稍微一激怒他们,立马野兽形态变身,如此不牢固的法律意识还不如一张纸的厚度,悲剧怎么能够防止。

事实上,任何案件的背后都有值得思考的地方。无论是行凶杀人还是毁容施暴,都反映出人性的冷漠与残忍,造成这一切的原因显然有多方面。客观上讲,人性善恶与是否"官二代"并无直接联系。人性的裂变,更多地与社会环境有着必然的关联,比如家庭、学校、朋友等,无不息息相关。

同样,"官二代"人数何其多,其中的人性泯灭之人毕竟是少数。频频发生的暴力案件,绝大多数的罪犯并无"官二代"背景,这也从一个侧面说明"官二代"并不可怕,可怕的是社会环境得不到净化,家庭教育、学校教育以及公民教育的缺失,才是制造各种惨案的罪魁祸首。

或许人们不应该只把焦点集中在"官二代烧伤少女"这种极具爆炸性的新闻上,更应该在这些案例中看到真正问题是犯罪正在逐渐向低龄化、暴力化等层次不断"进化",新闻媒体更不能利用"官二代""富二代"这些主题词混淆视听,而应该探求事件的本质,找到悲剧发生的根源,以警示世人。

第七章 成年礼是公民教育第一环

> 妈妈,这十八年来您始终在我身边关心我、照顾我,为我付出了太多太多……此时此刻,我想把千言万语汇成一句话——谢谢您……
>
> ——知名女演员、歌手刘亦菲

> 吾家有女初长成,这是今天看到了我十八岁的女儿,心里冒出来一句话,女儿长大了,当爸的是该放心了,还是更担心了呢,欣喜之余也有些不安。
>
> ——著名电影导演冯小刚

> 其实我回到十八岁,我最想做的我已经做了,我都一点不遗憾,我估计我现在回到十八岁,只是yesterday once more再做一遍。
>
> ——作家、赛车手韩寒

一、公民教育与成年礼

公民教育并非从天而降,它是根植于土地成长起来的非物质文化遗产。它是文化,也是制度,它就像"水","水利万物而不争",默默地滋养着人类文明。

何谓公民教育

回答这个问题前,必须弄清什么是公民。中华人民共和国《宪法》第33条规定:"凡是具有中华人民共和国国籍的人都是中华人民共和国公民。"这是一种对公民的法律定义,它涉及成为中国公民的法定要求或程序。在法定意义的公民之外,还有另外一种政治意义上的"公民"——只有当一个人拥有公民的权利、尽到公民的责任,他才能称得上是真正的公民。美国学者彼特·舒克在《自由主义公民权》一书中指出,当代学术研究领域和教育实践领域对"公民"一词的使用非常宽泛,"差不多将它当作了一个空的容器,使用者们可以随意往里灌注他们自己的社会和政治理念"。但仔细琢磨,无论里面装了什么理念,都脱不了政治权利人、国民资格、社会之公共人等三种模型。

"公民"一词历史悠久,早在古希腊、古罗马时代就已经产生。最早的具有制度性的民主政治,出现在古希腊的雅典和古罗马的城邦时期。在这个奴隶制时期,在民主政治的雏形的基础上,出现了"公民"的称呼,也叫"市民"。古罗马曾经颁布过"市民法",也就是公民法,用以调整罗马市民之间的关系。欧洲封建制时期,奴隶制的民主共和形式消失了,公民的概念也就不再使用。西方资产阶级革命胜利以后,公民的概念被重新提出,各国宪法普遍地使用了公民的概念。所以,在西方人眼中,一个具有公民意识的人,不仅是一个传统意义上的好人,而且还是一个对国家有评判能力,并参与改进的人。

公民教育在西方伴随着政治变迁而逐步改进,古希腊城邦时期人们就已经开始重视一般人民的政治教育,也关心公民责任心的发展。斯巴达及雅典的教育制度培养了公民的责任感,并为现代教育制度奠定了基础。但是此时的公民教育仅仅是一种国民教育,它强调的是国家意识、国家观念和国家利益。古罗马统治时期,为国服务是生活的特点,国民与公民教育达到形式与内容的统一。在神高于一切的中世纪,公民教育也在发展中,但是这种公民教育是与教会和宗教教育息息相关的。文艺复兴与宗教改革时期,人们才打破了思想上的枷锁,开始探求人作为个体,作为一个自然人存在的价值与意义。只有到了启蒙运动时期,人们在寻求国家、社会起源的渊源时,才找到了社会契约论,从而天赋人权、自由平等的观念才开始深入人心。

因此,只有人民拥有了公民意识,才会相应地产生公民教育。用一句话概括现代意义上的公民教育,即是基于"民主政体必须有热心于政治参与的公民"的考虑,在教育中突出自治、权利、平等、参与等普世价值,这种教育包含了对公民在国家和社会中的地位、对公正合理的国家、法律制度的自觉维护与遵从,甚至有人直言不讳地认为"公民教育的基本目标是培养与民主政体相一致的公民意识"。

一般认为,公民教育的目标是培养受教育者的权利与义务的意识,使其具备思考个人与家庭、集体、社会、国家乃至世界关系的能力,培养他们参与公共事务的积极态度、实践能力和价值观念,使其在实践中成为权责主体的有效公民。

西方国家的公民教育

以上是学理性比较强的阐释,表现在西方人日常生活中,公民教育不仅仅停留在课堂,更延伸到了家庭。作为一种理念,公民教育不会单调地呈现为某个律令或规范,它往往和尊重、宽容、理解等词汇相关。西方文明中出现的各种科学天才和发明天才,与这种公民教育理念息息相关。

美国发明家、企业家爱迪生拥有众多重要的发明专利,被传媒授予"门洛帕克的奇才"称号的他,是世界上第一个发明家利用大量生产原则和其工业研究实验室来生产发明物的人。他拥有 2000 余项发明,包括对世界影响深远的留声机、电影摄影机和钨丝灯泡等。在美国,爱迪生名下拥有 1093 项专利,而他在美国、英国、法国和德国等地的专利数累计超过 1500 项。1892 年创立通用电气公司。他是有史以来最伟大的发明家,迄今为止,世界上没有一个人能打破他创造的发明专利数世界纪录。

就是这样一个"世界发明大王",童年时代的学习成绩却很差,被老师说成"笨蛋",被医生说成是"脑子坏了"。爱迪生因此离开了学校,但他却在最了解自己孩子的母亲的鼓励和帮助下,不仅没有放弃成才的理想,而且更加充满对科学的向往和探索自然奥秘的信心。更为重要的是他在实践中了解自己,并根据自己的特点及时调整心态和目标,不断开发自己的潜能,充分发挥自己的特长,从而走向成功。

爱迪生的母亲做过教师,非常了解自己的孩子。她让孩子回到家中,首先表示自己相信他不笨,并用从平常人成长为科学伟人的故事鼓励爱迪生树立求学的信心和志气。然后创造一个开放宽松民主的环境,保护了爱迪生的个性发展，使他勤于思考、爱好实验、善于动手、敢于创新的特长得以显现。

除此之外，爱迪生还喜欢提问。有一次，到了吃饭的时候，仍不见爱迪生回来，父母亲很焦急，四下寻找，直到傍晚才在场院边的草棚里发现了他。父亲见他一动不动地趴在放了好些鸡蛋的草堆里，就非常奇怪地问："你这是干什么？"小爱迪生不慌不忙地回答："我在孵小鸡呀！"原来，他看到母鸡会孵小鸡，觉得很奇怪，总想自己也试一试。当时，父亲又好气又好笑地将他拉起来，告诉他，人是孵不出小鸡来的。在回家的路上，他还迷惑不解地问，"为什么母鸡能孵小鸡，我就不能呢？"他4岁那年，想看看篱笆上野蜂窝里有什么奥秘，就用一根树枝去捅，脸被野蜂蜇得红肿，几乎连眼睛都睁不开了。

可见，良好的教育环境，对人才成长的影响十分重要。无论是家庭、学校，还是社会，若是封闭、压制、权威的环境，就必然导致学生个性的退化，思维能力的刻板、呆滞。

试想，如果爱迪生的母亲是一个蛮不讲理的家长，爱迪生一提问就敷衍过去，或者捅了马蜂窝就像"狼爸""狼妈"棍棒相加，爱迪生是不可能成为发明家的。他的成功，正是公民教育的典范——环境宽松民主，能发展个性，显现特长；父母鼓励，尊重孩子的兴趣，有引导地发展其好奇心，培养别出心裁的言行、丰富的想象力、不迷信权威；社会持续不断的活力提高了学生独立思维和判断水平，使其建立起自信，勇于探索新的领域。

另外一个案例就是著名的犹太裔导演斯皮尔伯格。这位留着一脸白胡子的大叔貌不惊人，脸上却透露出一种罕见的睿智和安详。在40多年的电影生涯中，斯皮尔伯格触及过多种主题与类型，有犹太人大屠杀、奴隶制度、战争与恐怖主义等题材。他曾两度荣获奥斯卡最佳导演奖，他有三部电影，《大白鲨》(1975)、《E.T. 外星人》(1982)与《侏罗纪公园》，曾打破票房纪录，成为当时最卖座的电影。他的《拯救大兵瑞恩》和《辛德勒的名单》更是达到了电影艺术一个难以逾越的高峰。

斯皮尔伯格的童年几乎生活在广播工具和材料中。四五岁时，父亲就给他做了一个晶体机，他可以在夜晚躺在床上戴着耳机听音乐。斯皮尔伯格说："我记得有一天，在没有收音机的情况下我听到了音乐，而且还听到了以前从收音机中能听到的那种熟悉的声音，那是一出名叫《比尤拉》（以色列的土地）的喜剧。"

1952年，斯皮尔伯格经历了对他一生有着重要影响的事件，他如此回忆：

> 爸爸在半夜叫醒我，并催促我穿着睡衣就跑进我们的汽车。我不知道发生了什么，感到害怕，妈妈没和我一起去，所以我想"出了什么事？"爸爸拿了一暖瓶咖啡和几条毯子。我们开了约半个小时的车，最后我们把车停到了路边，在这深更半夜里有几百人躺在地上望着天空。爸爸找了一个地方，于是我们俩就躺下了。他指着天空让我看，天上有很多流星雨，这些不可思议的光点在天空上穿梭划过。很显然，是气象局通知说今晚天上将出现这个现象的……很多年以后，我们有了望远镜，它使我们可以经常观看这满天星光。

对这件事的记忆使斯皮尔伯格后来几乎把星星的镜头放进了他所有的影片中。哲学家康德在名著《实践理性批判》的结尾说："有两种东西，我们越是经常、越是执着地思考它们，心中越是充满永远新鲜、有增无减的赞叹和敬畏——我们头上的灿烂星空，我们心中的道德法则。"斯皮尔伯格的父亲让他仰视天空，赋予了他丰富的想象力与超凡的才华；他所处的国家允许他仰望星空，赋予了他神圣的公民职责和对民族苦难的不懈追忆。

有的家长是不让孩子仰望星空的，只让他们的"心肝宝贝"低下头，在家庭作业和奥数的"酱缸"里唯唯诺诺地度过童年；有的国家不允许孩子或成人仰望星空，所以那里寂静得犹如一片死水。

为何我们缺少公民教育

《中国百科大辞典》（1999年版）中称"公民是具有一国国籍并承受该国法律规定的权利和义务的自然人"。《辞海》（1979年版）也称"公民是具有本国国籍，并依据宪法或法律规定，享有权利和承担义务的人"。而1999年版的《辞海》对公民的解释则将含义进一步扩大，泛指"具有一国国籍的人"。一直以来，中国人对"公民"一词的话语阐释，偏向于公民的自然属性，忽略了参与社会活动、享受权利和承担义务这些法律属性。对"公民"的这种偏颇认识以及缺乏公民教育的现实，有着深刻的历史渊源。

《韩非子·五蠹》说，"是以公民少而私人众矣"，但韩非笔下的"公民"，意指无私为公之民，与现代意义上的公民八竿子打不着。由于长期受儒学思想的钳制，封建社会一直是皇权专制占统治地位的社会。读书人遵从修身、齐家、治国、平天下的诉求都来自一些儒学经典，这些传统经典有个共同的缺点，就是强调"君父"对他统治下的子民、臣民的绝对权力。原始儒学中孔孟虽有"君使臣以礼，臣事君以忠""君视臣如草芥，臣视君如寇仇""父慈子孝"等权利或义务，但所有这些都是建立在捍卫皇权与家长制的基础上，谈不上个人自由与个人权利。到了宋代，皇权专制日益加强，程朱理学的"存天理，灭人欲"开始盛行，甚至要消除出于人性的正当欲求。这样，忠君义务观念被扩大，传统臣民观念到晚清时候才受到人们质疑。

这种臣民的义务观念以君主政治的利益为中心，人们的政治期盼通过尽义务、皇恩等形式表现出来，加深了人们参与政治的从属性和被动性。古代虽然有刑法，但并无近代宪法意义的法律规定。《管子》中说的"秉权而立，垂法而治"，只规定了惩戒的律条，却没有关于个人权利的规定。而且这里的"法"只不过是君王的法令，属于纯粹的人治系统，不存在监督与检查机构。

再来看看古代中国的公共舆论空间。要说没有一点平民议政的公共空间也不是事实，我国著名国别体史书《战国策·齐策》中就有一篇《邹忌讽齐王纳谏》，讲述战国时期齐国谋士邹忌劝说君主纳谏，使之广开言路，改良政治。

传说邹忌这人身高八尺多，整个一偶像派，不仅身材魁梧，长相帅气，才华更是斐然。有一天早晨，这位才子帅哥穿戴好衣帽，照着镜子，花痴起来，问他妻子："我与城北的徐公相比，谁更美呢？"他的妻子说："您美极了，徐公怎么能比得上您呢？"徐公是齐国出名的美男子。邹忌不相信自己会比徐公美，于是又问他的妾说："我与徐公相比，谁更美？"妾说："徐公怎能比得上您呢？"第二天，一位客人来拜访，邹忌问客人："我和徐公相比，谁更美？"客人说："徐公不如您美啊。"第二天，徐公来了，邹忌仔细地端详他，自己觉得不如他美；再照镜子看看自己，更觉得远远比不上人家。晚上，邹忌就睡不着觉了，他躺在床上想："我的妻子认为我美的原因，是偏爱我；我的妾认为我美的原因,是惧怕我;客人认为我美的原因,是对我有所求。"

因此邹忌上朝拜见齐威王,说:"我知道自己不如徐公美。但我的妻子偏爱我,我的妾惧怕我,我的客人对我有所求,他们都说我比徐公美。如今的齐国,土地纵横千里,有一百二十座城池,宫中的姬妾和身边的近臣,没有不偏爱大王的;朝廷中的大臣,没有不惧怕大王的;国内的百姓,没有不对大王有所求的。由此看来,大王您受蒙蔽很厉害了!"

齐威王智商不低,一听有道理,马上下了一道命令:"所有大臣、官吏、百姓能够当面批评我过错的,授予上等奖赏;能够上书劝谏我的,授予中等奖赏;能够在众人集聚的公共场所指责、议论我的过失,并能传到我耳朵里的,授予下等奖赏。"政令刚一下达,许多官员都来进言规劝,宫门庭院就像集市一样;几个月以后,有时偶尔还有人进谏;一年以后,即使想进言,也没有什么可说的了。燕、赵、韩、魏等国听说了这件事,都到齐国来朝见。这就是人们所说的修明内政,不必用兵,就战胜了敌国。

"邹忌讽齐王纳谏"正值春秋战国之际,七雄并立,个个都想搏出位。越是激荡,邹忌这样的"士"就越活跃。他们游说于各国之间,有机会施展才华。但这种春光灿烂的日子在中国历史上短若蜉蝣之命,一晃眼到了秦朝大一统,接下来的几千年,封建权力为了巩固统治,开始对知识分子进行洗脑、笼络或消灭,"跨省"和"查水表"的事件频发。

宦官专权的明代,封建专制制度发展到了一个顶峰,即使这样,民间也有东林书院,"讲习之余,往往讽议朝政,裁量人物"。但这些民间议政的公共空间,只能在国家权力的缝隙中尴尬生存。到了清代的文字狱,就变成了赤裸裸的屠杀了。皇帝和他周围的人故意从作者的诗文中摘取字句,罗织成罪,严重者会因此引来杀身之祸,以至于所有家人和亲戚都受到牵连,所谓"诛灭九族"。仅庄廷鑨《明史》一案,"所诛不下千余人"。从康熙到乾隆,就有十多起较大的文字狱,被杀人数之多已无法估量。

在刀枪棍棒中,本来稀薄的"公民资源"彻底蒸发殆尽,公民社会没有形成的土壤,契约精神无法落地生根,"臣民"与"私民"传统逐渐巩固。

公民及其教育与民主政治的发展互为基础,一个充斥着私民和臣民的国家,政治和社会生活领域中的民主无法最终实现,公民教育缺乏制度和文化支撑,理所当然不能出现在中国。但是，纵观晚清以来的教育史，公民教育也并非完全缺席，它有时候会以激动人心的方式出现在公共视野，可惜的是都只能昙花一现。

中国的公民教育思想可以追溯到甲午战争以后。当时严复就认为，只有智识、力量、道德优秀者，才有实行自治、享受自由的能力。因此教育的目的，应该是培养"民智日开，民力日奋，民德日和"的新人。于是，从戊戌变法到清末新政，办学堂、废科举、兴西学、育人才，就成了浩浩荡荡的时代潮流，并终于迎来推翻专制统治的辛亥革命。1913年，上海群益书社翻译出版的《美国公民学》，是中国最早引进的公民读本。此后，1923年商务印书馆出版了熊子容主编的《公民教育》，成为中国自己编写的最早的公民课教材。在五四运动之后的新教育实践中，中国曾长期开设过公民教育课程。

民国时期，"党义""三民主义"等课程靠政治权力进入学校，要取代公民教育，但在实际教育当中，并没有起到太大的作用。早年商务印书馆在不同时期出版的各种公民教科书，除了后来加进了三民主义的内容外，关于公民的权利和责任的表述，并未变化。1929年4月，当局首先颁布了《中华民国教育宗旨及其实施方针》。其中有"各级学校之三民主义教育，应与全体课程及课外作业相贯连，……以收笃信力行之效"的规定（《中华民国教育法规选编》第45页，江苏教育出版社1990年版）。在公民教育体系中，并非"党义"至上，比如对政府的认识，其中一章是"政府之弊端及险象"，主要讲对政府之弊端需保持警惕，这也是公民教育的题中应有之义。中国的公民教育一直持续到1948年，其后从课程体系中逐步退出，取而代之的是政治教育——"公民"变成了"人民"。一个字的差别，可谓"差之毫厘，谬以千里"。

学者傅国涌在《百年转型中的公民教育》一文中指出："公民教育在中国滥觞于晚清，戊戌变法失败之后，变革进程在社会层面并没有停止，一个重要的因素，就是许多受过新旧教育的中国人各自在继续努力，这些努力穿越了中国文化给予他们的限制，超过了原先接受的四书五经教育的范围，从异质文明中吸收了新的种子、新的思想，并通过报刊言论、教育实践和新式出版物影响社会进程。"教育是人"育"，是一门培养人的艺术，它是农业而不是工业，如果育人者是工人而不是园丁，生产出来的肯定是标准化的商品。毫无疑问，晚清以来这批新思想的传播者都怀着一颗园丁的心灵。无论流亡海外的梁启超，还是国内的张元济、严复、蔡元培，他们通过办刊、办学、翻译、出版来开启民智，散播公民思想，发展公民教育。傅国涌认为这是百年中国转型中一个十分重要的环节，这是公民教育在中国的萌芽期。 此后，随着中国历史和社会的剧烈变迁，公民教育经历了复杂的历程，今天公民教育依然任重道远。

成年礼与公民教育的关系

2011年3月15日，因为日本核电站泄漏事故，有谣言称日本核辐射会污染海水导致以后生产的盐都无法食用，而且吃含碘的食用盐可防核辐射，一时间引起一些市民疯狂抢购食盐，一些不法经销商乘机哄抬价格，牟取暴利，群众反应强烈。随即，工信部表示，我国食盐生产和供应有充分保障。卫生部也表示，吃碘盐不能预防放射性碘的摄入，而中国盐业总公司也立刻启动应急工作机制，实行24小时配送服务，确保食盐市场的安全供应。国家发改委随后也发出紧急通知，要求打击造谣惑众、恶意囤积、哄抬价格、扰乱市场等不法行为。同时呼吁广大消费者理性消费，合理购买，不信谣、不传谣、不抢购。

这次抢盐事件十分值得反思。日本大地震海啸后，日本市场上并没有出现哄抬物价现象，因为天气转暖，有些蔬菜价格还出现回落。邻近的韩国也未出现物价波动和抢购事件，为何偏偏中国出现了抢盐事件？

有网友说，抢盐事件凸显了国人盲目跟风的劣根性。还有位网友说："跟风从而使我们在生活方式、文明习惯乃至人生境界等方面陷入流行化、浮躁化、庸俗化。缺乏主见盲目跟风，缺乏冷静审时度势的头脑是国人多年存在的劣根性，往往是一股脑发热或者盲目跟风，'随大流'心理极其严重。在这个多变的社会里想要保持自己的个性和特点是一件多么难得的事。"

网友们的评价非常犀利，有的也能一针见血。但深究这次抢盐事件的原因，恐怕还是由于社会缺乏公民精神。有学者认为，中国人与人之间缺乏契约精神，所以中国社会一直是"低信度社会"。这种"私民"心态表现在灾害前面，往往是"见死不救""各自为政"等极端行为。值得注意的是，抢盐者不仅是中老年妇女，许多年轻人也加入抢购的行列。据北京某超市的销售人员说："出现抢盐现象的第一天,库存就全部卖光。有不少年轻人整箱购买,近2000袋的食盐一上午就抢光了。一些抢不到盐的人转而抢购泡菜盐以及酱油、紫菜和海带等含碘物品。"

在公民社会,人们通过积极参与学校和社会的活动来获得公民教育,学生在学习和实践的过程中真正行使公民的职责。另外,公民社会权利与义务的和谐统一,使人们培养了淡定的态度。这种淡定表现在公众领域就是理智而有秩序的社会状态。与中国老百姓相比,日本灾民所获得的信息也不全,对于灾难内心也恐慌,但整个社会依旧有序。

地震发生之后,日本街头的公用电话前排起长队,等待给家人、朋友打电话,而每个排队的人一次只能拨两个电话,拨通之后就寥寥数语,报完平安就挂。复旦大学葛剑雄教授曾在阪神大地震之后去日本,他亲眼看到超市购物排起长队,最初约定每人限购两瓶纯净水,后来纯净水不够,改为每人只能买一瓶,还在排队的人对这一改变并没有意见,而令葛教授震惊的是,前面买了两瓶水的人,还回来退出"多买"的一瓶。这就是公民社会与"私民"社会的致命区别。

当然,公民教育的确立与公民社会的形成是一个漫长的过程,是否有一个有效的起点或环节,能让孩子在进入社会前经历一次难得的"公民培训课"呢?孩子9岁到18岁正是价值观形成期,这段时期的所见所闻所感会在今后的人生道路上深深影响他们。由于学校重视考试的技能教育,轻视精神、价值观的培训,诸如"马加爵事件"的案件时有发生。如果家长和社会能给9岁到18岁的孩子一份意义特别的成年礼,让他在成年礼仪式的过程中学会如何做一个合格的公民,让他们懂得自己和家庭的关系、集体的关系、社会的关系,这无疑将弥补学校教育的弊端。

对于孩子来说,经过这一周或十天的成年礼仪式,比背诵大量唐诗宋词,做无数道数理化题目更有价值。因为掌握了"丰富"的科学知识,却没有基本的公民道德素养和公民法律责任,在日常生活中也就难以成为合格的公民,出现各种荒谬、离奇的事,也就在情理之中了。

现代意义的成年礼,是为承认年轻人具有进入社会的能力和资格而举行的人生仪礼,是一个人由个体走向社会的一道必不可少的程序。一个人,当他经过漫长的文化化过程后，逐渐走向成熟，脱离了亲人的养育、监护，承担起了所在集团和社会所赋予的权利和义务。在这个时候，人们又要举行一系列的礼仪，来纪念当事人由不成熟走向成熟的过渡，这种礼仪就是成年礼仪。有的成年礼仪过程十分隆重而且带有考验的性质，中国一些少数民族的成年礼仪还有比较明显的保留。成年礼仪是人生礼仪中最为重要、并且具有多重特性的礼仪，是一种普遍存在的文化现象。

公民意识除了主要包含权利意识和责任意识两个方面之外，还包括公民道德的内容，如仁爱、宽容、感恩、友谊、尚礼、诚信、责任、尊严、合作等主题，这些都与中国传统的优秀的道德观是共通不悖的。成功的成年礼仪式，就是在继承中国传统的价值体系的同时，找回忽视已久的个人权利，强调公民的权利意识教育，通过这种教育，唤起民众的权利意识，最终使权利和责任能达到有机统一。

二、明星与他们的子女为何钟情成年礼

改革开放 30 多年，中国社会发生了巨大的变化，经济的高速发展引发了一系列蝴蝶效应。青少年犯罪等社会危机日益严重，教育成为了公众讨论的焦点话题。随着公民意识的觉醒，传统的学院制教育的弊端逐渐暴露出来，留学热开始盛行，甚至私塾教育也有了发展势头。然而，对于普通人来说，高昂的费用成为了一道难以逾越的门槛。教育，对于内心敏感的孩子来说，最能影响他们的或许不是长期的"填鸭式"说辞与学校生活，时常是灵光一现的一个词、一句话、一个动作，抑或一个仪式。

父母在孩子 12 岁和 18 岁的时候，应该送给孩子一份独特的成年礼。在成年礼隆重而盛大的仪式中，要有些特殊而具有象征意义的内容，给孩子留下最重要的生命记忆。成年礼提醒孩子已经长大成人，有责任遵守国家的法律和公民的义务，须履行作为一个成人所应恪守的家庭责任和社会道德。它标志着孩子已经进入成年期，已经拥有自我价值和独立自主的公民身份，他必须对自己的每一个行为负责，标志着这个孩子的文化教养和教育水准，以及理解世界的能力。

如今，传统精神的断裂与现代价值观的残缺，导致传统教育出现尴尬的真空状态。越是这样，人们就更应该拾回成年礼，拾回责任与担当。明星与他们子女的"成年礼"秀从某种程度来说，具备了一定的公共意义，或许可以带给人们一些启示。

刘亦菲奢华的成年礼引争议

"我最感谢的就是妈妈对我18年来的养育之恩，今天我终于成年了！"20005年8月25日晚上，刘亦菲在经纪公司"红星坞"为她精心准备的名为"水晶公主，菲越18"的成年礼宴会上，动情地流下了激动的眼泪。

"水晶公主，菲越18"成年礼在钓鱼台国宾馆芳菲苑举行，索尼唱片日本总部的社长、导演张纪中、演员朱时茂、郁钧剑、黄晓明这些圈中人到贺，林志颖和刘亦菲合唱《十七岁那年的雨季》，甚至现场还有文化部的官员捧场。

酒会上，最煽情的部分就是大屏幕上播放了记录着刘亦菲这18年来点滴成长过程的短片，几乎在每一个生活场景、拍戏场景，刘亦菲的身边总是有母亲刘小莉的身影。短片结束后，刘亦菲流下幸福的眼泪。

"妈妈，这18年来您始终在我身边关心我、照顾我，为我付出了太多太多……此时此刻，我想把千言万语汇成一句话——谢谢您……"刘亦菲动情地表达了自己的感激之情后，妈妈刘小莉走上台，"茜茜（刘亦菲小名），你已经长大了，妈妈祝福你今后的路能够越走越宽。"几句朴实、真挚的话语再次让母女俩喜极而泣。

说起这个大手笔的成年礼，刘亦菲的经纪人陈金飞说："我觉得18岁是一个女孩子人生中最美好的一天，不管什么礼物都不足以表达我对她18岁的祝福，想了半天，最后就想，干脆把成年礼当一个礼物送给她。当然说起来可能有些奢侈，老百姓可能会骂我暴发户，她妈妈也说谢谢你了，但不要这么花钱，影响不好。但是我自己赚的钱，没有影响到任何人，我就想让她开心，让她一生记得18岁的这一天她有多幸福，多快乐。"

据说刘亦菲这次成年礼仪式耗资180万元，引起了一些争论，有人说，这毕竟只是明星自娱自乐的消遣，与我等平民何干？说得不是没有道理，更多人还是站在娱乐角度,持着旁观心态去看待这些明星的表演。以"成年礼"的方式宣布自己的"转型""责任",或者干脆名副其实地"炒作",成为了很多少年明星的选择。

张一山因为饰演情景剧《家有儿女》中顽皮机灵的刘星,成为家喻户晓的小童星。在即将成为一名大学生,褪去孩童的稚气之时,举行了自己的18岁成年礼。众多名人前辈到场祝贺,在现场粉丝面前,张一山不但与女伴跳舞大秀演技,还和远道而来的韩国舞王南贤俊斗舞,精彩表演引爆全场。

但不是所有明星都能像他那样星光闪耀,魔术师刘谦曾自曝自己的18岁发生了很多事。18岁那年刘谦上高三,每天都在念书当中,因为从小就很喜欢魔术,所以一边玩魔术一边念书。18岁遭遇初恋,在一起不到半年就被对方甩掉,那时候刘谦哭得很惨。18岁考上大学,然后重要的人过世,然后在酒吧打工,第一次进行商业演出。用刘谦的话来说,18岁对于很多人来讲可能都是转折点。

有人过主题为"感恩"的成年礼,当然,也有的人选择过以"奉献"为主题的成年礼。2012年2月27日是最年轻的国际象棋"世界棋后"侯逸凡18周岁生日,她来到北京血液中心,用无偿献血200毫升、加入中华骨髓库的方式完成特殊的成年礼。

冯小刚深情诠释名人的"父母心"

2008年年末,著名导演冯小刚的贺岁大片《非诚勿扰》正在全国热映,为宣传新片他全国各地奔忙。但2008年12月30日,冯小刚主动推掉南方某城市《非诚勿扰》的宣传,给自己放了一天假。原来,当天是冯小刚的女儿冯思语18岁成年礼举行的日子。冯小刚起了个大早,很正规地着西装、打领带。

冯小刚一般参加公开活动,发表演讲时从不打草稿。但为了表达对女儿的爱,冯小刚头一天专门约了朋友谭飞见面,策划怎样才能把祝贺女儿的成年礼演讲词写得精彩。前一晚,因为"怕帮女儿把戏演砸了",身经百战出口成章的冯小刚还挑灯夜战,为女儿成年礼的几分钟发言准备讲稿,为一次发言打草稿,这是他平生唯一一次。写完后,又反复修改,最后认为没问题,才睡觉。

大导演来到女儿的学校引起了轰动。冯思语看见爸爸提前来了，感到很幸福，连声向冯小刚说："爸爸，谢谢您！"冯小刚代表学生家长发表成年礼的演讲词时，台下响起了热烈的掌声。他的致辞非常感性，充满了父亲对女儿的爱，让人们目睹了他温情脉脉的一面。一开场，冯小刚清清嗓子，说："按理说，我不该紧张的，但是，讲老实话，现在站在这，我还真有点儿，怎么说，激动也好，欣喜也好，都掺在一起就变成紧张，还好，只是一点小紧张，已经可以忽略不计了。"可以看出，他把女儿的成年礼仪式看得很重。他回想起自己18岁的时候，1976年，那时唐山地震发生不久，他的成年礼就是修"地震棚"，用当时时髦的语言形容是"在战斗中成长"。现在女儿18岁成年礼，居然也是在汶川地震发生不久，这似乎是冥冥之中的天意。女儿长大了，冯小刚很激动！

父亲冯小刚接着说："吾家有女初长成，这是今天看到了我十八岁的女儿，心里冒出来一句话，女儿长大了，当爸的是该放心了，还是更担心了呢，欣喜之余也有些不安。心里很矛盾。亲爱的女儿，现在你要开始接触到真正的人生了，生活有时候，并不像你想象的那么公平，世界上没有完美的事物，你爱的人也许不爱你。这所有的一切，单纯如你，会了解接受吗？来之前我想了很久但想想又释然，聪慧如你，自会慢慢了解如何应付。"

冯小刚说："我想，今天这个成年礼是在告诉孩子们，他们成年了，同时也是在告诉我们家长，他们成年了。我们虽然有很多理由担心，但我们还是应该学会相信和放心。亲爱的女儿，我想告诉你，无论是你欢乐还是你流泪，任何时候你回头，爸爸就在你身后，微笑着看着你，不要害怕失败，不要担心跌倒，爸爸会扶你起来。只是爸爸不再牵着你的手领着你走了，爸只会在你身后，默默看着你，人生道阻且长，一步一步需要你自己摸索前行。"

最后，父亲冯小刚特别想强调这样一句话："学着面对一切真实，接受一些不完美，承担一些责任，自己做一些决定，孩子们，十八岁的你们，是时候了。"

在女儿面前，大名鼎鼎的冯小刚不再是拍摄现场那个"颐指气使"的大导演，而是一个慈祥的父亲。他从百忙中抽出时间参加女儿的成年礼，不仅可以看出他对女儿的爱，更能看出，他对这场仪式的重视。

人具有社会属性，父母在繁重的应酬中往往忘记了自己的家庭属性——作为父亲或母亲的家庭角色，所以在快速旋转的生活中，哪怕停下脚步去跟孩子过一个仪式,让他们知道爱与担当,对孩子的成长可能会起到至关重要的影响。不管是作为大导演的冯小刚,还是为生活奔波的芸芸众生,在儿女面前都是散播爱的使者。

快节奏的生活造成了很多当代人的情感悲剧,据媒体报道,因为父母常年忙于生意,南京一位7岁的孩子为了阻止妈妈出差,"求"得妈妈的爱,竟然从六楼跳楼自杀。幸好被人接住,害得接孩子的人手臂骨折。孩子醒来后对妈妈说,我就想让你搂着睡。南京某实验小学的刘校长说,孩子得的是典型的"爱饥饿症"。

柏杨曾说:"儿女爱父母,是天生的,父母是孩子唯一的安慰、盼望、鼓励、保护所和避难港,所以依偎在父母怀抱里的孩子,是天下最大的幸福。"爱通过仪式表达出来了,我们或许对冯小刚的电影有自己的评价,但不可否认,那位站在讲台上饱含深情的父亲,无疑是伟大的。

韩寒:从叛逆小子到父亲的华丽蜕变

他初中时开始有文章发表,并作为体育特长生升入上海市松江二中。高一时以《杯中窥人》一文获得首届新概念作文大赛一等奖,后因期末考试七科不及格而留级,自称"七盏灯笼照亮我的前程"。他发表的首部小说是一部反映上海初三学生生活的小说《三重门》。通过这部小说的发行,他一举成名。该书累计发行200万册,是中国近20年销量最大的文学类作品。在留级后,再次挂科七门并最终在高一退学。退学后陆续发表了散文集《零下一度》《通稿2003》《就这么漂来漂去》和《杂的文》,小说《像少年啦飞驰》《长安乱》《一座城池》《光荣日》《他的国》和《1988,我想和这个世界谈谈》等作品;出于对驾车的热爱,成为了一名职业车手并减少了出版活动,但仍然通过博客继续发表了一系列的时评文章,其中不少文章引起了很大的社会关注甚至论战。

他就是韩寒,那个曾经叛逆的少年在2011年经历了一场蜕变,30岁的他成为一个女儿的父亲,年末"韩三篇"出笼,招致"敌我阵营"的重新分裂和聚合,更引人注目的是龙年春晚前后的"代笔门事件",并且这场"打假先生"方舟子和韩寒的"战斗"持续升温,韩寒再次被推到风口浪尖。有了女儿的韩寒依旧不改他那笑傲江湖的"古惑仔"风格，中国首部私密文学主题书《私》创刊号在业界及读者口碑中产生了不俗的反响，在首期文章里，韩寒提及送给未来18岁女儿的一句话——"套好安全带，带好安全套"，则彻底颠覆了中国父亲对女儿的忠告和爱护，让很多愤青、遗老大跌眼镜。韩寒依旧我行我素。

2012年5月6日，由湖南卫视、中国青年报、共青团省委、天娱传媒联袂打造的"十八岁的选择——2012成年礼盛典"于当晚7:30拉开帷幕。盛典将围绕"十八岁的选择"这一主题展开，韩寒在这个环节给大家带来关于他18岁的青春故事。

没有赛车场上的锋芒毕露，也没有字里行间的桀骜不驯，韩寒这次的出场，倒给大家一种邻家大哥哥的感觉：T恤搭配素色衬衫，没有夸张亮眼的造型，鼻梁上架着一副眼镜。从舞台的升降台上升开始，他一直向全场的观众招手问好。台下的掌声那么虔诚、纯真。

没有过于华丽的辞藻和激情澎湃的故事，他只是简简单单地站在台上，说了他的18岁，说了认为最重要的选择。他说："是的，我想要说的，其实跟远行，跟我们的这个选择，跟远行，跟旅行没有任何的关系。我要说的是，自己的兴趣和自己的伴侣，你去哪里一点都不重要，旅途上任何一样景物，你要去的任何目的地，其实真的不重要，但是你的伴侣很重要，但是如果你和一头猪同行的话，你去哪里你都会觉得像在猪圈里，然后你如果在路上，被一头疯狗咬了的话，你一样要去医院。所以我觉得，旅行不重要，你所热爱的是最重要的，因为你的青春就是一场远行，一场离自己的童年，离自己的少年，越来越远的一场远行，你会发现这个世界跟你想象的一点都不一样，你甚至会觉得很孤独，你会受到很多的排挤。"

韩寒说青春是最值得炫耀的年华，他告诉全场的18岁青年朋友，不要去惧怕自己对于某一件事或某一个人的热爱，因为那是自己心底最想选择的，大胆地去尝试去做，在行动的过程中肯定会遭到身旁的嘲笑，但是没有关系，只要你去做了，你就成功了。就是这么平实的诉说，现场的掌声此起彼伏。

韩寒的每一句话都平淡得像泉水，正是这种经历过各种质疑与非议后的淡定态度，才让韩寒成为了韩寒，成为了众多青少年的偶像和"意见领袖"。

演讲结束后，有人问："韩寒老师，我想问你一下，如果您回到18岁，您最想做什么？"韩寒说："其实我回到 18 岁，我最想做的我已经做了，我都一点不遗憾，我估计我现在回到 18 岁，只是 yesterday once more 再做一遍。"这就是韩寒的率真，他从来没有怀疑过自己所走的路。

十多年前，在央视《对话》栏目里面韩寒和一个"三好学生"黄思路面对面，引发了坏学生与好学生以及关于教育体制的各种论争。现在，当场质疑韩寒的人都不知所踪，而韩寒成为了中国最受关注的公共知识分子之一。再来看看这十年，都发生了什么？

十年前的社科院博导陈晓明，认为韩寒的影响只是昙花一现，十年后，在陈晓明不遗余力地歌颂"盛世"和"崛起"的时候，韩寒却成长为中国百大公共知识分子之一；十年前的华东师大教授陈永明，认为社会应该把握韩寒、拯救韩寒，十年后，社会已把无数学生把握成了房奴，而韩寒却在拯救社会；十年前《对话》栏目中那个孩子喜欢昆虫的父亲，庆幸自己坚决不让孩子研究昆虫，十年后，一代孩子的儿时梦想毁灭了，他们开始在泪水中嫉妒韩寒，愤恨命运不公。

韩寒用他的成长，让上面的每一个人贻笑大方。韩寒无疑是成功的，他的成功背后站着一个慈祥的人——父亲韩仁均。

父母亲对子女的养育，不管是穷人或者是富人，都是尽心尽力的，都是"舐犊情深"。韩仁均对韩寒的爱也不例外，但他的爱不是中国式的溺爱，而是理智的爱。从他在《儿子韩寒》一书中透露的这件事可以窥见一斑。韩寒留级后，父母也很恼火，骂了他。但韩寒休学，他们很坦然，没有骂他，而且还是事先校方征求了他们的意见后一起决定的：

我征求韩寒的意见，他表示非常愿意休学。

我说：那我尊重你的选择。

送我去乘车的路上，韩寒说："爸爸，你放心，我会做出成绩来证明自己的。别人看不起我，我自己要看得起自己。再说我又不是一点没有理科基础，将来用得到，我会自学的。"

乘在回家的车上，不知怎么，我反而有一种解脱的感觉。同时我又担心，回去怎么向他母亲交代？

韩仁均说："韩寒母亲那儿又让我说通了。所以对韩寒的休学回家,我们都以平常心对待。"正是这种无为的爱,让韩寒做出了自己的选择,并且让韩寒自己承担选择的后果。

父母之爱,是孩子蹒跚学步时父母的笑;是孩子沉睡病床时父母的泪;是孩子痛苦不语时父母的愁……这些笑、哭、愁、包容的背后,就是父母的爱。韩寒回忆起自己的18岁的那份洒脱,不能不说有他父母的一份功劳。韩寒的成年礼,父母为他准备了整整18年。

三、勿让成年礼成为名人的"特权"

名人的成年礼又酷又炫,多少有些"秀"的成分。那是不是存在一种更加朴素、实用的仪式,能够承载一定的情感与文化,既让父母表达自己的爱,又让孩子能在精神上接受公民的启蒙呢?不仅存在,而且十分有必要。

老诗人流沙河写过题为《故园九咏》的诗,回忆起"牛棚"时代,其中《哄小儿》一篇写道:"爸爸变了棚中牛,今日又变家中马。笑跪床上四蹄爬,乖乖儿,快来骑马马!爸爸驮你打游击,你说好耍不好耍?小小屋中有自由,门一关,就是家天下。""哄小儿",在非常时期散发出浓浓的父爱的芬芳。"小小屋中有自由",无奈中却透露着中国人特有的智慧。可见,无论什么时代,父母之爱都是无止境的。

中唐诗人孟郊一生遭际不遇,官职卑微,过着苦吟的生活。他专写古诗以短篇五古最多,其中有的诗反映现实,揭露藩镇罪恶,如《征妇怨》《感怀》《杀气不在边》《伤春》等;有的关心人民疾苦,愤慨贫富不均,如《织妇辞》《寒地百姓吟》等。但最深入人心的,还是他写平凡的人伦之爱的诗歌,比如《游子吟》,真挚深沉、感人至深:"慈母手中线,游子身上衣。临行密密缝,意恐迟迟归。谁言寸草心,报得三春晖。"但是,由于封建宗法制度是建立在"君君臣臣父父子子"的思想基石上,这些诗中的情感并没有体现出特有的人文张力,反而在漫长的封建社会中被压抑着。

中国古代的纲常伦理，只维护森严的封建等级制度的礼仪制度，尤其是那些落后的繁文缛节，新的社会制度和价值体系非但无法接纳，而且必须坚决予以抛弃。由于"尊老"的文化向心力一直未衰减，传统的风俗仪式都是以"敬老""爱老"为中心，并且强调长者的地位与权力。比如《二十四孝图》，其中的"老莱娱亲"和"郭巨埋儿"就非常值得反思。

话说春秋时楚国有位隐士，名叫老莱子。老莱非常孝顺父母，对父母体贴入微，千方百计讨父母的欢心。为了让父母过得快乐，老莱特地养了几只美丽善叫的鸟让父母玩耍。他自己也经常引逗鸟儿，让鸟儿发出动听的叫声。父亲听了很高兴，总是笑着说："这鸟声真动听！"老莱见父母脸上有笑容，心里甭提有多高兴。老莱70岁了，一次，父母看着儿子的花白头发，叹气说："连儿子都这么老了，我们在世的日子也不长了。"老莱害怕父母担忧，想着法子让父母高兴。他专门做了一套五彩斑斓的衣服，走路时也装着跳舞的样子，父母看了乐呵呵的。一天，他为父母打水上堂，不小心跌了一跤。他害怕父母伤心，故意装着婴儿啼哭的声音，并在地上打滚。父母还真的以为老莱是故意跌倒打滚的，见他老也爬不起来，笑着说："莱子真好玩啊，快起来吧。"后来，"老莱娱亲"成了成语，形容子女想尽办法让年事已高的父母心情舒畅。

"郭巨埋儿"讲的是这样一件事：汉朝时期有个姓郭名巨的人，家境贫寒。父亲死后，他把家产分作两份，给了两个弟弟，自己独取母亲供养，对母极孝。后家境逐渐贫困，妻子生一男孩，郭巨的母亲非常疼爱孙子，自己总舍不得吃饭，却把仅有的食物留给孙子吃。郭巨因此深感不安，担心养这个孩子必然影响供养母亲，遂和妻子商议："儿子可以再有，母亲死了不能复活，不如埋掉儿子，节省些粮食供养母亲。"当他们挖坑时，在地下二尺处忽见一坛黄金，上书"天赐郭巨，官不得取，民不得夺"。夫妻得到黄金，回家孝敬母亲，并得以兼养孩子。从此，郭巨不仅过上了好日子，而且"孝顺"的美名传遍天下，后成为二十四孝故事之一。

"老莱娱亲"的故事不太符合现在的价值观，是的，尊老理所当然是现代人的义务，但达到了要天天玩cosplay哄老人开心，是不是有些离谱呢？"郭巨埋儿"用现代的眼光看则有些变态成分。不过，这个故事荒诞愚昧，迷信色彩甚浓。但根据古书记载分析，主人公郭巨可能确有其人，于是便成为封建社会宣扬儒家孝悌思想的典型人物。其实这些故事中的孝大多属于"愚孝",根本不可取,既然不可取,为什么《二十四孝图》还能成为封建社会人们奉为圭臬的读本呢?这说明,我们的文化缺乏未来意识,家长本位取代了孩子本位,导致社会老气横秋,缺乏年轻人的朝气。

"五四"时期很多知识分子就看到了暮气沉沉的社会的致命缺点,鲁迅先生在《朝花夕拾》中便对《二十四孝图》提出了批评:"童年时代的我和我的伙伴实在没有什么好画册可看。我拥有的最早一本画图本子只是《二十四孝图》。其中最使我不解,甚至于发生反感的,是老莱娱亲和郭巨埋儿两件事。"鲁迅先生还不无讽刺地说道,不仅他自己打消了当孝子的念头,而且也害怕父亲做孝子特别是家境日衰、祖母又健在的情况下,若父亲真当了孝子,那么该埋的就是他了。

在以"尊老"为核心的文化体系中,民风民俗也不可避免地沾染上了偏袒老人的习惯。

两千多年前,孟子就说过:"谨庠序之教,申之以孝悌之义,颁白者不负载于道路矣。"意思是学校要重视用孝敬父母、敬爱兄长的道理去教育学生。少者行路时遇见头发花白的老人,不论相识与否,应帮助老人携带背负头顶之物。为了使敬老、养老形成风气,历代封建王朝对尊敬老人、赡养老人,都做过一些具体的规定。周朝每年都大规模地举行一两次"乡饮酒礼",其目的是"正齿位,序人伦,敬老重贤,息事端,敦睦乡里"。春秋战国时期,诸侯纷争,民无宁日,但仍规定70岁以上老人免一子赋役,80岁以上老人免二子赋役,90岁老人全家免赋役。汉代尊敬老人更是蔚然成风,汉文帝明确规定,80岁以上老人每月供给大米1石、肉20斤、酒5斗。同时规定:"凡孝子亲者人帛5匹"。由于汉代统治者大力提倡敬老,因而敬老之俗,屡见于史书。《汉书·食货志》曰:"人者必持薪樵,轻重相分,斑白不提携。"《汉书·地理志》记载,山东新泰、泰安一带,濒临洙水和泗水河,过河时,年少者常搀扶老人过河,并代他们携带东西。久而久之,"长老不自安,与幼少相让"。唐代规定:"男人七十,女人七十五以上者,皆给一子侍。"明代对老人有三种优待,一是"尊高年",二是"设里正",三是"优致仕"。清朝的"千叟宴"更为后人津津乐道。

与敬老相对的,历史上年富力强的年轻人总是承受着各种徭役,不用说修长城开凿大运河，更不用说修阿房宫，建"候仙楼"。他们的理想被压制，承受着暴君的皮鞭，不断重复着反抗和被消灭的悲剧。这样，不断循环的"老年治国"与"婴儿治国"，剥夺了处于中间的年轻人的权益。

在一个正常的社会，孩子和青年都应该显得有活力、有理想、有责任、有担当，但长期以来的中国社会不是这样。所以，到了清朝末年，梁启超先生挥动如椽大笔，写下了震惊世人的散文《少年中国说》，他在文中极力歌颂少年的朝气蓬勃，指出封建统治下的中国是"老大帝国"，热切希望出现"少年中国"，振奋人民的精神。文章不拘格式，酣畅淋漓，多用比喻，具有强烈的鼓动性，寄托了作者对少年中国的热爱和期望。他在文中说："少年智则国智，少年富则国富，少年强则国强，少年独立则国独立，少年自由则国自由，少年进步则国进步，少年胜于欧洲，则国胜于欧洲，少年雄于地球，则国雄于地球。"这是何等的自由不羁与惊世骇俗，从此之后，更多有志之士站起来对"衰老"的中国提出批判，不久，糜烂不堪的清政府终于轰然倒地。

中国的现代化，实际上就是年轻人反抗老年人，要求精神自治的反抗过程。到了今天，孩子与年轻人仍然是社会关注的焦点，他们的处境与几十年或几百年前相比，真的有质的改观吗？

伴随着社会价值观的根本改变，"家长制"逐渐被人们抛弃，各种礼仪也被赋予了全新的现代意义。封建社会的跪礼基本消失了，磕头的习俗也一去不复返了。人们过着情人节、愚人节、母亲节、父亲节，始终没有以年轻人为核心、以公民素养为诉求的仪式。如果说传统意义上的礼是一种涵盖一切制度、法律和道德的社会行为规范的话，今天的所谓的礼仪可以说是一个人内在修养和素质的外在表现。从交际的角度来看，礼仪是人际交往中适用的一种艺术，一种交际方式，是人际交往中约定俗成的示人以尊重、友好的习惯做法。

因此，将中国古代的成年礼与现代普世价值结合，重新拾起成年礼仪式，比名人们的"秀"更加具有现实意义和紧迫性。

第八章　公民教育与成年礼

今以世俗之弊，不可猝变，故且徇俗，自十二至二十皆许其冠。

——北宋政治家、文史学家司马光

冠礼废，则天下无成人。

——北宋理学家和教育家程颐

其未许嫁，二十则笄。

——《礼记·内则》郑玄注

一、中国古代成年礼的历史渊源

世界上多数民族都有丰富的生命礼仪，这种生命礼仪贯穿一个人的整个生命过程。它从一个新生命的诞生开始，中间经过了成长、成年、婚姻等环节，至生命的逝去而结束。华夏民族是一个礼仪文化极其发达的民族，拥有从出生礼、成长礼、成年礼、婚礼成长礼到葬礼的完整的生命礼仪体系。

华夏民族源远流长，在五千年的历史长河中创造了灿烂的文化，形成了高尚的道德准则、完整的礼仪规范和优秀的传统美德，被世人称为"文明古国，礼仪之邦"。礼仪文明作为中国传统文化的一个重要组成部分，对中国社会历史发展起了广泛深远的影响。

"礼"作为一种具体的行为来讲，就是指人们在待人接物时的文明举止，也就是现在所说的礼貌。而礼貌的本质是表示对别人的尊重和友善，这种超越时代的心理需求，从先秦开始一直流传至今。

春秋时期，孔子和他的学生们周游列国，宣传他们的政治主张。一天，他们驾车去晋国。一个孩子在路当中堆碎石瓦片玩，挡住了他们的去路。孔子说："你不该在路当中玩，挡住我们的车！"孩子指着地上说："老人家，您看这是什么？"孔子一看，是用碎石瓦片摆的一座城。孩子又说："您说，应该是城给车让路还是车给城让路呢？"孔子被问住了。孔子觉得这孩子很懂得礼貌，便问："你叫什么？几岁啦？"孩子说："我叫项橐，7岁！"孔子对学生们说："项橐7岁懂礼，他可以做我的老师啊！"这是孔孟思想中的"礼"的积极一面，当然也有消极的一面，比如中国有句古语："百善孝为先"，意思是说，孝敬父母是各种美德中占第一位的。这种尊敬"长者"的习俗固然没错，但一旦这种礼俗与庙堂结合，便催生出了捍卫家长制的犬儒生存哲学。

当然，世界上许多民族还没有形成的时候，中国人就创造了无以匹敌的文明。长期以来，中国文化也有向外输出的时候。中国曾因被外国人称为君子之国、文明典范而受到敬仰。至今，大凡到过日本或跟日本人有过接触的人，都知道随处可见日本人频频鞠躬的礼节，听到"欢迎光临""请多关照"等礼貌用语，日本人称这种礼节为"唐风"，这个礼节是依照唐朝的礼制沿袭下来的，至今已成为日本的"国风"。

传说明代初期，菲律宾地区的一位国王前来朝拜，因病逝世于中国，他临终前要求死后葬于中国，因为中国是"礼仪之邦"。公元13世纪初期，意大利旅行家马可·波罗曾盛赞中国是"东方的天堂"。在他的游记发表后，人们开始了解东方，了解中国。在欧洲人眼中，中国是一个物产丰富、文明昌盛、可望而不可即的仙境，是他们心目中的天堂。

但是，由于宗法制的排他性，中国文化发展自成体系，缺乏与外界的文化交流，导致晚清之后中国文明被世界主流文明抛弃。经历过几百年的血火洗礼，中国开始艰难地融入世界主流文明，在这个漫长的过程中，传统价值与现代价值往往表现为相互冲突而不是相互融合，这跟中国文化的特质是息息相关的。

在中国古代，礼仪是为了适应当时社会需要，从宗族制度、贵贱等级关系中衍生出来，因而带有产生它的那个时代的特点及局限性。中国古代的"礼"和"仪"，实际是两个不同的概念。"礼"是制度、规则和一种社会意识观念；"仪"是"礼"的具体表现形式，它是依据"礼"的规定和内容，形成的一套系统而完整的程序。

一个民族之所以会成为一个独特的与其他民族不同的民族，不是因为有众多的物质化的民族遗产，而是由于有众多的独特于其他民族的非物质化的遗产。如今全球化加强了，但是全球化并不是像农作物品种改进那样简单，而是各个文化的竞争、融合的过程，在这个过程中，谁占有了更多的文化优势，谁就会在未来的世界中占有更多的利益，其国家的影响力也就越大。

时至今日，现代的礼仪与古代的礼仪已有很大差别，我们必须舍弃那些为剥削阶级服务的礼仪规范，着重选取对今天仍有积极、普遍意义的传统文明礼仪，如尊老敬贤、仪尚适宜、礼貌待人、容仪有整等，加以改造与承传。但是，改造也是要讲手段的，用力不济可能毫无效果，用力过猛反而会矫枉过正。

有这样一个故事：一个老太太家门口摆了一个破柜子，一位收藏家发现这是唐朝的，想买下。老太太开口说5块。收藏家说给10块，还说买来当柴烧，下午来取货。等收藏家来搬柜子时，柜子不见了。老太太说，您是少见的好人，说5块给10块，自己心里过意不去，于是帮您把它劈成了柴。

评判一件古董是否有价值，一条重要的标准就是看它是否保存完好。回顾历史，我们在改造古代文明的过程中，有多少次是把古董劈成了"柴"呢？同样，成年礼在中国也有一个漫长的进化和改造过程。

成年礼，顾名思义，它是一个人类个体完成"幼年走向成年"过程的社会性确认仪式，成年礼是成人社会通过简单或者复杂的仪节，对一个刚刚越过成年门槛的孩子的成人资格、能力进行检验和确认，由此，一个新的成人即获得社会性的认可，获得各种成人权利，承担起各种成人义务。

原始社会中男女青少年进入成年阶段时举行的仪式，被称为"成丁礼"或"入社式"。不同地区和不同民族的成年仪式各有特点，一般都要接受教育和训练，培养刻苦耐劳和自制的精神。这些成年仪式的内容一般是进行带有宗教色彩的社会教育。长辈对成丁者传授各方面的知识，包括婚姻规则和性知识、生产劳动技巧、制造和使用武器的技能、有关本地的地理知识等，并进行部落传统习俗、宗教和历史知识的教育，讲述部落的神圣传说和神话、祖先的功绩、图腾和宗教的禁忌，让成丁者观看和演习敬奉图腾的仪式。此外，还教导他们懂得对氏族应尽的义务、秘密语言及部落、社会的道德传统与行为规范等。

参加者要经受各种考验和严格的训练，把刚成年的男子培养成为勇敢的战士、熟练的猎人、标准的氏族公社成员。少女则为未来生育和教养孩子、操持家务、从事成年妇女的劳动作准备。少女的成丁礼一般在月经初次来潮时或以后举行。氏族公社接受新成年的人加入图腾集团须举行隆重的仪式及盛大庆祝活动，此后他们则进入新的生活，并获得结婚的资格。

美国教育家孟禄指出，原始社会时期的成年礼活动使得原始教育的教学得以进行。对于那些准备步入成年人社会的青年人来说，他们要被迫与部落中的其他人相隔离，学习一些成为部落正式成员所需要的许多神秘的东西。在他看来，这一仪式就像复杂的现代教育一样，接纳个人进入社会生活方式是通过获得它的有组织的文化产物得以实现的。

随着社会历史的发展，成年仪式的内容也有所变化。中国先秦时期的成年礼，不仅是一种成人仪式，也是一种特殊的教育模式。作为仪式，先秦成年礼有规范、细致的礼仪程序；作为教育模式，先秦成年礼又有着独特的历史教育意义，成为先秦时期少年教育的基本目标和教育导向，其中许多教育经验在当代依然具有宝贵的价值，为现代青少年教育提供了借鉴。

封建社会时期，汉族"男子二十冠而字"，女子十五"许嫁笄而字"，经成年礼后的青年男女改装易服，受新名并获准结婚。这样冠礼与笄礼逐步成为了社会主流。

二、冠礼——男儿当自强的标志

应当指出，从原始社会开始，各个地方的民族都保留着举行"成年礼"仪式的习惯，而且在活动上有男孩和女孩的区别。具体来说，中国古代的男子在成年时一般举行"冠礼"。

中国历史上，青年男子跨入成年阶段经历的仪式叫作"成丁礼"，也叫"入社式"。原始社会时期，这种仪式通常在庄严的场合进行毅力和智力的考验，以检定青年是否具备充当氏族部落正式成员的条件。检定合格后，由长者给他们讲民间史和部落秘密。经过成丁礼，青年就可以正式加入氏族社会，成为部落成员了。到了封建社会,未成年男子称"童子",男子到 20 岁要行"冠礼",也称"元服",就是戴上冠帽,表示已经成人。从此,家庭中毫无责任的"孺子"正式转变为跨入社会的成年人,只有能履践孝、悌、忠、顺的德行,才能成为合格的儿子、合格的弟弟、合格的臣下、合格的晚辈,成为各种合格的社会角色。换言之,冠礼是华夏礼仪在华夏成员心中的"奠基工程"。所以,儒家将冠礼定位于"礼仪之始",给了它极高的文化地位。

在古代,对刚刚到加冠年龄的青年,通常称"弱冠",20 岁为"冠岁",真正的冠者应在 20 岁以后。随着历史的变迁,成年仪式仍旧延续着,但成人的年龄有所变化。据《晋书·食货志》记载,男子 16 岁就要行成年礼。据《北史·隋文帝纪》记载,隋朝 21 岁成人。到了唐朝,据《新唐书·食货志》记载,武德七年规定:"男女始生者为黄,4 岁为小,16 岁为中,21 岁为丁,60 岁为老。"唐天宝年间 18 岁为中,23 岁为丁。隋唐以后,成人年龄逐渐偏大。到了近代这种成人仪式逐渐被废止。

先秦的冠礼:远古乐土的神圣礼仪

周制即有冠礼,有"文王年十二而冠"之说。周公制礼作乐为此后的中国文化定下了"礼乐文明"的基调。我们经常听说"周公解梦",那这个周公究竟是个什么样的人呢?

周公,生卒年不详,是西周初年著名政治思想家、教育家,西周开国君主周文王的第四子、周武王之弟,姓姬名旦,又称叔旦,谥文公。因其被封的地方在周地(今陕西凤翔),故称"周"。

商王朝灭亡了,周军开进殷都。为安抚民心,进一步巩固周朝政权,周公"制礼作乐",制定和推行了一套维护君臣宗法和上下等级的典章制度。主要有"畿服"制、"爵谥"制、"法"制、"嫡长子继承"制和"乐"制等。周公旦还制定了一系列严格的君臣、父子、兄弟、亲疏、尊卑、贵贱的礼仪制度,以调整中央和地方、王侯与臣民的关系,加强中央政权的统治,这就是所谓的礼乐制度,孔子一生所追求的就是这种有秩序的社会。由于周公是一个在孔子梦中频频出现的人物,在儒教长期主导文化的中国,周公也就不可避免地直接与梦联系起来，梦，经常被称为"周公之梦"，或"梦见周公"。周公在儒家文化中享有崇高的地位，孔子以"吾不复梦见周公矣"之言，隐喻周代礼仪文化的失落。可见，周公这个人还真不简单，于私，为周朝的长治久安贡献了才华；于公，为中国从奴隶制向封建制的转变立下了汗马功劳。

周公的道德品行，之所以受到后代儒生供奉，不仅因为他以贤臣的身份为封建政府提供了一套严密的礼制，还因为他身上散发着儒家的道德之光。他在周灭商之战中，"常左翼武王，用事居多"。灭商两年后，武王病死，他的儿子成王年幼，由周公摄政。武王的另外两个弟弟管叔和蔡叔心中不服。他们散布流言蜚语，说周公有野心，有可能谋害成王，篡夺王位。周公听说了，便对太公望和召公说："我所以不顾个人得失而承担摄政重任，是怕天下不稳。如果江山变乱，生灵涂炭，我怎么能对得起列祖列宗，和武王对我的重托呢？"周公旦又对将要袭其爵，而到鲁国封地居住的儿子伯禽说："我是文王之子、武王之弟、成王之叔父，论身份地位，在国中是很高的了。但是我时刻注意勤奋俭朴，谦诚待士，唯恐失去天下的贤人。你到鲁国去，千万不要骄狂无忌。"很明显，这种道德完美主义是孔子等"圣人"终身追求而不得的，后代儒生只能对着周公的神像流口水了。

周公制礼作乐，建章立制，其中自然有设计成年礼的内容。《国语》《左传》《史记》中都不乏周代天子、诸侯行冠礼的记载：

"彭名御戎，蔡景公为左，许灵公为右。二君弱，皆强冠之。"（《左传·成公二年》）

"赵文子冠。"（《国语·晋语六》）

"晋悼公冠襄公于卫。"（《史记·鲁周公世家》）

"惠文君三年，王冠。"（《史记·秦本纪》）

周代冠礼依据《仪礼·士冠礼》，20岁的时候举行，具体有三个步骤，即"三加"。初加缁布冠，象征将涉入治理人事的事务，即拥有人治权；再加皮弁，象征将介入兵事，拥有兵权，所以加皮弁的同时往往配剑；三加爵弁，拥有祭祀权，即为社会地位的最高层次。通过神圣的"三加"后，一个新鲜的臣民出炉。

所以《冠义》说："三加弥尊，加有成也。"加冠之前，三种冠分放在三个竹器中，由三位有司捧着，从西阶的第二个台阶依次往下站立。加冠者在堂上有专门的席位，其位置因身份的不同而不同。嫡长子的席位设在阼阶之上，庶子（嫡长子的同母弟和异母兄弟）的席位在堂北偏东的地方。堂的面向都朝南，堂前有东、西二阶，东阶供主人上下堂专用，所以称为主阶，也叫阼阶；西阶供来宾上下堂，所以称为宾阶。

加冠之前，先由赞者为冠者梳头，再用帛将头发包好，做好一切准备。为了表示洁净，正宾都要先到西阶下洗手，然后上堂到将冠者的席前坐下，亲手将冠者头上包发的帛扶正，然后起身，从西阶走下一级台阶，从有司手中接过缁布冠，走到将冠者席前，先端正其容仪，然后致祝词说："月份和时日都很吉祥，现在开始为你加冠。抛弃你的童稚之心，慎养你的成人之德。愿你长寿吉祥，广增洪福。"祝毕，亲手为他戴上缁布冠。接着由助手为冠者系好冠缨。冠者进房，脱去采衣，换上与缁布冠配套的玄端服出房，面朝南，向来宾展示。

二加、三加之礼的仪节与此基本相同，只是第二次加冠时，正宾要从西阶走下两级台阶；第三次加冠时要走下三级台阶，因为捧持皮弁和爵弁的有司站在不同的位置。

不难发现，冠礼的重要内容之一，是进行容体、颜色、辞令的教育，内中有很深的含义。《冠义》说："礼义之始，在于正容体，齐颜色，顺辞令。容体正、颜色齐、辞令顺而后礼义备，以正君臣，亲父子，和长幼。君臣正、父子亲、长幼和而后礼义立。"人之所以区别于禽兽，是因为人懂得礼仪，而礼仪是以容貌端正、神色庄敬、辞令恭顺为基础的。

三加之礼完成后，举行醴冠者的仪式。冠者的席位在堂上的室门之西，正宾向冠者敬醴酒，并致祝词："甘美的醴酒醇厚，上好的脯醢芳香。请下拜受觯，祭献脯醢和醴酒，以奠定你的福祥。承受那上天的美福，长寿之年犹不忘怀。"冠者按照规定的礼节饮酒，然后起身离席，为冠礼圆满完成而拜谢正宾，正宾答拜还礼。"三加"之后，还要由父亲或其他长辈、宾客在本名之外另起一个"字"，只有"冠而字"的男子，才具备日后择偶成婚的资格。

冠礼这种仪式，对于帝王而言具有特殊的意义。周代实行嫡长子继承制，这个制度是宗法制度最基本的一项原则，即王位和财产必须由嫡长子继承，嫡长子是嫡妻（正妻）所生的长子。在位之王去世，嫡长子无论年长或年幼都可以即位，但若未成年行冠礼则不可亲政。由于年龄原因，没有实行"冠礼"之前，帝王嫡长子没有实权,这也造成了帝王后辈为权力纷争的例子多如牛毛。南北朝时,后凉吕光,嫡长子年纪小,没有战功,庶子手握重兵,最后兄弟相残。历史以最硬的事实证明了"冠礼"是多么重要,可惜皇帝年龄不能造假,当时也没有催长剂可以让小皇帝一夜之间长大成人,所以,"老人治国"向"婴儿治国"的过渡中,往往是刀光剑影、血腥杀戮。

周代天子、诸侯、大夫等阶层的冠礼另有不同,天子冠礼年龄,古籍说法不一,有12岁、15岁、19岁等。仪程或为四加,《大戴礼》云:"公冠四加,三同士,后加玄冕。天子亦四加,后加衮冕。"总而言之,举行冠礼就是要提示行冠礼者:从此将由家庭中毫无责任的"孺子"转变为正式跨入社会的成年人,只有能履践孝、悌、忠、顺的德行,才能成为合格的儿子、合格的弟弟、合格的臣下、合格的晚辈,成为各种合格的社会角色。换句话说,冠礼是华夏礼仪在华夏成员心中的"奠基工程""基础工程"所以,儒家将冠礼定位于"礼仪之始",给了它极高的文化地位。

汉代冠礼:最受重视的礼仪之一

汉代非常重视冠礼,《后汉书》卷七十九上《儒林传·周防传》中说:"防年十六,仕郡小吏。世祖巡狩汝南,召掾史试经,防尤能诵读,拜为守丞。防以未冠,谒去。"说的是这样一件事:

周防16岁就当上了汝南郡的小吏,汉世祖刘秀到汝南去狩猎,召见掾史试经(按汉代官制,一郡除太守、郡丞、郡都尉外,下设曹,相当于现今的局,每曹主事称掾史,即局长),见周防"尤能诵读",想封他为辅助郡守县令的主要官吏,但周防太年轻,没有行冠礼,不能从命。从这件事可以看出,即使是手握大权的皇帝,也无法更改既定的礼仪习俗。

周防虽然因为没有过"成年礼"而被拒绝升官,但后世却有人为此叫好,为什么呢?因为刘秀虽然在河北登基称帝,以"汉"为其国号,但大家心知肚明,西汉的盛世景气早被王莽折腾得所剩无几。经过长达12年之久的统一战争,刘秀先后平灭了赤眉和关东、陇、蜀等地的割据政权,结束了自新莽末年以来长达近20年的军阀混战局面。刘秀在位33年,大兴儒学、推崇气节,东汉一朝也被后世史家推崇为中国历史上"风化最美、儒学最盛"（司马光、梁启超语）的时代。实际上，东汉跟西汉相比差距太远，远不如司马光、梁启超说的那么光鲜，甚至已经有了"末世"的征兆。

唐代边塞诗人高适，就为周防未被升官鼓掌。高适此人少孤贫，爱交游，有游侠之风。51岁辞官回京，登上慈恩寺塔写诗曰"盛时惭阮步，末宦知周防。输效独无因，斯焉可游放"。意思是说我在这盛世啊，真惭愧比不上乱世的阮籍，他是不愿意替当局效力，末世的时候就理解周防了，我呢是当了官想效力却没有效力的因由，只能在这塔上纵情游览。看来高适是没理解周防，当年要是周防行了冠礼，恐怕早就做上大官了。

"冠礼"虽然阻碍了周防的仕途，但仍然无法阻挡皇帝们对他的热爱。汉代很多帝王通过"冠礼"仪式来表达权威或下放政策。汉代皇帝冠礼称加元服，汉惠帝行冠礼，宣布"赦天下"，开帝王行冠礼而大赦天下之始。汉昭帝加冠，大加赏赐、减免税赋、普天同庆。昭帝加元服，为与臣下冠礼区别，还专撰冠辞，为后世帝王另撰冠辞之始。

魏晋时期的冠礼：宫廷游戏的一种

魏晋是指东汉政权瓦解，三国到两晋的时期，也就是公元220年到公元420年。"魏"指的是三国里的曹魏，"晋"主要指的是司马氏所建的西晋与东晋。此时北方是"五胡十六国"时代。

魏晋是中国历史上政权更迭频繁的时期。由于长期的封建割据和连绵不断的战争，使这一时期中国文化的发展受到特别的影响。其突出表现则是玄学的兴起、佛教的输入、道教的勃兴。上面说了，"冠礼"继承与儒家的思想核心都是来自周礼，魏晋时期，儒学的发展及孔子的形象和历史地位等问题也趋于复杂化，儒学礼制也受到了严重挑战。当时，冠礼已经堕落为了宫廷的游戏，就像一次奢华的表演。皇帝的冠礼在正殿举行，并且开始以乐伴奏。从南北朝到隋唐，冠礼一度废而不行。

晋武帝临轩，使兼司徒高阳王珪为太子加冠。所谓临轩，就是举行大朝会。刘宋元嘉十一年（434）文帝为营道侯将冠下诏。时有何桢《冠仪约制》和王堪私撰《冠仪》，"亦皆家人之可遵用者也"（《宋书·礼志》）。《梁书·昭明太子萧统传》记"天监十四年（515）正月朔旦，高祖临轩，冠太子于太极殿。旧制太子着远游冠，金蝉翠緌缨，至是诏加金博山"，对于冠礼举行的隆重程度甚至超过先前的册立仪式。《魏书·孝文废太子传》载后魏孝文帝冠皇太子恂于庙，亲自"诫以冠义"。后齐皇帝加元服，用玉帛告祭圜丘方泽，用币告庙，择日临轩；皇太子冠，也有以制币告七庙和临轩之仪（《隋书·礼仪志》）。这一制度也为后代帝王沿用。

总体来说，南北朝时的南朝宫廷还有一些皇家冠礼，中原则完全陷入五胡乱华的空前动荡。此时，"冠礼"的衰落有着深刻的社会根源。

由于魏晋时期玄学盛行，儒学的独尊地位受到很大削弱。儒学本质上是服务于现实政治和封建伦理道德的，其作为社会统治思想的正统地位虽然并未动摇，但儒学与佛学、玄学的纷争已经十分激烈。当时社会动荡，司马氏和曹氏争夺政权的斗争异常激烈，民不聊生。文士们不仅无法施展才华，而且时时担忧性命安全，因此崇尚老庄哲学，从虚无缥缈的神仙境界中去寻找精神寄托，清谈、饮酒、佯狂等，比较有代表性的就是"竹林七贤"。

魏正始年间（240—249），嵇康、阮籍、山涛、向秀、刘伶、王戎及阮咸七人常聚在当时的山阳县（今河南辉县、修武一带）竹林之下，肆意酣畅，世谓"竹林七贤"。这七个人都是目无礼法的狂傲之士，在当时受到很多名士仰慕，可以说是江湖上的一个传说。钟会是司马氏的心腹，他仰慕嵇康已久，就去拜访他，领导来拜访，嵇康却假装没看见，叉着双腿在地上打铁。阮籍就更不靠谱了，钟会曾多次探问他对时事的看法，阮籍都用酣醉的办法获免。司马昭本人也曾数次同他谈话，试探他的政见，他总是以发言玄远、口不臧否人物来应付过去，使司马昭头都大了，不得不说"阮嗣宗至慎"。司马昭还想与阮籍联姻，结果阮籍大醉60天，使事情无法进行。刘伶也是一奇葩，喝酒喝得昏天黑地，后面跟着一个拿铁锹的人，他说自己在哪里醉死了就埋在哪里。

汉代的董仲舒建立的天人感应神学思想体系，以儒家道德规范约束人们的言行，维持社会的稳定和发展。但到了魏晋，天人感应神学思想崩溃，传统道德陷入危机之中，与之配套的礼仪规范自然无法避免衰落的境遇。"竹林七贤"这样的非主流作风对儒学正统形成了严峻的挑战，儒学礼法不入这些名士之眼，当然在社会上也没有什么市场了。

嵇康、阮籍、刘伶等仕魏而对执掌大权、已成取代之势的司马氏集团持不合作态度。向秀在嵇康被害后被迫出仕。阮咸入晋曾为散骑侍郎，但不为司马炎所重。山涛起先"隐身自晦"，但40岁后出仕，投靠司马氏，历任尚书吏部郎、侍中、司徒等，成为司马氏政权的高官。王戎为人鄙吝，功名心最盛，被嵇康鄙视，入晋后长期为侍中、吏部尚书、司徒等，历仕晋武帝、晋惠帝两朝，至八王之乱，仍悠游暇豫，不失其位。竹林七贤的不合作态度为司马朝廷所不容，最后分崩离析：阮籍、刘伶、嵇康对司马集团不合作，嵇康被杀害。王戎、山涛则投靠司马朝廷，竹林七贤最后作鸟兽散，分崩离析。

隋唐的冠礼：名存实亡的摆设

隋唐恢复了汉家礼仪，唐天子、皇太子、亲王、品官等，都制定了各种等级的冠礼。不过，实行的并不是很多，更多的还是一种公务员家庭的摆设和炫耀。

经过汉后数百年的冲击，冠礼衰弱之势明显。柳宗元在《答韦中立论师道书》中谈道，"冠礼，数百年来人不复行"。说当时有一位名叫孙昌引的人，"独发愤行之"，冠礼毕，仿当年赵文子见栾书等的故事，第二天上朝，希望众卿士能对他有所教导。到外廷后，孙氏荐笏对卿士说："某子冠毕。"不料众卿士莫名其妙，京兆尹郑叔则怫然曳笏却立说："这与我有何相干？"文武大臣哄堂大笑。可见，朝廷的大臣已不知冠礼为何物。

尽管《开元礼》有皇帝、太子加元服的详明仪制，但除了《通典·皇太子冠》记载了大唐贞观五年（631）高宗行冠礼事之外，皇家子弟行冠礼基本不见于史料。而官员为子弟行冠礼就更加少见了。因此《文苑英华》记载吕温元和中作《代郑相公请删定施行〈六典〉〈开元礼状〉》称"丧祭冠婚，家犹异礼"，这说明当时朝廷、民间已经不按照正礼的规定行事了。

对冠礼的轻视，跟当时佛教的引入有关。唐代接着隋代之后，很重视对于佛教的整顿和利用。高祖武德二年（619），就在京师聚集高僧，立十大德，管理一般僧尼。九年（626），因为太史令傅奕的一再疏请，终于命令沙汰佛道二教，只许每州留寺观各一所，但因皇子们争位的变故发生而未及实行。太宗即位之后，重兴译经的事业，使波罗颇迦罗蜜多罗主持，又度僧三千人，并在旧战场各地建造寺院，一共七所，这样促进了当时佛教的开展。

两汉时期独尊儒术，整个社会思潮皆以儒家思想为主流。佛法传入东土后，由于与儒家思想有许多殊异处，便互相激荡排斥，也互相融摄吸收。作为外来文化，佛教在其初传的时期，必然会和中国本土的以儒家思想为中心的观念、习俗发生一些矛盾、冲突。汉魏时期，这些矛盾冲突大都停留在礼义习俗等领域，还远没有上升到政治和哲学思想等高层领域，但在习俗礼仪上面的冲突一直到隋唐还未解决。所以，隋唐的人对儒家礼仪的繁文缛节仍抱着一定的排斥态度。

对于佛教来说，最迫切需要解决的是其自身的生存和发展问题，它必须依附于中国传统的思想文化，尤其是儒学。中国最早的佛教论书《牟子理惑论》一书集中反映了当时人们所关心的如何用儒家思想解释佛教与中国观念、习俗冲突的问题。牟子原是位饱读五经的儒者，后因战乱而对老庄思想和佛教发生兴趣，他的思想转变反映了当时信仰佛教的士大夫的一般情况。佛、儒思想由相拒到相和，其间经历一段相当长的演变过程，后来又有所谓的"儒表佛里"、"援佛入儒"的理学，那是后话。

宋代的冠礼：濒临消亡的边缘

宋朝是中国历史上承五代十国、下启元朝的时代。五代十国的分裂局面终结，为了重建封建宗法秩序，加强集权统治，宋代统治者积极复兴儒学，鼓吹礼义纲常。

司马光是北宋儒学的代表人物之一，他针对当时古礼废弛的社会情形，撰著了《书仪》一书，以作为整饬社会的礼学指南。司马光在"冠礼之废久矣"的感叹中，决心为复兴冠礼而努力。《书仪》的第二卷是《冠仪》，冠仪的开篇，司马光对冠礼的意义作了阐释。他回忆说，在自己小时候乡村尚有称之为"上头"的冠礼形式，但在他著书的时代，人心已大大的不古，"近世以来，人情尤为轻薄"，在冠礼时始加的冠服，现在已经戴在尚在吃奶的小孩头上，有的还用官服装扮小儿，很少有过十岁仍然"总角"的。他们没有受到冠礼这一教育过程，不知道成人应具有的礼义素养，"往往自幼至长愚呆如一，由不知成人之道故也"。成人教导的缺乏，导致人们社会角色意识的模糊，这显然不符合传统社会的伦理要求。所以，司马光提倡冠礼。

司马光对古代的冠礼作了局部的调整，首先是冠龄，二十而冠是古代贵族冠礼的标准，但司马光认为要用变化发展的眼光看问题，他建议"今以世俗之弊，不可猝变，故且徇俗，自十二至二十皆许其冠"。这样，冠礼对象就变成了12岁到20岁的广大青少年。《书仪》一发行，就受到了官宦的重视，还惊动了中央。宋徽宗亲自编定《冠礼沿革》十一卷，命仪礼局编排施行。

北宋理学家和教育家程颐也极力倡导冠礼，认为"冠礼废，则天下无成人"。《左传·襄公九年》载，晋悼公宴请鲁襄公时，问及鲁襄公的年龄，季武子说只有十二岁。司马光援引这个例子认为该把冠龄提前到十二岁，遭到程颐的坚决反对，他说："此不可。冠所以责成人，十二年非可责之时。"认为，既行冠矣，就必须责以成人之事，否则就成了虚礼；如果冠礼之后不能责以成人之事，则终其一身都不能期望他成人，因此，"虽天子诸侯，亦必二十而冠"(《二程遗书·伊川先生语一》)。

问题马上来了，由于司马光的《书仪》参考了《仪礼》程式，操作起来不顺利，再加上当时社会上还没有形成重礼的风气，仪礼大多停留在文献形式之上，没有对社会生活造成实际影响。即使是帝王修订的、明令"民庶之家"冠婚丧祭必须遵行的《政和五礼新仪》也因与现实生活差距过大而遭到批评。

可见，与唐朝虽有《开元礼》和《冠礼》的内容但实际生活中并不遵行的情况类似，宋代礼书上还在继续修冠礼，但除了宋真宗时为皇子行冠礼外，现实中冠礼仍然不受重视。如宋仁宗时的官员蔡襄议论说："冠、昏、丧葬，礼之大者。冠礼，今不复议。"曾巩也说："古之人重冠，于冠重字，字则亦未可忽也。今冠礼废，字亦非其时，古礼之不行甚矣。"冠礼的日趋废弛，致使冠礼失去依托，而从《天圣令》宋令中取消。

宋代传统礼仪濒临消亡的边缘，和理学的出现有着紧密联系。理学产生于北宋，创始人周敦颐。广义的理学，泛指以讨论天道性命问题为中心的整个哲学思潮，包括各种不同学派；狭义的理学，专指程颢、程颐、朱熹为代表的、以理为最高范畴的学说，即程朱理学。理学流派纷纭复杂，北宋中期有周敦颐的濂学、邵雍的象数学、张载的关学、二程的洛学、司马光的朔学，南宋时有朱熹的闽学、陆九渊兄弟的江西之学，明中期则有王守仁的阳明学等。大体来说，理学是一种唯心主义哲学思想，流派包括以周敦颐、程颢、程颐、朱熹为代表的客观唯心主义和以陆九渊、王守仁为代表的主观唯心主义。前者认为"理"是永恒的、先于世界而存在的精神实体，世界万物只能由"理"派生。后者提出"心外无物，心外无理"，认为主观意识是派生世界万物的本原。

理学在中国哲学史上占有特别重要的地位，它持续时间很长，社会影响很大，讨论的问题也十分广泛。理学家更强调对世俗社会的规范，强调礼制的秩序从一家一户、一言一行做起。理学大家朱熹评价《书仪》说："温公较稳，其中与古不甚远，是七分好。"虽然表扬了司马光的《书仪》是七分好，勉强及格，但朱熹采用了灵活的策略，对传统旧礼进行了删节变通。他认为，古礼筮日、筮宾，已无实行的必要。对于冠礼，他认为"但正月内择一日可也。既有定日，即当访求合用之人，措办当用之物"。冠礼的时间事实上与东汉以来正月冠子的礼俗相符合，宾客选择亲戚旧交中熟悉礼仪的人。这样，冠礼神秘因素消退，世俗社会联系增强。有的东西遮遮掩掩的或许能激发人的兴趣，一旦大白于天下，反而无人问津，宋代的成年礼正好印证了这一点。

后来，元朝蒙古入主中原，史载"元之五礼，皆以国俗行之，惟祭祀稍稽诸古"。宫廷没有冠礼，而民间也基本上绝迹了。

明代的冠礼：沉沦之后再次复兴

南宋灭亡 50 余年后，元朝统治者日益残暴黑暗，终于爆发了元末农民起义。1343 年，濠州（今安徽凤阳）发生旱灾，不料次年春天又发生了严重的蝗灾，庄稼被蝗虫吃得干干净净。一时间，家家户户都死人，一个村子中一天中竟死去十几人，甚至几十人。作为一个"穷二代"，朱元璋知道革命的时机到来，便加入当时的濠州大帅郭子兴领导的红巾军分支，经过多年的南征北战，1364 年，朱元璋自称吴王独霸一方，史称西吴政权。1368 年，朱元璋称帝，以应天府（南京）为京师，国号大明，年号洪武，建立了明朝，朱元璋即为明太祖。

政权建立后，急需要一个配套的文化系统作为支撑，于是，明朝迅速恢复了被破坏的华夏礼仪制度，冠礼顺势实现了第二次复兴。据《明史》记载，明洪武元年诏定冠礼，从皇帝、皇太子、皇子、品官，下及庶人，都制定了冠礼的仪文。《明史·礼志八》说，"然自品官而降，鲜有能行之者，载之礼官，备故事而已"。说明在皇室成员中依然保持着行冠礼的传统。

朱元璋在位的 30 余年中，制定了十几部礼仪专书，其中《明集礼》是明朝最重要的一部礼典。在冠礼部分，除了皇家冠礼、品官冠礼，还有士庶冠礼。明朝帝王在恢复汉家制度目标之下，沿袭并发展了宋代开始全面推行的以礼化俗的传统，重视以儒家伦理文化影响社会。《朱子家礼》在明朝被视为民间社会的礼仪指南，洪武元年（1368），政府颁令："民间婚娶，并依《朱子家礼》。"永乐年间，又"颁《文公家礼》于天下"。朱熹的《朱子家礼》也开始影响着民间生活，以致明代成为冠礼得到较多施行的时代。

学者萧放在《从成年礼的传承变异看传统社会生活中的文化示范意义》一文中总结了明朝冠礼的两种形态：

一种是缙绅之家或地方大族依《朱子家礼》规制举行的冠礼。在明代社会按《家礼》的模式举行冠礼，是相当时尚的事，社会对它有积极的评价，但《家礼》毕竟是一种榜样，"冠礼，惟士夫家间一行之，然倡而不和，未有多行者"。就是文人学士或地方世家行礼也不是都按《家礼》行事，有"三加礼，士大夫家间行之，然亦不能备礼"者。

一种是庶民之家，在《家礼》的影响下自觉传承民间特色的成年礼俗。16 岁成为江浙地区民间冠礼的年龄底线，一般人都在 16 岁或 16 岁以上，20 岁以下行冠礼。冠礼的仪式一般较为简洁、随意，民间通称冠笄为"上头"，上头时邀集亲邻，吃"上头糕"。嘉靖《吴江志》记载江苏吴江地方："童子年 12 岁或 14 岁始养发，发长为总角，16 岁以上始冠。女子将嫁而后笄。冠笄之日，蒸糕以馈亲邻，名曰'上头糕'。"浙江镇海同样如此，"男子年十六，择吉日告庙始冠"，也有婚娶时行冠礼者，女子则嫁时加笄。举行冠礼的时间民间遵循古代岁首加冠的传统，"多于冬至或正旦加网巾于首，拜天地、祖宗、尊长"，一般都没有训诫之词与三加的仪式，加冠的冠服已经变成了明代的网巾。网巾虽仍然传承着古代以来的束发功能，但它已很难唤起人们在加冠时节的神圣意识，庄严的成人仪式成为习俗相沿的家庭礼节。

萧放认为，冠礼的这两种形态分别代表了冠礼在不同社会层面的表现，明朝前期以《家礼》为标准的冠礼在统治者的提倡下，影响比较大。明朝后期，随着礼教的衰退，世俗生活情趣的增长，冠礼逐渐又成为士人怀古的对象。

清代的冠礼：灭绝政策下的残喘

清朝是由女真族建立起来的封建王朝，它是中国历史上继元朝之后的第二个由少数民族统治中国的时期，也是中国最后一个封建帝制国家。清代自努尔哈赤称帝至末帝溥仪，共历12帝。1616年，努尔哈赤建立后金。1636年，皇太极改国号为清。

在入关之前，满族统治者在关外已然推行"剃发易服"政策。对被征服的汉人一律强令改变发式、更换服装，投降的明朝将士也必须剃发易服，作为臣服的标志。清军于明崇祯十七年（1644）入关时曾颁发"剃发令"，因引起汉人的不满和反抗，于是公开废除此令。1645年清兵进军江南后，汉臣孙之獬受到其他汉大臣的排挤，恼羞成怒之下向摄政王多尔衮提出重新颁发"剃发令"。于是，多尔衮下令再次颁发"剃发令"，规定清军所到之处，无论官民，限十日内尽行剃头，削发垂辫，不从者斩。其执行口号是："留头不留发，留发不留头。"汉族人民为保护世代相承的文物衣冠进行了此起彼伏的斗争。清朝统治者对此进行了暴力镇压，例如1645年发生的嘉定三屠事件即与"剃发易服"有关。

满族统治者希望通过剃发易服来打击、摧垮广大汉族人民尤其是上层人士的民族精神，保持满族的统治地位。后来的历史表明，满族统治者的这一措施基本达到了预期效果。汉人逐渐淡忘本民族服饰，习惯了满族的发式和服装。到辛亥革命推翻清帝国，号召民众剪去辫子时，很多人居然不愿意剪掉，一个原因是害怕剪去辫子后被官府杀头，另外一个原因恐怕是民众已经形成了"乌合之众"的大众心理。

关于"剃发易服"的具体的政策就是"十从十不从"。其中"男从女不从"规定：男子剃头梳辫子。这个政策直接摧毁了华夏衣冠礼仪的文化土壤。另外还有"老从少不从"的规定：孩子百无禁忌，穿什么都可以，但一旦长成，还是要按旗人的规矩办。成人是不允许戴帽子的，对于冠礼来说，这无异于灭绝政策。

中国人自古以来就非常重视衣冠服饰。《孝经》中说:"身体发肤,受之父母,不敢毁伤,孝之始也。"汉人成年之后就不可剃发,男女都把头发绾成发髻盘在头顶。满族的发型与汉人迥异,该族男子把前颅头发剃光,后脑头发编成一条长辫垂下。汉人的服装以交领、右衽、无扣等为主要特色,满装的主要特点是立领、对襟、盘扣等。这样,华夏衣冠文化遭受了空前严重的破坏,冠礼进入了自南北朝以来第二次长时间的沉沦期。除了少数地方志说到士人之家间一行之外,多数方志如乾隆《景宁县志》这样说到冠礼:"明时行之,今废久矣"。

虽然标准形式的冠礼在清朝无法施行。但自明朝兴起的民间冠礼并没有完全终结,它以诸多的变异方式保存、发展着古代的成年礼俗。清代至民国期间,民间的冠礼普遍采用了冠婚结合的方式,冠礼成为婚礼的前奏。

近代民间成年礼中还出现了"命字"代替加冠的仪式。"命字"有三层程序:送号、拜号、庆号。其实这也是冠礼的另一种表现形式。

当代的冠礼:古今结合趋于多元化

20 世纪 80 年代之后,人们逐渐意识到成年仪式是塑造社会新人、培养公民精神的手段。成年礼仪式为了适应新形势、新要求,逐渐走出传统的家族文化的局限,人们的社会联系广泛增强,社会责任与义务明显扩大。诞生于 21 世纪初的汉服运动和华夏复兴运动发掘了成年礼这一宝贵的民族文化遗产,但其形式和作用还是在社会上引发了不少争论。

在漫长的演化过程中,各个地方的成年礼也不尽相同,但其最终目的都是一致的:完成孩子向成年人的过渡,被正式纳入公民社会,享受权利并履行相关义务。纵观冠礼历史演变的全过程,可以发现其随华夏文化起落沉浮的基本脉络:周代随华夏奠基而产生——汉代随儒学崛起而繁盛——南北朝时期,五胡乱华,中国陷入长期的巨大动荡,华夏文化遭受严重破坏,冠礼进入第一次沉沦期——隋唐一统,冠礼随华夏文化首先在上层得到一定恢复——宋代儒学再兴,冠礼实现全面复兴——元代游牧民族入侵,华夏文化再遭破坏,但因元祚短促,且统治者不善文化统治,民间仍有冠礼延续——明代华夏光复,冠礼随华夏文化实现了第二次复兴——满清入关,华夏文明严重倒退,冠礼陷入产生以来第二次、也是最严重的沉沦,冠礼几近湮灭,华夏人文精神彻底流失、民族精神彻底异变,其危害至今难以消除——近代以来,西化思潮泛滥,冠礼彻底消失——当代,汉服运动和华夏复兴运动,开启了冠礼浴火重生、第三次复兴的历史进程。

周始、汉盛、南北沦、唐继、宋兴、元沉、明复、清灭、近亡、今而重生。随华夏文明的起落而沉浮,经历了两次长期沉沦和两次复兴,正处在第三次复兴的过程中,这就是汉民族传统文化——华夏冠礼——历史演变的基本过程。

三、笄礼——吾家有女初长成

笄礼,即汉民族女孩成年礼,古代嘉礼的一种。俗称"上头""上头礼"。笄,即簪子。自周代起,规定贵族女子在订婚(许嫁)以后出嫁之前行笄礼。一般在15岁举行,如果一直待嫁未许人,则年至20岁也行笄礼。男行冠礼,女行笄礼,是我国汉民族传统的成人仪礼,是汉民族重要的人文遗产,它在历史上,对于个体成员成长的激励和鼓舞作用非常大。

笄礼为何被封建主流社会忽视

必须指出,由于封建社会的"男尊女卑"思想,女子成年礼的关注度远远没有男子高,相关史料也相对较少。中国华夏民族至周代,宗法社会形成,男子从属于家族,女子从属于男子。东周以后,贵族阶级实行多妻的妾媵制,严格分别嫡庶,儒家的礼教对女子的行为作了种种的规定。汉代进一步有衍律褒扬贞节,东汉女学者班昭著《女诫》七篇系统地阐扬男尊女卑的观念、夫为妻纲的道理及三从之道、四德之仪,从此男尊女卑观念深入全社会,广泛表现在观念形态及实际生活的各个方面。直至近代,随着资本主义经济的兴起,启蒙思想产生,西方民主主义思想输入,才逐渐打破这一思想禁锢。

不可否认,"男尊女卑"在封建社会特定的生产力和生产关系等客观社环境下，起到了维系男女关系和谐，保障人类繁衍生息的作用。但用发展的眼光看，固态文明阻碍了现代文明的确立，即使到了现当代，其留下的后遗症还困扰着这个庞大而绵厚的民族。"男尊女卑"的无意识文化被延续下来，有一本书起到了"助纣为虐"的帮凶作用，它就是上面提到的《女诫》。更让人晕厥的是，这本书的作者班昭就是一个女人，真可谓"本是同根生，相煎何太急"。

说到班昭可能很少人知道，说到班固可能熟知的人就多一点了，班固就是中国第一部纪传体断代史《汉书》的作者，而文艺女青年班昭就是班固的亲妹妹。班昭出生于书香门第世家，才华横溢。14岁嫁给同郡曹世叔为妻，所以人们又把班昭叫做"曹大家"。以个性而论，曹世叔活泼外向，班昭则温柔细腻，夫妻两人颇能相互迁就，生活得十分美满。

班昭不仅帮她的哥哥班固修《汉书》，还利用空闲时间写了《女诫》，在"卑弱"篇中，班昭引用《诗经·小雅》中的说法："生男曰弄璋，生女曰弄瓦"。以为女性生来就不能与男性相提并论，必须"晚寝早作，勿惮夙夜；执务和事，不辞剧易"，才能克尽本分。《女诫》符合宗法制度统治秩序，一出版就成了畅销书，一时洛阳纸贵，大家争先传抄，班昭立马成为了"学术超女"。

用现代的眼光看，《女诫》中的观点自然经不起推敲，但不可否认，它契合了当时的文化水准与民俗习惯。班昭在"夫妇"篇中，认为丈夫比天还大，还须敬谨服侍，"妇不贤则无以事夫，妇不事夫则义理坠废，若要维持义理之不坠，必须使女性明析义理"。在"敬慎"篇中，主张"男子以刚强为贵，女子以柔弱为美，无论是非曲直，女子应当无条件地顺从丈夫"。一刚一柔，才能并济，也才能永葆夫妇之义。在"妇行"篇中，订定了妇女四种行为标准："贞静清闲，行己有耻：是为妇德；不瞎说八道，择辞而言，适时而止，是为妇言；穿戴齐整，身不垢辱，是为妇容；专心纺织，不苟言笑，烹调美食，款待嘉宾，是为妇工。"妇女备此德、言、容、工四行，方不致失礼。在"专心"篇中，强调"贞女不嫁二夫"，丈夫可以再娶，妻子却绝对不可以再嫁，在她的心目中下堂求去，简直是不可思议的悖理行为，事夫要"专心正色，耳无淫声，目不斜视"。在"曲从"篇中，教导妇女要善事男方的父母，逆来顺受，一切以谦顺为主，凡事应多加忍耐，以至于曲意顺从的地步。

当然，"男尊女卑"的思想形成原因十分复杂，跟亚细亚文明特征、中国地理环境存在着紧密的联系，把责任推给一个弱女子班昭固然失于偏颇，但探讨历史的目的在于启发当下。人人生而平等，是天赋的权利，对于封建社会中男女区别对待的思想和做法，现代人理应持批判态度。

笄礼的意义和历史演进

《仪礼·士婚礼》中说："女子许嫁，笄而礼之，称字。"

《礼记·内则》中说："女子……十有五年而笄。"

可见女子是在许嫁之后举行笄礼、取表字，许嫁的年龄是15岁。如果女子迟迟没有许嫁，则可以变通处理，《礼记·内则》郑玄注说："其未许嫁，二十则笄。"笄礼的仪节，文献没有记载，学者大多认为应当与冠礼相似。

"笄"是一种发簪。笄礼的方式非常优美，因为它是专为女孩子设计的成年礼：一头长发，一根发笄，细心梳成秀美的发髻，郑重簪上发笄。笄礼作为古代的一种嘉礼，为汉族女子的成年礼。受笄即在行笄礼时改变幼年的发式，将头发绾成一个髻，然后用一块黑布将发髻包住，随即以簪插定发髻。主行笄礼者为女性家长，由约请的女宾为少女加笄，表示女子成年可以结婚。贵族女子受笄后，一般要在公宫或宗室接受成人教育，授以"妇德、妇容、妇工、妇言"等，作为媳妇必须具备的待人接物及侍奉舅姑的品德礼貌与女红劳作等技巧本领。后世改为由少女之母申以戒辞，教之以礼，称为"教茶"。

笄礼有着明显的时代烙印，它的古义是建立在男尊女卑的基础上的。由于女子订婚（许嫁）以后出嫁之前才行礼，就把女子的社会责任锁定在家庭的狭小范围内。

梁简文帝萧纲《和人渡水》诗曰："婉婉新上头，湔裾出乐游。"唐李何《观妓》诗："向晚小乘游，朝来新上头。"又花蕊夫人《宫词》诗云："年初十五最风流，新赐云鬟便上头。"这些诗句中的"上头"，均为女子参加笄礼。

到了宋代，一些学者为了推行儒家文化，构拟了士庶女子的笄礼，司马光的《书仪》以及《朱子家礼》都有专门的仪式。《朱子家礼》的笄礼与《书仪》大体相同，笄礼由母亲担任主人。笄礼前三日戒宾，前一日宿宾，宾选择亲姻妇女中贤而有礼者担任。陈设，在中堂布席。厥明，陈服，如冠礼。序立，主妇如主人之位。宾至,主妇迎人,升堂。宾为将笄者加冠笄,适房,服背子。为笄者取字。笄者见尊长,最后礼宾,仪节与冠礼相同。

现代学者考证,笄礼其实在庶民生活中十分少见,一般存在于皇族和官宦家庭。《宋史·礼志》中提到过公主的笄礼:笄礼在宫中殿庭举行,皇帝亲临。笄礼始加冠笄,再加冠朵,三加九翚四凤冠。祝词和取字之辞也都套用男子冠礼。取字后,公主拜见君父,聆听训辞:"事亲以孝,接下以慈。和柔正顺,恭俭谦仪。不溢不骄,毋诐毋欺。古训是式,尔其守之。"公主再拜,向父皇保证道:"儿虽不敏,敢不祗承!"之后,公主去见母后。最后,公主回到座位上就座,接受皇后、妃嫔和参加典礼的掌冠、赞冠官等的祝贺。后人推测是仿照庶子冠礼制作的,不过,主持人用女性,负责加笄者是女宾。

到明代,笄礼虽然被废除,但其影响却并未消逝。在民间,笄礼逐渐消泯或与婚礼合并,使婚礼有了成年礼仪的含义,女子出阁时理妆被称为"上头",且"修眉"、"开脸"都是婚典前的理妆,都标示了成年这一意思。而大婚之礼本身就宣告了当事者的成人。作为婚礼的一部分,上头迟则在嫁娶之日,早则在婚前一两日进行,多是请年轻有全福之妇人为其梳成年发髻,梳妆上头。

至今,许多农村女子婚嫁时,将头发绾束成髻,用簪子固定,与婚前发式明显不同。这也算保留了些许笄礼遗风。受汉族古"冠笄礼"的影响,朝鲜族男子行"三加礼",同冠礼,女子成年礼同样也称为"笄礼",盘发插簪。汉族原始的笄礼已不复存在,但汉语言中仍有"待字""不字""字人"的词语留存,这虽然是女子年龄的别称,"待字"即待嫁之意;"不字"即未有许嫁之意;"字人"即许配有人之意,但取义仍在笄礼的"取表字",可以看作是未成年与成年的同义语。当然,不应该以时代的限制为由就放弃仪式本身的神圣和象征作用,完全可以在此基础上赋予时代的新意。

笄礼的象征意义和冠礼一样重大,同样是对人生责任、社会角色的提醒。有人认为,笄礼的行礼方式带有女性特有的柔美,行礼过程体现了女性的柔美,暗示了女子将以与男子不同的方式支撑起我们这个世界。或许,女子需要独立、自强,不过女子的自强不需要以男人强大的方式来湮灭自己的柔美。

四、少数民族的成年礼诠释不同文化

中国自秦汉以来即逐渐成为统一的、多民族的国家。在统一时期，虽然有的民族在局部地区内建立过地方割据政权，甚至出现过少数民族建立的王朝与汉族王朝对峙的局面，但和民族统一的局面相比较是短暂的。不同的民族有着不同的服装、歌舞和饮食等生活习俗。少数民族的成年礼也是丰富多彩，但仪式的性质和意义都是一样的，它是男孩子和女孩子成年的标志。由于很多少数民族的习俗大都是原生态的，所以至今还保留着举行成年礼仪的古老遗风。

藏族姑娘的成年礼引人注目

成年礼对藏族人来说，是他们自诞生仪礼后的又一大礼。在藏区，任何地方都会举办成年礼，男女各不同。

在安多地区，比较盛行为女孩子举行成年礼，尤其是在青海贵德，女孩子长大后举行成年礼是一件非常重大的事情，只有举行了成年礼，她们才可以结婚。

嘉绒藏族分布在金川、小金、马尔康、理县、黑水和汶川部分地区，以及甘孜州、雅安地区、凉山州等地，居住着讲藏语方言嘉绒话，并以农业生产为主的藏族，为嘉绒藏族，藏区称这地区的藏民为"绒巴"。以前，嘉绒女子成年礼是姑娘们一生中最重要的仪式之一，没参加过成年仪式的姑娘是不准出嫁的，即使偷偷嫁了人也要遭到人们的耻笑。举行成年礼必须是在女孩子9岁、11岁、13岁、15岁这些年龄中选择一个岁数为条件，其他年龄段是不可以的；须请一位活佛或喇嘛打卦算卜，确定一个良辰吉日；在举行成年礼的前一天，要为接受成年礼的女孩（当地称之为"文玛"）梳辫子。先要找一个与文玛的属性相配的夫妻和睦、家庭幸福美满的已婚妇女来梳。在文玛的左右两侧各梳20个小辫子，中间梳一个大的，并在发尾用蓝色哈达绑上，再把镶有白色海螺和珊瑚的头饰系上去。这些都意为能给文玛一生都带来吉祥幸福。

第八章 公民教育与成年礼

　　四川省甘孜州丹巴县被誉为"深藏在横断山脉中的世外桃源",是嘉绒藏族风情文化的中心。深厚的文化积淀、秀丽的山水,养育了丹巴一代又一代天生丽质的美女,因此丹巴又称"美人谷"。丹巴大金川河谷和大渡河谷一带其民族文化保存相对完好,又因为现存古碉数量种类之多、建筑之奇,堪称全国之最、世界罕见,丹巴又有"千碉之国"的美称。当地人称女子成年仪式为"扎形京"或"萨京",意为"穿成年新装",汉语称为"戴角角"。行礼过程中,女子在村子里最德高望重的长辈的引领下,抱着一捆柏树枝丫上到碉楼的最顶层,站在煨桑炉边。长辈点燃枝丫,烟雾顿时升腾起来,同时将装有菊花、盐、青稞之类五谷杂粮的盘子一同放进煨桑炉中,口中念诵古老经文,祈祷老天多多赐福于这个美丽的姑娘。然后,长辈从怀中抽出一条洁白的哈达,一边大声诵经,一边用哈达将一个银质的瓶子包裹起来。接着,长辈拿起装满菊花和其他祭祀用品的小钵,将花瓣、青稞粒等撒向天空。接下来,姑娘跪在煨桑炉前,行三叩九拜大礼。烦琐的装扮过程、祭神仪式结束了,长辈慈爱地摸了摸姑娘的头,示意她可以离开了。

　　从前在丹巴地区,少女的成年仪式经常集体举行,每户人家都会为即将参加成年仪式的女儿作很多准备工作。慈祥的阿妈会让女儿少参加劳动;少晒甚至不晒太阳;每天吃一些营养丰富的食物,保持皮肤又白又嫩,成为当天最美的姑娘;在仪式前三天就开始给女儿洗头,并拔去额头的汗毛和不能编入小辫的短头发,甚至举行仪式的头天晚上睡觉时还得更换干净的枕头,并用绸缎包住秀发。编完发辫后,就该由年长的老阿妈上簪。盘好发髻后,开始佩戴头饰,当地藏语叫作"俄煎"。头饰由额头上至脑后,被一条粗发辫缠绕得紧紧的,上面排列着镶嵌着珊瑚、绿松石、九眼天珠等宝石的金银发箍。而额头则佩戴着用红丝线或红绒线织成的扁平额饰,上面缀满小珊瑚及珍珠等。接着开始更衣,女儿的穿戴对于全家来说是头等大事,仅必须佩戴的饰品就有珊瑚、玛瑙、珍珠、海贝、绿松石、金银等,这些饰品一般都是祖辈置办并代代相传下来的。每家的父母也会毫不吝啬地拿出多年积蓄,为女儿添置华服美饰,即使是经济条件差买不起的人家,也会提早向富人家借来穿戴。所有的祈福仪式结束后,少女才从闺房款款走出来,一旦踏出大门口,就意味着踏出人生最重要的一步,守候着她的阿妈、阿姐在此时也要给予她最后的叮嘱。活佛赐予少女最为珍贵的黄色哈达，也为她祈福。成年礼之后，姑娘就可以参加男女之间的社交，并可行婚嫁之事。

随着旅游的开发，如果不好好保存自己的文化和传统，也许在不久的将来，我们只能看照片或者听老人讲这些古老的礼仪习俗了。

傣族成年礼：文身和漆齿

傣族散居于云南的大部分地方，与属壮侗语族的壮族、侗族、水族、布依族、黎族、毛南族、仡佬族等有着密切的渊源关系，都是"百越""骆越"民族的后裔。具有共同的分布区域、经济生活、文化习俗和民族特点，语言方面至今仍保留着大量的同源词和相同的语法结构。

傣族有着自己的"圣经"和"创世纪"——布桑改雅桑改的故事。传说天地混沌，地球上只有光秃秃的土地和茫茫的海水，没有人类、动物和植物。天上最大的神帕雅英派出布桑改、雅桑改夫妇二神带着仙葫芦来到地球上。他俩把仙葫芦破开，把葫芦籽撒向天空和大地，天空就出现了日月星辰，大地就有了森林和其他各种植物。但地球上仍然没有人，于是布桑改、雅桑改仿照自己的形象用泥巴捏成人，布桑改捏的是男人，雅桑改捏的是女人，并让他们成为夫妻，赋予他们生命、灵魂与活力，让他们承受日光风雨的洗礼。经过很长的时间以后，泥人变成了活人，然而他们不会说话，二神就教他们说话和思维，并给他们取名为"人"。从那时起，地球上就有了人，他们在布桑改、雅桑改的指点下，逐步学会了劳动、生活和休养生息。接着，夫妇二神又用泥巴捏造了象、马、牛、羊、猪、狗、鸡、鸭、虎、豹、狼、麂、鹿、鸟等数万种飞禽走兽，分别给它们取了名字，教它们不同的叫声，把它们放进了海洋和森林。从此，海洋里就有了鱼虾蟹贝等水生动物，陆地上就有了各种脊椎动物、爬行动物和昆虫。

布桑改、雅桑改就像汉族的"女娲"，圣经中的"上帝"，几乎每个历史悠久的民族都有着独成体系的文化和信仰。傣族的成年礼也与汉族的冠礼、笄礼大相径庭。

纹身和绣脚是傣族、布朗族男子的成年礼，指在身上、腿上刺纹。民间有谚语说："蛙腿尚有花纹，男人之腿怎可没有花纹。"男性以文身为荣，身上不刺纹者，人格低下，不如水中青蛙，会被姑娘们视为懦夫，很难得到女性爱慕，只能孤独终生。文身一般在十四五岁时举行。刺纹时，受刺者需服用一些带有麻醉性质的药物，文身师用墨在肌肤上绘出图案轮廓，以针蘸上颜料扎入皮肤，让颜料残留于皮肤内，形成永不消退的纹痕。

漆齿是傣族等成年礼的组成部分。漆齿，实为染齿，不染者不能公开参加社交活动。染齿前，需先吃些酸性水果，或用酸汁涂抹一遍牙齿，再点一束松明，让松脂滴在瓦块或木片上，再将黑烟熏齿，连染数日，直至将雪白的牙齿染成墨黑之色。与此不同，布依族的孩子长到十五六岁时，要拔掉两颗门牙。

一些傣族妇女，还用嚼槟榔的方法来加深牙齿的颜色。她们嚼的槟榔，有的是真正的槟榔果，更多的则是自己配制的一种土槟榔。染齿是过去傣族姑娘结婚前必须做的一件事，她们认为牙齿越黑越美，越能讨得小伙子的欢心。

傣族染齿的习俗史书很早就有记载，公元8世纪，唐代樊绰著《蛮书》卷四载："黑齿蛮、金齿蛮、银齿蛮……黑齿以漆漆其齿。"学者汪宁生在《古代云贵高原上的越人》一文中谈到染齿的习俗时说："至于黑齿疑长期嚼食槟榔所至，有些南方民族以黑齿为美，除嚼食槟榔外有时还要染之使黑，漆齿或就此而言。"

摩梭族成年礼：换裙和换裤

摩梭人属纳西族，主要居住在金沙江东部的云南省宁蒗县以及四川盐源、木里等县，人口约4万余人。

摩梭族孩子长到13岁，便要举行成年礼。成年礼仪式一律在农历大年初一凌晨举行。行礼时，男孩站在正房左边"男柱"下，女孩站在右边"女柱"下，一只脚踩着猪膘肉，一只脚踩着粮袋，象征终生吃用不尽。女孩由阿妈为其穿上漂亮的金边衣、百榴裙，扎上红腰带，盘缠发辫，佩上彩色项链、耳环、手镯等饰物。男孩由舅舅为其穿戴簇新男装，扎上腰带，佩上腰刀。这时，穿上新裙或新裤的孩子，还要把狗唤进屋来，给狗喂饭团和猪肉，并说："狗能活60岁,人只能活13岁,咱们换个岁数,我才能长命百岁。"原来,关于这一换岁数的习俗,摩梭人中流传着一个神话故事。

远古时期,人与动物杂处一起,但都没有固定的寿命。后来,司已神要给动物规定生命年限了,并告诉人类要在半夜倾听他的呼声,也可得到长寿。天神是在大年三十午夜喊岁数的,谁答应了便把这岁数给谁。天神第一次喊1000岁时,动物都在沉睡之中,只有机警的白鹤听见,它答应一声,便得了一千岁。第二声喊100岁,让水鸭听见领去了。第三声喊60岁,让狗答应领受了。直到天神喊13岁时,人才惊醒应诺。人类觉得寿命太短,求得天神的允许,与狗换了岁数。于是,人每天要给狗喂三顿饭,并且每当举行成年礼时都要喂狗,以示感谢狗的换岁之恩。仪式结束后,大人带着穿上新裙、新裤的孩子,在村里转一圈,接受村民的祝福和贺礼。同时,这也是向众人宣布,孩子经历了一生中第一周的十二生肖,已长大成人了,今后可参加各种社交活动了。

摩梭先民认为,未满12岁的孩子还没有灵魂,既不享有氏族的权利,也不承担义务,不能参加正式的社交活动,死后也不能葬在氏族公共墓地上。而一旦满了12岁时,必须举行以拴系灵魂为内容的男穿裤女换裙的成年仪式,从此成了氏族的正式成员,获得了人生的各种权利。

其他一些少数民族也有以换裙和换裤为主要形式的成年礼。比如,四川凉山彝族少女的换裙礼称为"沙拉洛",意即换童裙。彝族妇女把换童裙和出嫁视作女性一生非同小可的两件大事,换童裙一般由母亲或长辈妇女主持,并只请女亲戚、女友和老年妇女参加。换童裙仪式有3个方面的内容:改变发式、改变裙式和穿戴耳饰。这跟摩梭族的成年礼大同小异。

高山族、基诺族、瑶族的成年礼

学者余世存在《成人之美》一书中指出:"成人的美因此对孩子构成了持久的挑战,孩子们面对成人的美,羡慕,崇拜,他们不可思议的心智甚至以为是成人创造了文明世界,成人是文明世界无所不能的巨人。"成人的美,美在理性、责任和担当。每个民族都只能拥有"成人"人格之后,才具备文明的资格。成年礼就是一次成人的蜕变仪式,每个民族——无论族群大小、族民多寡——

都对成年礼情有独钟。

过去裕固族少女在15岁后举行一种仪式，戴上头面，即可进入结婚生活。台湾高山族阿美人男子十四五岁时编入少年组，在集会所锻炼数年后，进入青年组，取得成人及结婚资格；高山族泰雅人、布农人、曹人中的十七八岁的男子及十五六岁的女子经受训练，熟识农耕、狩猎或编织等技术，成年后方能结婚。

瑶族男孩长到十五六岁，即要举行"度戒"成年礼，接受诸如"上刀山""过火炼""睡阴床""跳云台"等近十种危险考验。现在度戒仪式简化，以跳云台为重要内容。云台是将4根4米多长的木柱摆成正方形，一边扎以横木作梯。受戒者在师公的带领下登上云台，等师公念完戒词，受戒者发誓不杀人放火、不偷盗抢掠、不奸女拐妇、不虐待父母、不陷害好人等，誓毕，将火掷进一个水碗令其熄灭，暗示受戒者如有不轨，其命运便如此火。然后，受戒者团身抱膝，从台上勇敢地翻至云台下那张铺有稻草的藤网，刚落下，下边的人就拉起藤网一齐用力旋转。此时四周欢呼鹊起，赞扬孩子的勇敢无畏，祝贺又一个瑶山汉子走入了社会。云南金平县平安寨瑶族规定，所有青年男女在结婚前必须受戒。云南宁蒗永宁纳西族的少年年满13岁行"穿裙子"或"穿裤子"的成丁式，脱下长衫，少女换穿百褶裙，少年男子改穿短衣长裤，此后可以从事一些主要的生产劳动，参加成年人的社交活动。

基诺族男孩长到十五六岁，便由其家长秘密操办十分隆重的成年礼。届时，需购买一头牛，在寨内公开剖牛，以祭祀祖先。祭毕，将牛肉按村内老幼人头分派，受礼者的份肉用芭蕉叶包好摆在桌子上。准备工作做好以后，以突然袭击的方式，把受礼的男孩抓来，让其恭立桌前参加仪式。仪式请村社长老主持，长老带领大家唱史诗，内容有基诺族传统的风俗习惯、道德、礼仪、生产方法与技巧等，同时还包括婚姻恋爱和家庭生活的有关规矩，用说唱形式对青年人进行多方面的常识教育。仪式结束后，父母向儿子赠送一套劳动工具和更换一套服饰。服饰上绣有象征月亮的花徽，头帕上绣有几何花纹，这表示男子已成年，并获得谈恋爱的权利。

其实，不只是我国，外国很多地方也有独特的成年礼。北美印第安人一到性成熟期，就要举行成年礼，以图腾文身或黥创，在身上留下本民族的印记，由于这是取得结婚资格的标志，所以青年人都乐于受痛，踊跃参加。

在非洲的一些地方，女孩的成年礼仪式通常分三个阶段。在第一阶段里，女孩子在村中年长妇女陪同下，到一个"隐蔽所"过一段时间的与部落隔离的生活。在这一期间，陪同的妇女负责教女孩如何做一个贤惠的妻子，向她介绍处世接物的经验及本民族的历史和传说。"隔离"生活的时间长者一年半载，短者十天半月，这主要取决于女孩掌握这些知识和本领的进度。在"隔离"期内，女孩不能与任何人接触，包括其母亲在内。女孩子的秘密处所也不能被任何人发现。"隔离"期满，女孩的成年礼仪式开始进入第二阶段。陪同者将女孩带到河边洗澡，擦洗污垢，名曰"净身"，目的是让一切不干净的东西随着河水流走。"净身"后，陪同者帮助女孩在卷曲的头发上扎上五颜六色的彩带，腰间围上一块色彩鲜艳的花布，上身画有各种图案和花纹。并涂上彩色黏土，祝愿她在今后的生活道路上走运。

当然，有的成年礼仪式显得有些奇怪。比如加拿大洛基地区的印第安少年在成人仪式上须生吞一条活蜥蜴，望而生畏者即被取消成年资格。澳洲土著人的有些成人仪式上，人们要把少男的门齿折断，并让他们断食。仪式上还有当场考试：少男必须在大人制造的种种"恐怖音响"面前镇静自若。如能有幸通过此关，第二关便是接受3名成年男子的挑战，在格斗中即便负伤流血也要坚持到最后一刻。

每个地方每个民族的成年礼，都是根植于其民族土壤与文化的特殊仪式，只要不反人类、反生命，现代人都应该用更加包容的态度去看待它们。

世界著名的媒体文化研究者尼尔·波兹曼在《童年的消逝》一书中，反思了文化工业的摧残下，人类童年的消逝、儿童成人化的悲剧。儿童的言行举止因为电视媒体无原则的信息民主，过早地与成人无差别。这就造就了无数的"儿童化"的成人和"成人化"的儿童，这两种群体对于一个健康的社会来说都存在隐患。实际上，波兹曼的担忧不无道理，我们社会原生态的文化越来越少，硬件上工业厂房与楼市侵占湿地、森林等土地，文化上，世俗文化逐渐侵蚀着文明深处最纯真最野性的标本，而且这种侵袭是不可逆的。为了人类的未来，在"破"与"建"的过程中，我们更应该积极参与到保护原生态民俗的行动中来。

第九章　犹太民族的成年礼

> 你和你的后裔必世世代代遵守我的约。你们所有的男子都要受割礼，这就是我与你，并你的后裔所立的约，是你们应当遵守的。你们都要受割礼，这是我与你们立约的证据。
>
> ——《圣经·旧约》

> 《托拉》是我们人民的不朽的保证。它如同这个世界一样广大深邃。它一直深入到苍天的蓝色神秘中。
>
> ——美国犹太裔哲学家、文学家约书亚·罗斯·李普曼

> 世界只为了学童们的呼吸而持久存在。
>
> ——《塔木德》

一、漂泊中形成的伟大智慧

犹太民族是一个伟大的民族，培养了无数在各个领域影响深远的大师，比如科学社会主义的奠基人卡尔·马克思、通讯事业的开创者路透、精神分析学派的创始人弗洛伊德、20世纪最伟大的科学家爱因斯坦、20世纪最伟大的艺术家之一毕加索、原子弹之父奥本海默、电影大师斯皮尔伯格……这个名单还可以列很长很长。

为何一个民族能诞生如此之多的豪杰？这跟犹太民族的文化有着密切的联系。而一个民族文化的形成是一个十分漫长的过程，在常年的漂泊流浪和大迁徙中，受虐、饥饿、杀戮的折磨培养了犹太人坚韧的民族气节，犹太人文化的

诞生是被迫的,是在屈辱中成长的,正是经历了血与火的磨炼,人类历史的各个领域才深深印上了犹太人的足迹。所以,在了解犹太礼仪之前,有必要了解犹太民族的历史。

大约早在3000年前,美索不达米亚(两河流域)南部,现在的伊拉克境内,有一座叫作吾珥的商业城市。吾珥城中生活着一个大家族,这个家族的族长,名字叫他拉。他拉虽然有着成群的牛羊奴仆,过着富足的生活,但是在晚年他的儿子哈兰去世了。另外,由于战争和时局动荡,他拉家族不得不离开这座充满机会、繁荣、财富和梦想的城市,向迦南地方迁移。他拉的家族,来自于闪族。闪族人,亦称"塞姆人"(Semu)。这个名字出自《旧约全书·创世纪》所载传说,称其为诺亚长子闪(Shemu 或 Semu,也译为"歇姆""塞姆")的后裔。是起源于阿拉伯半岛的游牧人民,相传诺亚的儿子闪即为其祖先。最早有记载的闪族的历史是大洪水之后,诺亚的儿子:闪、含和雅弗。这三个儿子分别朝东方的亚洲、非洲和欧洲发展,从而奠定了这三大洲许多古老民族的基础。

闪族的分支极多,如今中东的大多数民族都是闪的后代,其中就包括阿拉伯人和犹太人。从闪族的传统上看,他们忌食自己死亡的动物、血液以及猪等传统,一直传到今日的阿拉伯人和以色列人。今天,虽然犹太人和阿拉伯人剑拔弩张,但是相似的传统、相似的禁忌习惯,在无声地提醒他们:在遥远的过去,他们曾经是亲密的兄弟。

回到他拉这里,他的家族离开吾珥去迦南。迦南是一个美丽的地方,可以安顿他拉庞大的牛羊群。但是,当他拉走到哈兰这个地方的时候,他就停住不再向迦南迁移了。因为这个地方的名字跟他死去的儿子的名字一样。他拉一家在这个地方停留下来。他拉死后,他的长子亚伯兰接替了家族领导权,又带领亲人们踏上了迦南之旅。

亚伯兰离开哈兰向迦南去的时候,已经75岁了。他们到达埃及之前,亚伯兰就听说埃及的法老正在广招美女。那个时候,亚伯兰没有子女,本来不用担心这个国家政策会对自己有什么影响。亚伯兰非常害怕埃及人做出杀其夫而谋其妻的举动,于是央求自己的妻子撒莱自称是自己的妹妹。尽管如此,撒莱还是被法老带到后宫,并准备娶她。法老厚待亚伯兰,给他许多牛羊、骆驼、驴子、奴婢,耶和华因此降灾于法老和他的全家。亚伯兰和撒莱便离开了埃及。亚伯兰离开后便回到艾,并在那里住了一段时间,直到他的牧人和侄子罗得的牧人起争执,又因财产过剩而不能全被带回迦南地,便提议分开。亚伯兰让罗得先选地,罗得便选了约旦河的全平原,他自己迁到希伯伦幔利的橡树居住,在那里为耶和华建了一座坛,其时亚伯兰已99岁。神令亚伯兰改名为亚伯拉罕,并使他家业大兴,后来得了一子,取名以撒,爱之如掌上明珠。一天,耶和华突然来到亚伯拉罕家,命他将爱子以撒作为牺牲献给耶和华。笃信神的亚伯拉罕甘愿忍受这一残酷的天命,带着孩子和祭具到摩利亚山上去行祭。孩子不知自己就是祭品,问父亲祭祀为何不带祭品?父子俩到了山上,亚伯拉罕做好一切准备,正欲将儿子放上祭坛动刀砍杀时,突然霹雳一声巨响,天使飞来,拉住亚伯拉罕的手,不准他杀子,告诉他这是耶和华的磨炼。

那犹太人又跟亚伯拉罕有什么联系呢?犹太人的祖先叫雅各(阿拉伯发音为叶尔孤白),雅各是亚伯拉罕的孙子,以撒的儿子,后来改名叫以色列,意思是"与神角力者",而且因为他在和神搏斗的时候伤了腿筋,所以犹太人在宰杀动物时都要把腿筋挑出来丢弃。

雅各生有12个儿子,由于约瑟的关系,在七个荒年的第二年迁移到埃及,受到当时统治埃及的西克索斯人的优待,居住在尼罗河下游,转变为农业民族。西克索斯人被努比亚人暴动赶出埃及后,以色列人的地位急剧下降,沦为埃及人的奴隶。后来,他们在摩西(阿拉伯发音为穆萨)的带领下逃出埃及,逃回巴勒斯坦定居。在回乡的路上,摩西得到了神所颁布的《十诫》,即《摩西十诫》。雅各的12个儿子的后代形成十二支族,原来在巴勒斯坦分居,后来统一成一个国家,先由便雅悯支族中的扫罗做王四十年。之后由犹大支派中的大卫担任国王。大卫(David)名字的意思是"蒙爱者",以色列国家在大卫的儿子所罗门(阿拉伯称为苏莱曼大帝)担任国王期间达到鼎盛。

所罗门死后,他的儿子罗波安继承王位。由于他及一班年轻的大臣所施行的苛刻政策,北部10个支族的人分离出去,单独成立以色列王国,并推举尼八的儿子耶罗波安为王;犹大支族和便雅悯支族联合成立了犹太王国。以色列王国不久即被亚述人消灭,犹大王国尚坚持了几百年,后来也终于被巴比伦帝国攻占。人民被掳到巴比伦成为奴隶。波斯帝国消灭巴比伦后,犹太人被允许回犹太区，重建耶路撒冷圣殿，后来相继沦为希腊和罗马帝国的属民。到了公元 1 世纪，撒马利亚人和犹太人是没有来往的。耶稣死后不久，犹太人起义反对罗马人，耶路撒冷被罗马大军攻破，圣殿被拆毁，犹太人被迫流落到世界各地，自称为犹太人。

19 世纪末期，由于东欧的迫害加剧，成千上万的犹太人逃离此地，大多数投奔美国、加拿大和西欧。到 1924 年，共有大约 200 万犹太人移民至美国，因当时美国社会对待犹太族群的态度相对东欧而言更加宽容。欧洲对犹太人的迫害终于在大德意志帝国时期达到顶峰，发生了灭绝约 600 万犹太人的大屠杀，几乎彻底摧毁犹太人在欧洲 2000 年的文化历史沉淀。希特勒是个极端的种族主义者和反犹主义者，他在《我的奋斗》中写道："雅利安人的最大对立面就是犹太人。"他把犹太人看作是世界的敌人，一切邪恶事物的根源，一切灾祸的根子，人类生活秩序的破坏者。这些观点成了希特勒后来屠杀数百万犹太人，企图灭绝犹太人的理论依据。

1948 年以色列国建立，是自罗马摧毁耶路撒冷后近 2000 年来成立的第一个犹太人国家，并人为复兴口语希伯来语的正式使用。但以色列建国的地点是在巴勒斯坦地区，导致和当地定居已久的阿拉伯裔巴勒斯坦人矛盾激化，使中东成为世界的热点地区，并致使原先居住在阿拉伯国家的近 90 万犹太人也陷入困境。到 21 世纪初，美国和以色列是犹太人的主要集中地。

从远古到现代，犹太民族几乎都在漂泊流浪，这种具有全球意义和历史意义的流浪现象，成为了犹太民族所独有的精神遗产。艰辛、屈辱与屠戮没有打垮犹太人，他们凭着自己的毅力和智慧顽强地活了下来。在颠沛流离的过程中，他们学会了思考、经商。因为长期没有固定的资产，赚钱就成为了生活的第一要领。但犹太人对钱的态度非常值得我们反思，他们认为知识比金钱更加重要，钱可能有花光的一天，但知识永远花不完。在聪明的犹太人眼里，生命宛如一棵树，要想茁壮你的根，繁茂你的枝，葱绿你的叶，你就必须不断挖掘智慧的深井，用那甘爽清冽的泉水浇灌生命。生命在成长过程中要不断吸收养料，智慧是其中必不可少的一种。

生在犹太人家庭的孩子，在他们刚刚懂事时，母亲就会将蜂蜜抹在书本上，让孩子去舔书本上的蜜。这样做的目的只有一个，就是让孩子从小树立这样一种观念：书本是甜的，而且书里有智慧。孩子再长大一点儿，几乎每个犹太母亲都会拿同样一个问题让孩子来猜。假如有一天你不幸遭遇火灾，你的房子被大火包围，在你逃命的时候，最最不能忘记携带的是什么？在否定了许多答案之后，母亲就会告诉他们：应该携带的不是金银财宝，而是一种无价之宝，它的名字叫智慧。

有这样两则笑话，充分说明了犹太民族的大智慧。

拉比甲问拉比乙："智慧与金钱，哪个更重要？"

"智慧当然比金钱重要。"

"既然如此，为何学者、哲学家要为富人做事呢？而富人却不为学者、哲学家做事？"

"这很简单，学者和哲学家知道金钱的价值，而富人却不懂得智慧的重要性。"

从某一方面来讲，拉比乙的说法很有道理：知道金钱的价值才会去为富人做事；而不知道"智慧"的重要性才会对其傲慢十足。但我们若追究更深层的调侃，其意味则更加深远：既然学者和哲学家知道金钱的价值，为何不能运用知识去获取金钱，而为何单单受富人的奴役而挣取那份不成正比的"嗟来之食"呢？

犹太人还流传着这样一则笑话：卡恩站在一个百货商场门口，目不暇接地浏览着色彩缤纷的商品。这时，他身边走来一个绅士，口里叼着雪茄。卡恩恭敬地走上前，对绅士礼貌地问："您的雪茄很香，好像很贵吧？"

绅士笑着说："2美元1支。"

卡恩吃惊地说："好家伙……您一天抽几支呢？"

绅士不紧不慢地回答说："10支吧。"

"天哪！您抽烟多久了？"

"40年前就抽上了。"

"什么？您仔细算算，要是不抽烟的话，那些钱足够买这幢百货商场了！"

绅士反问道："那么说，您也抽烟了？"

卡恩说："我才不抽呢。"

绅士又问："那么，您买下这幢百货商场了吗？"

卡恩回答："没有啊。"

而那位绅士说："告诉您，这一幢百货商场就是我的。"

卡恩所说的钱是死的财富，而绅士的财富是活的。如果一个人总是去计较如何做才能不失去一份利益，不如好好考虑一下究竟应该怎样才能得到更多的收获。无论是哪一个时代的富翁都是绞尽脑汁去想着如何去赚钱，而不是仅仅靠省钱省出来的。

由此可见，犹太人在商业上的巨大成功并引起世人的关注，跟犹太人的民族哲学是息息相关的。他们不仅在商业方面有着源源不断的创造力，在科学、人文领域取得成就更是硕果累累。二战后，美国诺贝尔奖的获得者大约有一半是犹太人。从诺贝尔奖设立以来，全世界的获奖者中大约有22%是犹太人。荣获诺贝尔物理学奖的共37人；荣获诺贝尔化学奖的共21人；荣获诺贝尔生理及医学奖的共39人；荣获诺贝尔文学奖的共10人；荣获诺贝尔和平奖的共7人；荣获诺贝尔经济奖的共13人。而且从人口总数来看，全世界犹太人最多的时候只有1500万，比现在深圳市的人口多不了多少，正是这样一个袖珍型的"小民族"，让世人惊叹不已。

犹太人重视教育，善于理论思考，长年为生存而努力，为繁衍而斗争，在挣扎求存的过程中建立竞争力。他们有强烈的意欲探索这个世界，勤奋好学是犹太人实践他们的信仰，是竭力认识耶和华神的一个途径，因而让犹太人能以探究宇宙和我们身处的世界为终生的事业。世间事物皆有因果联系，犹太人的成就不是从天而降，它是这个民族文化优越性的体现。

二、犹太男孩的成年礼：契约与自由

犹太民族是一个伟大的民族，这是一个产生了希伯来文化和圣经的民族，是对基督教和伊斯兰教的形成、发展产生过重要影响的民族，也是为世界文明奉献了众多思想、文化和科学大师的民族。这也是一个和中华民族很相似的民族，他们聪明、智慧、顽强、谨慎、保守。他们善解人意、善于妥协，关心政治、喜欢应酬。这个苦难深重的民族在5000年的历史中，有大概2000年流离失所，从公元前 722 年开始，他们先后为亚述、巴比伦、罗马、拜占庭、十字军、奥斯曼和英国人统治，在那片新月形的沃土上布满了各种征服者的王宫殿宇。二战中有 600 万人死于希特勒纳粹的魔掌之下。

然而，犹太民族的向心力有着深厚的宗教作支撑，他们的社会和家庭有着与生俱来的牢固性。经历过各种苦难之后，犹太民族仍然屹立不倒，继续在全球扮演着各种厉害角色。这种坚韧的民族性格通过固守传统等民族事件体现得淋漓尽致，具体就是犹太人博大精深的礼仪。其中，最为重要的生命礼仪是割礼和成年礼。

割礼：犹太人与上帝有个约会

犹太人的男孩出生后第八天，要行割礼，作为选民与上帝立约的标记。割礼（割去男婴的包皮）是犹太人盛行的传统宗教仪式，希伯来文称此仪式为"盟约"（brit）或"割礼的盟约"（britmilah）。穆罕（mohel）为割礼执行人。男婴如没有生病或有其他健康问题等延期理由，穆罕就会为出生后第八天的男婴举行割礼。割礼进行之前，穆罕要致祝词并宣告接受割礼的男孩已经践行律法。之后，男婴的父母要致祝词以表明他们的儿子已经与上帝立约，并正式给孩子起希伯来名字。割礼是为了欢迎男孩加入犹太人与上帝之间的约而设立的重要仪式。但是，为女孩举行的类似仪式只有几十年的历史，且不普及。

割礼为何要在出生后第八日进行呢？《圣经》没有解释理由，只说是神的吩咐。直到近年，这个谜底才被揭开。20 世纪 50 年代初期，科学家在食品中发现一种物质，被称为维生素 K，可以防止婴儿出血，因为维生素 K 可以促进血凝素在肝脏合成。维生素 K 可由人体小肠内的细菌合成。由于新生婴儿小肠内的细菌不多，缺乏维生素 K，血凝素含量相对减少，故易引起出血。科学家们进一步研究婴儿在发育过程中维生素 K 的合成情况时发现，婴儿出生第三天，血液中血凝素的浓度只有正常值的 30%，而第八天达到 110%，然后再降回到正常的浓度。考虑到三四千年前那种缺药少医的远古年代，婴儿出生第八天是行割礼的最好时机。看来，神对世人的爱是多么无微不至。

割礼在犹太人中兴起甚早，这从犹太人施行割礼时曾坚持使用石刀而不用铁刀上就不难看出。其实，割礼既非犹太人发明，割礼之俗源于何时何地至今仍无定论，或称起源于古代巴比伦南部的迦勒底，或曰产生于古埃及或非洲其他地区。在埃及、埃塞俄比亚、阿拉伯世界以及澳洲和南美的某些部落，都长期流行，而且至今不辍。就割礼的种类而言，又分割阳和割阴两种，前者施行在男性身上，后者施行在少女身上。割阴特别盛行于西非某些地区，时至今日仍然流行。犹太人的割礼指割阳，在犹太《圣经》中，割礼原文亦作"割阳皮"解。

《圣经》中最早记载的一次割礼是在犹太人的始祖亚伯拉罕身上施行的——它是尊奉上帝之梦而进行的。上帝对亚伯拉罕说："你和你的后裔必世世代代遵守我的约。你们所有的男子都要受割礼，这就是我与你，并你的后裔所立的约，是你们应当遵守的。你们都要受割礼，这是我与你们立约的证据。"

上帝与亚伯拉罕始定割礼是在亚伯拉罕99岁时，是伴随着上帝与亚伯拉罕的订约而进行的，而割礼在这里被作为犹太人与上帝订约的标志。犹太人的这种割礼观念不仅仅是创造性的，而且是富有深刻意义的。它的生成归根结底与犹太人的现实境遇有关，特别是与犹太民族"出埃及"时期的历史经验相关联。犹太人相信，他们之所以能够摆脱埃及人的残酷压迫，克服种种艰难险阻生存下来，是有一种超自然的力量（上帝）在救助他们，否则，他们就无法脱离旧的生活，甚至可能有被灭族的命运。在这种情况下，犹太人的上帝被适时地创造出来，并以"立约"的形式将上帝与整个犹太民族结合在一起。

以色列民族受割礼，是为割除肉体与外表的污秽，但其意义是说明他们的内心已经获得洁净与改变。新约对受割礼的观点是，受割礼与否不必追究，因为这不过是外在的仪式，一种外表的印记。最重要的，还是在于心灵上要有圣灵的感动，内心要接受福音，作因信称义的凭据。因旧约亚伯拉罕的因信称义，并不受割礼的限制，而是借着割礼来表现他的称义。割礼本身算不得什么，它不过是一种仪式与标记，要紧的还是内心的悔改与称义。罪人在神的面前称义，不是因为受过割礼或遵行律法，而是因为神在他的旨意与恩典中，将信心赐给他所喜爱的人。

当然，割礼作为犹太历史上的一个文化密码究竟蕴藏了怎样的含义，一直存在分歧。人们对此做出了各种不同的解释：有的解释为婚前准备；有的解释为生殖器神圣，以此警告不得滥交；有的将割阴与贞节观相联系，说是意在剥夺女性的性感享受。但在犹太人那里则被赋予了完全与众不同的含义。中国犹太文化学者刘洪一对犹太人割礼习俗之含义的研究比较深入，因而其所持有的观点也颇具代表性。他认为，割礼在犹太文化中具有两种基本含义：一种是犹太人与上帝立约之标记，二是犹太人种族身份之标记。

《美国大百科全书》的编者还拥有第三种观点，他们认为，在犹太人中施行割礼的另一因素是企图免于上帝的惩罚。正如罗马神学家费罗·贝尔留斯在提及迦南人的神秘学说时指出的，荷罗诺斯已对其本人和他的勇士施行了割礼，以便结束瘟疫。犹太预言家利用割礼观念，表现人必须在上帝面前谦卑的思想。他们常讲的"心灵的割礼"就是这种思想的表现。

割礼作为犹太人古老的传统习俗之一，在对犹太人民族意识的呈现中起到了十分重要的作用。对犹太人来说，割礼是宗教仪式，因此必须由受过正规律法训练并遵行律法的犹太人来执行。执行割礼的人被称作穆罕（Mohel），一般都拥有医生认可证明。

对犹太节期的遵守是犹太人的一种自觉行为，无须进行任何强制性规范。之所以如此，是因为这些节期在其生成和历史积淀中已经生发出了超越一般节期习俗的文化性质，包含了丰富深厚的文化意义。正如犹太哲学家开普兰所说："毫无疑问，宗教习俗长期以来只被看作是能在来世获得一份儿，即获得拯救的手段。这种关于宗教习俗的概念作为一种强大的激励力量，一直在犹太生活中发挥着作用。但是，如果不是早就存在着一种对犹太民族的自我认同的需要的话，这种概念也许永远不能成功地在犹太意识中赢得它那种传统的重要地位。"

除了割礼，安息日、逾越节等犹太传统节日对犹太民族意识的形成也起着举足轻重的作用。各种民族礼仪和节日在犹太文化的历史发展中具有持久性的功能意义，犹太人的割礼习俗与节期习俗相互补充，共同贯通在犹太人的历史生活中，犹太民族便被统纳到了无形、宽泛而深刻的民族标志之下，所有的犹太人也在自觉与不自觉中焕发了深厚的民族意识。

在其他地方，一般是建议在出生7天后，有的禁止超过10岁才施行，有的则允许到成年以前都可以。伊斯兰教的《古兰经》中没有规定男孩要进行割礼，但是中东不少的回教国家都有这种习俗。在古代闪族人之中，割包皮并非全面性,但相当普遍。《耶利米书》成书于公元前6世纪,书中将埃及人、犹太人和默阿布人均列为有割包皮文化的民族。古代史学家希罗多德于公元前5世纪时又加上了科尔基斯人、埃塞俄比亚人、腓尼基人以及叙利亚人。当地人对于割礼非常重视,他们往往都看成是人生比较重要和值得庆祝的事情。

成年礼:哭墙下的神圣时刻

以色列还处于巴比伦时期之前,他们早已经很注重经典的保存,所以在巴比伦时期,他们在经典的钻研及解释方面也就留下了很多存稿。这些存稿就称为"他勒目"(Talmud,意为"教训"),因为是在巴比伦时期留存下来的,所以又称为"巴比伦他勒目"(Babylonian Talmud)。以色列人归回耶路撒冷后,文士以斯拉把重要的经典带回去,在耶路撒冷继续释讲这些经典的教义。这些讲稿及其他文士的释述,便为后人所搜集成为"巴勒斯坦他勒目"(Palestinian Talmud)。

"巴比伦塔木德目"要求,一个犹太人从满13岁又1天时起就必须遵行上帝的诫命。满13岁的男孩则被视为"及龄",从此必须承担起诫命的义务。"诫"就是上帝所禁止的,"命"就是上帝的命令。也就是说:上帝让你去做的,你就去做;上帝不让你去做的,你就不要做,这就是诫命。犹太人现在的成年礼是从中世纪的犹太信仰流传下来的,它的目的是召唤成年人上讲坛去做"阿利亚",即诵读颂赞祷文,所以,在任何一次诵读《托拉》的犹太教仪式中都可以举行男子成年礼。一般来说,大多数的犹太人都在星期六早晨,也就是例行性的安息日晨间仪式里举行。

之所以要在仪式中诵读《托拉》,是因为《托拉》在犹太教中占据着《圣经·旧约》的核心地位,为其最神圣、最重要的部分。它规范着所有团体和个人的行为,在悠悠岁月中,犹太人正是从《托拉》中寻求到鼓舞与指引。美国著名的犹太裔哲学家、文学家约书亚·罗斯·李普曼曾描述过这种感情:"《托拉》是我们人民的不朽的保证。它如同这个世界一样广大深邃。它一直深入到苍天的蓝色神秘中。旭日初升与夕阳西下、应许与完成、出生与死亡、人类的戏剧……全都融入这部经卷之内。在漫漫而过的岁月中,我们犹太人在这部书中找到支持和力量。尽管许多民族兴起又衰落，尽管许多帝国征服他人又走向衰亡。以色列人通过他们对《托拉》训诫的忠诚一直保持着持久的尊严。"

犹太女孩及龄的年纪是 12 岁又 1 天，因为都认为女孩子在这一时期的身心发展比男孩早熟。按照传统的犹太信仰，女孩的成年礼显得不是那么重要，不需要特别为女孩举行成年礼，因为她们没有被召上讲坛做"阿利亚"的权利和义务。但近几年随着观念的改进，女性也有了接受相同教育的权利，她们在社会生活中扮演着越来越重要的角色，很多传统犹太会堂也开始为女孩举行成年礼。犹太女子的成年礼可以追溯到自由派犹太信仰诞生之初的 19 世纪欧洲。美国的非正统派的犹太阵营从 1922 年开始举行女子成年礼，第一位美国的"诫命之女"叫滴·卡普兰·爱森斯坦，她是末底改·卡普兰（Mordecai Kaplan，1881—1983。曾住过立陶宛、纽约市及耶路撒冷）的女儿。

末底改·卡普兰是一个睿智而开放的犹太哲学家，他是重建派犹太信仰的创始者，开创了重建主义运动。他的思想反映了理性时代的理性主义。这种运动的核心思想是，犹太信仰是一种"不断演化的宗教文明"，使犹太人得以透过道德、文化及宗教来表现这种信仰。他辩称，犹太信仰并非一种个人或整个国家与上帝之间所建立的关系，而是一种犹太人的整体意识，这个意识让犹太文明显得卓越出众。卡普兰是个"自然主义者"，他流浪到过欧洲很多国家，寻求心目中的"上帝"。他拒绝一位超自然上帝的存在，认为上帝只不过是一种大能或过程，这种大能或过程是那些让生命产生意义或价值的所有力量的总合。因此，信仰上帝其实就是相信那个激发人类自我"拯救"，并实践最高理想的事实。这一教派试图结合的现代民主国家（美国）环境犹太信仰。它认为，犹太教是一个不断发展的宗教，而不是静态的。末底改·卡普兰的思想观念无疑是进步的，他把女儿送上了成年礼的讲坛，同时又更新了一个古老民族的仪式，使之更加开放和包容，以适应新的思潮和文化。

无论如何，现在犹太人的"男／女成年礼"仪式都是一个欢庆的时刻，许多亲朋好友都会来参加。仪式之后，大家聚在一起载歌载舞、享用美食，其乐融融。这一项公开的仪式意味着承认年轻人在犹太社群里取得的新地位，意味着一个人开始正式旅行诫命的义务，也让他们开始去思索自己民族的历程与犹太身份的含义。所以，成年礼是向前看的仪式，是为未来筹划的仪式，只有眼睛望着未来的民族才是有希望的民族，总是唯唯诺诺地回首看昔日辉煌的民族，终究会耗尽气数，最终被世界文明抛弃。

一般来说，现在的犹太人举行比较正式的成年礼都选择在耶路撒冷的哭墙下。耶路撒冷犹太教圣迹哭墙又称西墙，亦有"叹息之壁"之称。公元初年，欧洲人认为耶路撒冷才是欧洲的尽头，而这面墙则是欧亚分界线。哭墙高约20米、长50米，中间屏风相隔，祈祷时男女有别进入广场墙前，男士必须戴上传统帽子，如果没有帽子，入口处亦备有纸帽供应。犹太人相信它的上方就是上帝，他们认为，让脑袋直接对着上帝是不敬的。许多徘徊不去的祈祷者，或以手抚墙面或背诵经文或将写着祈祷字句的纸条塞入墙壁石缝间。在女性区域，常见妇女涕泣交流地祷告。女性在哭墙不用蒙头，但在祷告后，她们一步一步退出祷告区域，退出时仍面向哭墙，表示恭敬。历经千年的风雨和朝圣者的抚触，哭墙石头也泛泛发光，如泣如诉。

哭墙是犹太教圣殿两度修建、两度被毁的痕迹，是犹太民族2000年来流离失所的精神家园。庄严而沧桑的哭墙见证了犹太民族的历史，哭墙下的成年礼，则代表着新生命正源源不断地勃发。在神圣的成年礼仪式中，一个民族完成了一场场回顾与展望，一个个年轻孩子完成了一次生命的仪式，蜕变为了一个个犹太公民。成年礼是面向"未来"的仪式，实践了犹太教的"圣经"《塔木德》中的这些话："世界只为了学童们的呼吸而持久存在"，"没有学童的城市终将衰败"。以"儿童"为向心力的民族，不可能不强大。

三、犹太成年礼与公民社会的关系

犹太民族被称为"书的民族"，这里的"书"不仅是指传统的承载、传播知识的书籍，更指犹太民族的"经书"《托拉》等，千百年来，犹太人一直视《托拉》为"经典中的经典"。犹太人说：上帝赐予以色列三件厚礼，并且全部都是凭借苦难这个媒介赐予的，它们是：《托拉》、土地、来世。犹太人的主要职责就是捍卫《托拉》。为什么上帝选择了犹太人而非其他民族？因为其他所有的民族都不承认《托拉》并拒绝接受它，只有犹太人选择了神圣的上帝和他的《托拉》。

第九章 犹太民族的成年礼

在犹太人的成年礼仪式中，孩子们口诵《托拉》，实际上是在以犹太民族特有的形式宣布自己具备了公民意识。对于犹太教徒而言，能够告知上帝的意志的就是《托拉》。《托拉》不只是律法和戒律，它跟收录了贤人们的言谈的《塔木德》基本上是一本立足于事实的言行录，几乎没有抽象的评论。

《托拉》和《塔木德》在犹太人看来是上帝启示给他们的教导或指引。有人认为：犹太拉比对口传律法与成文律法的评注与解释无非是口头圣传的延伸，因此"托拉"一词的含义进一步扩大而包含全部犹太律法、习俗及礼仪。作为一部古书，《托拉》是犹太人民心灵的反映，智慧的结晶。因此，成年礼就仿佛一个升级系统，在孩子即将进入公民社会前进行一次道德的培养和民族文化的训练，增加其民族体认。

相较于法的"强制性"，《托拉》对以色列人的约束力是道德的，潜移默化的。法具有普遍的警察和"铁血"性质，非黑即白，而《托拉》具有人道精神，拒绝死板的规定。根据古希腊和罗马的法学精神，正义是建立在"平等"这个基础之上的，而根据希伯来语《圣经》的法学思想，正义是建立在博爱的基础上的。如果人人都遵守《托拉》中的戒律，那"法"就没有用处了。但没有用处并不代表"法"没有存在的必要。

现代公民社会除了人本主义、多元主义、公开性和开放性等特征外，法治原则也是最重要的特征之一。公民社会反对国家对公民社会内部事务的随意干涉，强调要从法律上划定国家权力和国家行动的边界，确保公民社会与国家的分离，使公民社会成为一个真正自主的领域。只要有人的地方就有犯罪的可能，不仅仅是人对人的犯罪，更可能是政府对个人的犯罪。那么，作为从道德训诫向法律训诫的缓冲，犹太民族拥有的那些伟大的经书，在捍卫个人利益与规范民风这方面起到的作用是不言而喻的。

犹太儿童教育早就与犹太教堂联系在一起，犹太人的敌人对这种教育的效能十分清楚。叙利亚国王安提卡曾严禁犹太人举行宗教活动，对敢于当众诵读《托拉》的人处以极刑。他认为只有这样才能破坏犹太人的团结，用泛希腊文化来同化犹太文化。罗马国王哈德良曾下令将所有坚持教授《托拉》的人驱逐出境。拉比阿基巴因无视该法令而被迫害致死，他认为《托拉》与犹太人的关系恰如水与鱼的关系。鱼在水中，虽然不无受到侵害的危险，但脱离水则必死无疑，犹太人一旦抛弃《托拉》则等于自取灭亡。当代犹太学大师施坦泽兹将其诠释为"凡不努力研读《托拉》的都该死，因为他是有意犯罪"。在犹太人眼中，一个人如果不学习《托拉》，就无法掌握正确的礼法和行为准则，获得了《托拉》的智慧，也就是获得了即将到来的生计。

这种用经文道德潜移默化地培育孩子而不是用棍棒"法办"孩子的理性教育方式，是根植于犹太文化慢慢生长繁衍起来的。在《旧约》中，约书亚作为摩西的接班人，带领当日的以色列人赢得许多城市，以色列的各个支派都享有自己的土地。但约书亚死后，以色列民离弃耶和华，整个民族进入了士师时代。所谓"士师"是以色列人的先知、统帅和救世主三位一体的，被看作是上帝选定的、被赋予上帝智慧的一些人，实际上就是军事民主时代的王或军事首领。用《士师记》上的话来说："那时以色列中没有王，各人任意而行。"在士师时代，希伯来人并非一个紧密团结的群体，各支派独自为政，且常常发生冲突。混乱之后，以色列民深深地感到，需要有上帝的指引。接着，以色列民建立王朝，从大卫王、所罗门王到列国列王，只要是虔诚敬畏上帝的国王执政，民族就有希望和安详。反之，上帝就不喜悦，便借着邻国或不信的强国来管教和惩治。由此告诉百姓，当知道自己是耶和华的子民，当敬畏耶和华，不可离弃他的律例典章，不可忘记聚会或敬拜他。这是作为一个公民所应尽的责任和义务。君王更不例外，像娶耶西别为妻的亚哈王，由于远离上帝而敬拜偶像，最终下场是阵亡。

如今的犹太人不仅用《塔木德》来强化孩子的伦理道德和律法精神，更向孩子讲述犹太人的苦难史，以此唤醒他们的民族精神，而不是用政治说教的方式把孩子组装成一个唯命是从的机器人。大人通过讲历史故事，告诉孩子民族的境遇和上帝的律例。因此每一名犹太人都牢记着民族历史，凝聚着强烈的民族意识；每一名犹太人都深知上帝的伟大和威严，甘愿俯伏在上帝的面前。

于是，在成年礼中，孩子在朗诵经文的同时，深深感受其中的训诫，形成了一种对上帝与祖先的敬畏。一个什么都不怕的社会必定是混乱的，因为它没有信仰，什么事情都能做出来。犹太民族从来就是一个有信仰的民族，其智慧首先在于他们敬畏耶和华。历史的遗产不光有民族的伟业和光荣，还有那些迫害、离散、痛苦和失败。犹太人通过记忆，将这些痛苦和教训世代相传，以警后人。我们纵览圣书便会发现这个民族的教育观相当有价值。

  除此之外，犹太人对生命的敬畏也能在《托拉》中找到根源。一个公民社会最首要的就是保障个人的权利与生命安全，如果当它连生命都不敬畏了，还能敬畏什么呢？《创世纪》是整本圣书的起始，开始第一章第一节论"起初神创造天地……"结束第五十章最后一节说"约瑟死了……把他收殓在棺材里"，从开始到结束可以感受到生命的初生和终结。《创世纪》告诉我们人是被宠爱的，因为是按照神的形象创造的，因此，不能轻贱每个人的生命。当亚伯被该隐所杀的时候，上帝说："你做了什么事呢？你兄弟的血，有声音从地里向我哀告……你必流离飘荡在地上。"当该隐说流离时恐怕被人杀时，耶和华对他说："凡杀该隐的必遭报七倍。"也是表示对生命的尊重。

  因此，犹太人的成年礼实际上是犹太民族系统工程教育的一个节点，其宗旨与犹太人的学院教育和家庭教育都是一脉相承的：激发生命的潜能，提升生命的品质，捍卫生命的尊严，实现生命的价值。其实质就是：对生命认识的教育，人与人的教育，人与环境的教育，人与自然的教育，人与宇宙的教育。

第十章　中国家长该给孩子怎样一份成年礼

  从社会的意义说，孩童时代还不是人生正式的开始，因为他还不是社会的正式成员。只有为他举行了成年礼，才意味着社会或家庭承认他为正式成员，也意味着他要负起正式成员的责任。

——山西当代儒学研究会常务理事贾陆英

  在今天人类文明的众多民族的群峰之中，犹太民族占据了其中最智慧的一群之中的巅峰，而中华民族则只能是其中的几乎最低的一个，甚至还很有可能尚处于谷底。

——哲学家黎鸣

  希望多年后我的墓志铭这样写：正是这个人从犹太人那里盗来了智慧、幸福和创造力的种子。

——著名出版家、犹太智慧应用专家贺雄飞

一、仿古成年礼与现代价值观的脱节

  中国台湾自20世纪90年代每年举办一次古典式成年礼仪。孔庙大成殿前，参加成年礼仪的年满20岁的男女青年共300多名，男的穿蓝色长袍，女的穿白衣黑裙。在鸣钟鼓、上香、献爵、献馔、读祝文之后，全体向至圣先师孔子神位行三鞠躬礼。然后,由 12 名代表走到铺红毯的受礼台上,由贵宾们将黑冠戴在男生的头上,女生的长发上则别上一支银色簪子,象征着"加冠"和"及笄"。几乎与海峡对岸同时,中国大陆很多城市也纷纷举行成年礼仪式。

2011 年 12 月 18 日,湖南首届中学生传统集体成年礼亮相湖南师大附中,男子加冠,女子加笄,经过一个半小时的成年礼,师大附中学生代表宣告自己长大成人。

2012 年 3 月 24 日,西安市大唐芙蓉园举办了"曲江上巳节全球女子成年礼大典"活动,在举行成年礼大典的大唐芙蓉园,似乎时空穿梭回到了古代,一群身穿古代服装的女孩,正在复原着现已消失的古代一种礼仪———"女子笄礼"。伴随着东仓鼓乐之声,该校的女生们与其他兄弟学校的 1000 多名友人一起,身着华丽汉服,翩翩入场,依照古时习俗经过盥洗、束发、三拜之礼等仪式之后,获得了成人的权利与义务。

2012 年 5 月 3 日上午,南京旅游营养中等专业学校 2012 年 18 岁成人仪式在夫子庙儒学文化中轴线举行。现场,千余人共同见证了即将走向实习岗位的中专二年级学生的成年礼。成年礼是南京旅游营养中等专业学校的一项创新德育活动,已是第三年举办。其主题是"继承传统文化,树立成人意识,明确社会责任,憧憬职业人生",整个仪式由感恩师长、成人宣誓、拜谒先师、戴成年礼巾、寄语未来等环节组成。

近些年来,媒体上有不少青少年举行仿古成年礼的报道,人们的评价也是褒贬不一。

厦门大学历史系教授颜章炮认为,"冠礼"和"笄礼"在我国先秦时期就有了,迄今已有 2000 多年的历史。"冠礼"和"笄礼"是社会承认他们从少男少女进入成年阶段,他们享受相应的权利,也履行相应的社会义务。20 世纪五六十年代,闽南一些农村和台湾地区仍有举办"冠礼""笄礼"。到 20 世纪 60 年代后,"冠礼"和"笄礼"被废止。现在有人仿古礼给学生办"冠礼""笄礼",未尝不可,只是在形式上不必照搬古代仪式,应该根据社会发展赋予新的内涵、体现时代特征,明确举办成年礼的目的、意义,强调学生到了 18 岁,应有社会责任意识,承担社会义务。如能达到这种目的,应给予尊重。

有人认为，靠身穿传统服装来弘扬传统文化有点肤浅，在某个时间集中营造气氛，在某地某校偶尔为之不是不行。如果要大面积推广，则成了问题。弘扬民族传统文化应以各种艺术形式，结合各地情况，让人自然流露情感，采取自觉行动。成人仪式可以有多种形式，如果大家一起来想办法，会有二三十种比"穿传统服装"更好的方式。

也有的人认为，成年礼最好是能结合具体的活动主题进行，以"爱心行动""文明行动""绿色行动""环保行动"和"科技行动"等系列活动，引导广大中学生在"服务他人，奉献社会"的志愿服务中，培养和训练生活技能、劳动技能、服务技能和创造技能，增强社会责任感和道德责任感。

总而言之，人们普遍肯定成年礼仪式存在的必要，只是在形式与内容上存在争议。任何事物都在变化发展，中国传统文化经历了漫长的时间才逐步发育而成。不得不承认，古代成年礼是封建社会的礼仪，它的核心目的仍旧是以儒家道统规定一个成人的言行道德，把青年人塑造成拥护封建宗法体制的"臣民"。时至如今，如果还拘泥于千年前的老东西，沉迷于"酱缸"之内，而不抬头看看外面的世界，无疑是历史的退步。批判性地继承老祖宗的文化遗产，方为可行之道。成年礼仪式也是一样，如果只在形式上拘泥于古代礼俗，观念上也不进行现代性的更新，那么，这种仿古成年礼就会与现实社会脱节，变成毫无价值可言的垃圾。

更有人把成年礼当成一次炫富的机会，有媒体报道：2012年3月某日，一场花费近十万元的宋、明代成年礼仪式在杭州吴山某素斋馆内举行。名叫小雨（化名）的杭州女孩刚好18岁生日，由于父母都对中国古代文化感兴趣，所以特地为女儿举办了这场具有中国传统风俗的奢华成年礼。这次成年礼仪式同样引起了广泛争议。对此，《生活新报》记者傅万夫认为，对古代文化的理解，不是花点钱、布点场景、举办个成人礼就能够感受其中的文化内涵与韵味的。应该是基于对文化起码的尊重上，至少让孩子知道文化到底是什么，如何尊重文化以及文化的真谛到底在哪里。而这些问题又需要平时通过读书来感受。

不难看出，中国目前所有的成年礼都缺乏公民教育与公民意识，依旧是"老瓶装老酒"。形形色色的仿古成年礼之所以被大多数人所诟病，是因为它丧失了神圣性、责任与担当，退化为了一种娱乐"秀"。寓教于乐固然是好事，但如果仪式缺乏现代观念并与现实社会完全隔阂，单凭模仿古人的言行而引起注意，成年礼就彻底丧失了意义。

"礼"虽然是中华传统文化的核心要素，是一种寓教于"美"的文明教化方式，但现代社会与古代社会毕竟大相径庭，社会在进化，文化必然也要随之进化，不然整个国家就成了穿着西装留着长辫子满口之乎者也的现代儒生。

传统形式是否还有继承的必要仍然是值得探讨的问题。成人礼是对青少年进行礼仪培养的重要仪式，它对于青少年生命过程的影响力，对于青少年继承仁义、孝廉、以天下为己任的优良传统，进而养成爱国、进步、理性、奋进的精神品格，作用非常之大。关键是看仪式的形式与内容是否能将中国古代文明的良好元素与现代普世价值观结合，并以公民社会的思想为核心，让孩子学会思考、提问、联想。

山西当代儒学研究会常务理事贾陆英认为："从社会的意义说，孩童时代还不是人生正式的开始，因为他还不是社会的正式成员。只有为他举行了成年礼，才意味着社会或家庭承认他为正式成员，也意味着他要负起正式成员的责任。"在对待传统文化的问题上，他认为有两种错误态度：一种是虚无主义态度，这种态度对传统文化一概否定，背离了文化的传承性，割断了我们民族的血脉。文化是一个民族的"基因"，丧失了它，必然导致迷失自我，丧失根本。另一种是复古主义态度，这种态度一味主张"回到过去"，背离了文化的创新性，离开了现实的需要，它也是行不通的，必然会窒息文化的发展。正确的态度应该是取其精华，弃其糟粕，推陈出新，古为今用。

传统是历史上流传下来的社会习惯力量，它对于社会、对于我们每个人都有着无形的影响。但是，传统文化必须融入现代社会才能焕发出新的光辉，不然就是棺材里面的死文明。寻求传统与现代的结合的路无疑是漫长的，从五四开始，很多有志之士就开始"上下求索"了，这条路，今人仍然要继续走下去。

二、"中犹结合"与成年礼的现代转型

对代表未来的青年，通过一定的仪式作为成人的标志，社会予以承认又予以管理和约束，更为重要的是通过成年礼仪培养起受礼者的社会责任心和义务感，其重要意义不可抹杀。传统的成年仪式在通过内容与形式的更新之后，有重新服务社会的文化功能，对传统成人仪式进行深入研究并进行合理继承发展的话，就会得到一个充分有效的文化资源，为

参加犹太成年礼的中国孩子

现代社会的良性运行提供源头活水。我发现，中华民族与犹太民族作为世界上最古老的两个民族，都有着丰富的成年礼文化。

在艰难困苦、颠沛流离之中，犹太民族奇迹般生存了下来。老子说："福兮祸之所伏，祸兮福之所倚。"与中华民族一样，犹太民族也是在与苦难的斗争中成长繁衍，都取得了伟大的科学与文化成就。中华文化与犹太文化比较既有许多相通之处，也有不少差异。犹太文化已逾4000年，与各种文化碰撞、冲突、交汇、融合，但其主体犹太教却始终维系着世界各地

参加犹太成年礼的中国孩子

第十章 中国家长该给孩子怎样一份成年礼

参加犹太成年礼的中国孩子

犹太人的精神纽带。具有5000年历史的中华文化，虽屡遭外来文化的冲击，但其后来形成的主体儒教，却保留着最初的特征。中华民族与犹太民族都很重视家庭伦理，都有自己独特的文化礼俗。

中国人与犹太人之间的交流从未间断过，中国最早的犹太学者陈垣先生认为：犹太人来华侨居，已有漫长之历史，大致可归纳为始于周、汉、唐等数说。如果从周开始算起，到现在就已经有3000多年的历史了。早在公元8世纪，犹太人用希伯来文字书写的书信和祷文已在新疆和田和甘肃敦煌被发现，而现存于开封博物馆的《重修清真寺碑记》，更是犹太人定居中国最为直接确凿的证据。自唐代起，犹太人开始大批进入中国。至宋代，形成来华高潮。他们从海路、陆路而来，远涉重洋，历尽辛苦。他们带来了西洋布。犹太人李姓是唐朝以来的赐姓，世代居住在开封附近，后代也有迁到上海居住的。正德七年（1512），重建庙宇，维扬金浦和开封本地的俺、李、高三姓教人（犹太人）

合请道经一部，立二门一座。可见李姓犹太人在开封是有一定影响的。

1939年"二战"时期，中国差点建立"犹太人特区"。当时，犹太人遭到迫害时，上海收留了几万犹太人。同年3月2日，国民政府立法院长孙科一度提议，在中国的西南边区划定犹太人特区，容纳无家可归的犹太人。一位叫白尔格拉斯的德国籍犹太实业家考察了中国社会环境后，感到中华大地是犹太人的理想居住地，于是拟定了《移植中欧犹太人来华之计划》，提出将10万犹太人移居到中国。中国当时提出的条件是"犹太人来中国后须无条件入中国籍"。国民党秘书长朱家骅认为有利的地方是能够引入资金人才；不利是担心犹太人善于经商，容易扰乱中国的商业秩序不利于农村发展。后来随

参加犹太成年礼的中国孩子

参加犹太成年礼的中国孩子

参加犹太成年礼的中国孩子

参加犹太成年礼的中国孩子

参加犹太成年礼的中国孩子

参加犹太成年礼的中国孩子

第十章　中国家长该给孩子怎样一份成年礼

着战局变化,"犹太人特区"终究没有建立起来,但有一个人却成为了当时中犹友谊的搭桥人,他叫何凤山。

何凤山,字久经,1901年9月10日出生于湖南益阳市赫山区一个贫苦的农民家庭,1921年考入长沙雅礼大学,1926年考取德国慕尼黑大学的公费留学生,并以特优成绩获政治经济学博士学位。他1937年任中国驻奥地利公使馆一等秘书,1938年奥地利被纳粹德国吞并后中国驻奥地利大使馆被改为中国驻维也纳领事馆,何凤山升任中国驻维也纳总领事,直至1940年5月调离。二战期间,任中国驻维也纳总领事的何凤山向数千犹太人发放了前往上海的签证,使他们免遭纳粹的杀害,被称为"中国的辛德勒"。

何凤山到底向多少犹太人发放了签证,至今尚无准确数字,只是以找到的签证号码推算,至少是几千份。一位幸存者1938年6月得到的签证号码为

参加犹太成年礼的中国孩子

智慧改变命运

参加犹太成年礼的中国孩子

第十章 中国家长该给孩子怎样一份成年礼

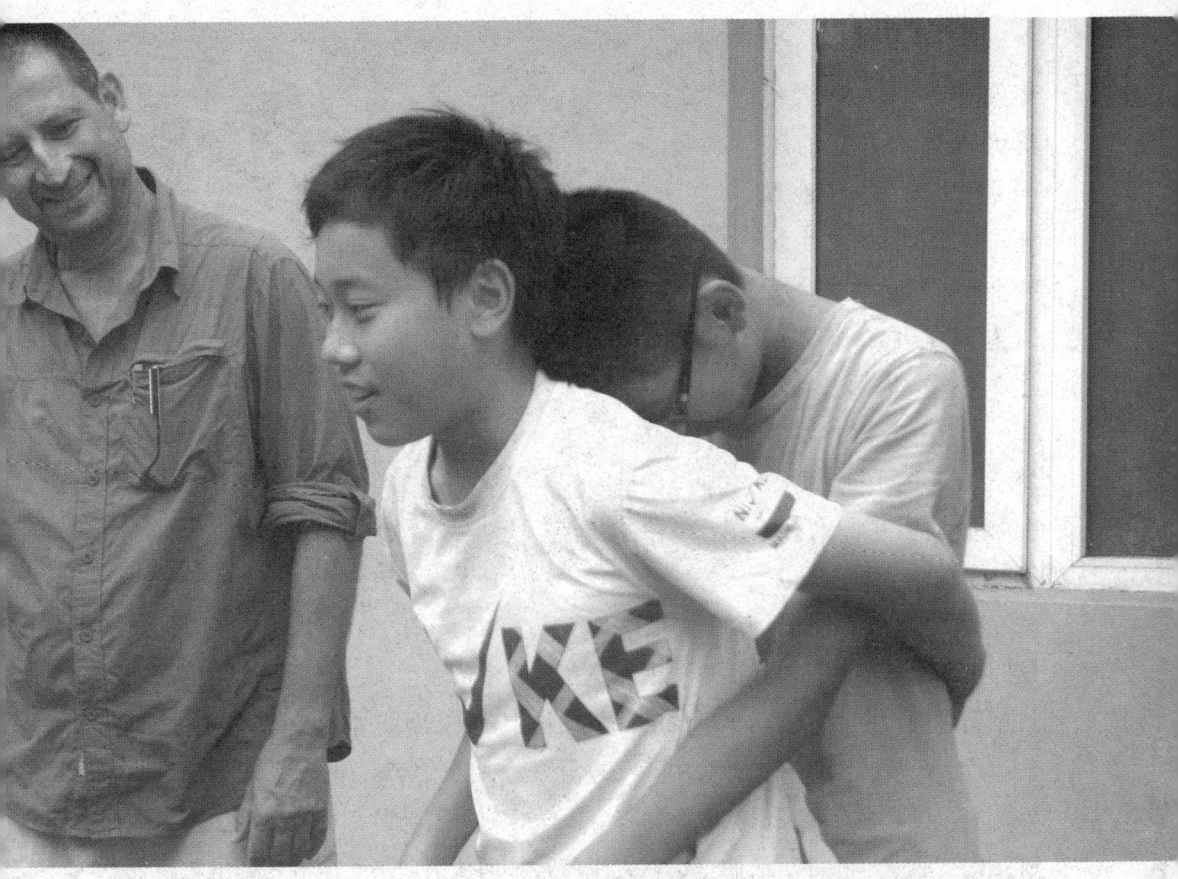

参加犹太成年礼的中国孩子

200多号,另一位7月20日的签证号码为1200多号,而汉斯·克劳斯的签证日期为1938年10月27日,号码为1906号。1938年纳粹的"11月大屠杀"之后,申请签证的就更多了。到1939年9月,70%的奥地利犹太人已外逃,上海收容的犹太人就达1.8万人。由此推算,所发签证至少是几千份。古巴等地还有一本书中说,有4000名维也纳犹太人拿着到上海的签证逃到了巴勒斯坦。

可见,犹太人与中国人之间一直存在一种良性的双向文化交流,虽然在这种文化交流中,中犹两个古老文明所拥有的诸多共同点确实发挥着促进作用,如重视教育的价值、重视家庭纽带、善于求同存异、强调在困境中团结拼搏等,但是到了现代,中犹文化的社会效应和在世界上产生的影响力截然不同。

有这样一个笑话，形象地说明了中国人和犹太人思维方式的不同：犹太人在一个地方开了一个加油站，生意特别好，然后第二个犹太人来了开了一个餐厅，第三个犹太人就开了一个超市，这片就很繁华了。中国人开了一个加油站生意特别好，第二个中国人肯定开第二个加油站，第三个、

参加犹太成年礼的中国孩子

第四个都来开加油站，最后形成恶性竞争，大家都没得玩。这个笑话不仅是在讲创新思维，也透露出两个延绵的民族文化中存在着某些本质上的区别。

犹太民族注重教育，教育中又注重对孩子智慧的培养。由于历史上他们四处流浪，没有生存和发展的权利保障，深感物质财富随时都可能被偷走，但唯有知识智慧永远相伴。他们坚信，无论命运如何坎坷，不管流浪到哪里，只要有智慧就不怕没有财富。他们所到之处，唯一的支撑就是自己头脑中的知识，从而创造财富来为自己争得一方生存发展的空间。时至如今，以色列在教育方面的投资之高，在世界上也是罕见的。从20世纪70年代始，以色列教育经费始终占全国国民生产总值的8%以上。以色列的人口只有500多万，但是在校人数达到138万人之多，还有很多成年人参加

参加犹太成年礼的中国孩子

参加犹太成年礼的中国孩子

参加犹太成年礼的中国孩子

各种形式的学习。在以色列每3个人中就有1个学生。从大学生人数来看，以色列总人口与大学生的比例仅低于美国和加拿大，比欧洲的一些国家都高。以色列每4500人中就有1名教授或副教授。由于国内容纳不了这么多专家、学者，以色列已开始"输出"人才，特别是流向美国。

这正是犹太人流浪数千年依然生生不息的原因所在。所以犹太民族将知识当作他们最稳妥的财富，有着宗教般虔诚的求知精神，由此便产生了对知识这种财富近乎贪婪的欲望。每个犹太孩子都要回答这样的问题："假如有一天，你的房子被烧毁，财产被抢光，你将会带着什么东西逃跑呢？"大多数孩子回答的是"钱"或者"钻石"。母亲问："有一种没有形状，没有颜色，没有气味的东西，你知道是什么吗？"孩子们回答不出来，母亲就说："孩子们，你们带走的东西，不是钱，也不是钻石，而是知识。因为知识是任何人抢不走的。只要你还活着，知识就永远跟随你，无论逃到什么地方都不会失去它。"

曾经有人统计过公元1150年到1300年全世界最优秀的科学家，共有626名，其中95人是犹太人，占总数的15%，可是他们的人口仅占全球大约0.5%。他们的贡献远远超过了应有的份额。中国人的聪明也是世界公认的，但众所周知，现代意义上的科学、文学、工业、工艺等没有中国的份。这说明，中国的传统文化有优良的一面，它自身的问题也是显而易见的。

哲学家黎鸣在《犹太人与中国人：尖锐的对照》一文中指出："在今天人类文明的众多民族的群峰之中，犹太民族占据了其中最智慧的一群之中的巅峰，而中华民族则只能是其中的几乎最低的一个，甚至还很有可能尚处于谷底。"他认为，当代的英语民族是承载了古代希伯来文明和古代希腊文明两座古代文明高峰的当今全人类文明的最巨大文明的高原和山脉，而当代的犹太民族则是寄居在西方文明尤其英语文明的众多巨大文明山峰峰群之中的重要的一支。

谈到中华民族与犹太民族究竟有些什么样的最基本的"智慧"或"文化"的差别时，黎鸣认为，犹太人的先知摩西告诉犹太人，他们的民族是从上帝而来，所有的犹太人都必须遵守"摩西十诫"，包括人人都必须信仰唯一的上帝，而且人人在信仰惟一上帝的意义上处于完全平等的地位。这种"人人平等"的观念意识恰恰正预示了人类"文明"精神胚胎的诞生，正是这种"人人平等"的人类精神的"文明"的胚胎的发生，大大促成了人类文明历史进步和发展的

参加犹太成年礼的中国孩子

参加犹太成年礼的中国孩子

参加犹太成年礼的中国孩子

参加犹太成年礼的中国孩子

参加犹太成年礼的中国孩子

参加犹太成年礼的中国孩子

最初的原动力。而中国人的核心观念从孔丘"天命"的、"血缘"的、"宗法"的、"人治"的"礼乐"而来，孔丘对于学生的教育，包括孔丘本人的一生，全都完完全全地遵循"礼乐"而行。黎鸣说："孔丘及其儒家的文化的'传统'，从根本上看就是一个彻底地无'文明'，并从而反'文明'的'文化'的'传统'。"

黎鸣先生的言论可能有偏激的地方，但不得不承认，中华民族与犹太民族的古老文化已经经过了现代文明的测试，谁输谁赢，一眼便知。子曰："择其善者而从之，其不善者而改之。"成年礼仪式的转型，就是要汲取犹太文明中的现代普世价值，并将其与中国传统美德相结合，只有这样，才能迸发出摄人的人性光辉，才不会沦落为一场场无足轻重的"秀"。

智慧改变命运

参加犹太成年礼的中国孩子

第十章　中国家长该给孩子怎样一份成年礼

参加犹太成年礼的中国孩子

参加犹太成年礼的中国孩子

三、犹太智慧训练营：9—18岁孩子通往社会的智慧之路

没有成年礼仪式意味着传统的丢失和世俗化的堕落，有理想、有追求的父母应该为孩子送一份具有特别意义的成年礼，它会比送手机或送一台电脑更有价值。它是孩子人生中的第一个里程碑！一个有意义的成年礼，如果把犹太智慧与中国传统文化相结合，定会锦上添花，为孩子开启一条崭新的通往未来的智慧之路。

不平凡的犹太民族，其悠久而成功的教育结果、教育经验、教育方法都值得我们借鉴和学习。一旦东方最聪明的民族——中华民族嫁接上"世界第一商人"犹太人的智慧，那么中华民族实现伟大复兴、华夏

参加犹太成年礼的中国孩子

参加犹太成年礼的中国孩子

第十章 中国家长该给孩子怎样一份成年礼

参加犹太成年礼的中国孩子

参加犹太成年礼的中国孩子

智慧改变命运

参加犹太成年礼的中国孩子

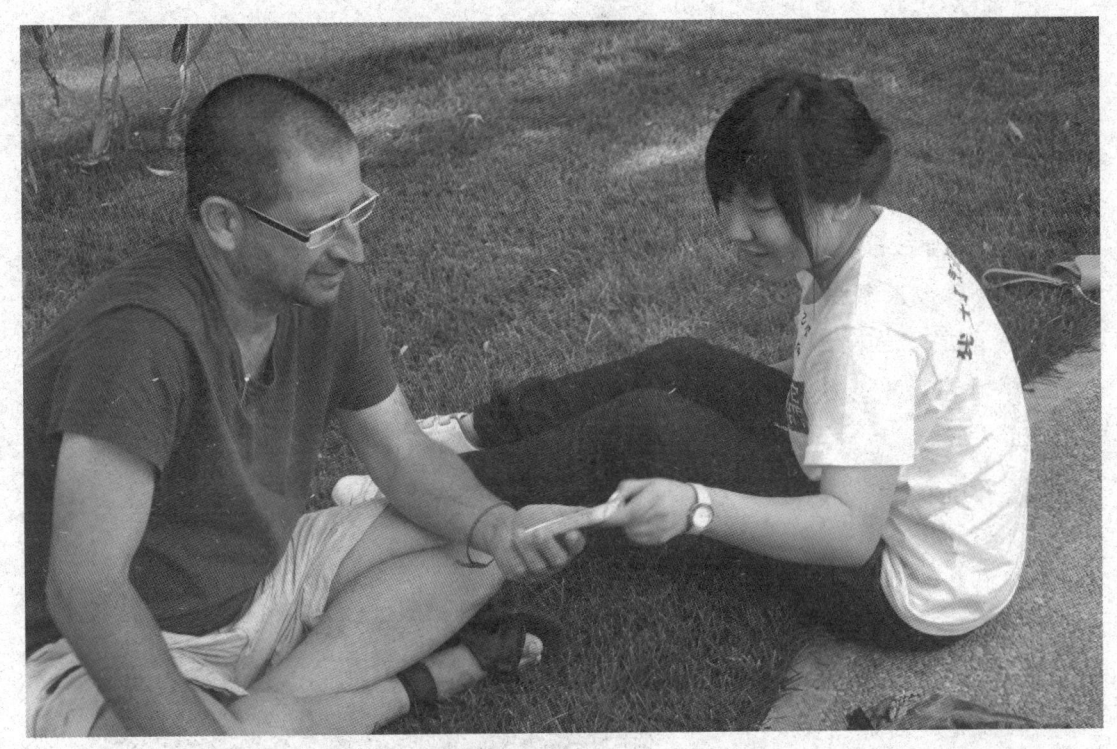

参加犹太成年礼的中国孩子

精英成为世界领袖就不再是个梦想。

什么是犹太人黄金教育法则

2010年的权威调查显示：中国成年人人均读书4.25本，而犹太人人均读书64本！以色列国家有一半的大学位列全球Top100，均排名高于中国的北大、清华。以色列几乎无人厌学、没有逃课，孩子们深深地爱着他们的老师、父母和学校。

以色列人教育成功的秘密是什么？黄金教育法则！黄金教育法则是一种全新的教育模式，融汇了犹太人5000年的教育智慧。这种模式被称为

"Golden education template（简称GET，又有获取知识和智慧的意思）"，译成中文就是"黄金教育法则"。黄金教育法则目前在美国、加拿大、荷兰、丹麦、意大利等多个国家的学校得以应用。

黄金教育法则旨在培养孩子创新、人性、和谐、实践、学习等五种能力，使他们全面发展。

这五种智慧第一是创新的智慧。如果把苹果公司的核心竞争力用一个词来表达，那么就是"创新"；如果用一个词来揭示以色列人的成功，那也是"创新"；如果用一个词来揭示犹太人赚钱的秘密，那就只有"创新"这个词！创新的思维、方法、能力是犹太小孩从幼儿园就学习的。

参加犹太成年礼的中国孩子

第二就是人性的智慧。世界上没有两片相同的树叶。犹太人爱因斯坦说："每个人都身怀天赋，但如果用会不会爬树的能力来评判一只乌龟，它会终其一生以为自己愚蠢。"犹太人的教育就是让孩子们自由发展，根据他们的兴趣来引导他的发展方向，是猴子才会帮助他们学习爬树，是骏马就让他们练习奔跑，是鲤鱼就让他们游泳。把他们内在的本真还原，激发他们与众不同的特长，让他们成为应该成为的那个人，而不像中国学校那样用分数扼杀了大部分的天才。

第三是和谐的智慧。今天的社会已经不是一个人单打独斗就能成功的时代，团队精神、合作意识、共赢思维是成功者必不可少的素质。人与人的交流沟通，

参加犹太成年礼的中国孩子

人与社会的和谐相处,人与自然的均衡发展,都需要很高的情商、素质和智慧。只想到自己不想到他人的人是没有前途的。

第四是实践的智慧。死读书、读死书的人绝不是智者。所有的知识只有进入到实践环节才有意义。犹太教育倡导:光会提出问题还不行,还必须会解决问题。

第五是学习的智慧。中国的学校关注于此,往往会忽略掉其他四项。但我们的学校和许多培训机构并没有把学习变成一种智慧,而只有死记硬背,把孩子变成一头驴。

可以说,上述5项智慧在一个孩子的成长期都得到了充分的滋养,那么他在竞争中怎么会不优秀呢?一个只会学习而没有全面智慧的孩子又怎么可能成为世界精英呢?

上述5种智慧综合运用的"黄金教育法则",简单说就是"让孩子们愿意学还能学得好的全面教育模式"。相比之下,中国学校只考第五项学习的智慧,其他4项不列入考试范围,因而教育就会不断走入误区,走入歧路,最终出现了学习好的孩子进入社会后并不比学习差的孩子更优秀,所谓的学习差生进

参加犹太成年礼的中国孩子

参加犹太成年礼的中国孩子

参加犹太成年礼的中国孩子

入社会后可能会凭借不考试的4项智慧而出类拔萃。可悲的是学习成绩不好的天才儿童在学校被扼杀了很多很多,悲剧每天都在重复上演。

以色列的教育就绝不以偏概全,而是这5项智慧都要培养,缺一不可。从教育体制到教师理念都是如此。学习的成绩最多占到孩子成长评估的五分之一,甚至必要的考试也要在孩子们不知情的情况下悄悄进行。老师进行的测试会被孩子们以为是一场游戏。老师从来不会根据考试结果来给孩子们排名、划分等级。

所以以色列的孩子们热爱学习、热爱老师、热爱学校!如今,这个特训营来到中国,中国的孩子们将从7天的成年仪式中获得创新和创业的习惯,获得成为世界精英的启蒙,在进入大学和社会之后,他们的心智将会更加健全,知识将会更加全面,眼界将会更加广阔。

为什么成年礼需要黄金教育

犹太人的教育核心其实很简单,就是"让孩子全方位发展"。而这一点中国的教育家也能意识到,所不同的就是我们只是说说而已,而犹太人不仅这样说,还这样做!

中国的教育体制是以分数为导向,考大学的一考定终身,几乎让包括家长在内所有的教育者都逼迫孩子考高分,并以此来衡量一个孩子是人才还是垃圾。可以说除了学习的智慧之外,其他的智慧都不进入考核体系而被全社会忽略,这就造成了中国孩子智慧的不完善、人格的缺陷、才华的扼杀等无数悲剧。而犹太人在古老的文明中汲取了宝贵的智慧，并用在了现代文明的建设中，所以犹太人在财富、智慧、人才方面取得了很高的成就。

财富方面：犹太人被誉为"世界第一商人"，"几乎全世界的财富都掌握在犹太人的口袋中"，无论是罗斯柴尔德家族、哈默博士、甲骨文公司的老板拉里·埃里森、金融大鳄索罗斯、格林斯潘、facebook 的老板扎克伯格、微软 CEO 史蒂夫·鲍尔默、戴尔公司老板迈克尔·戴尔、英特尔公司创始人安迪·格罗夫、世界时装先锋拉尔夫·劳伦、迪士尼董事长迈克尔·艾斯纳、世界化妆品女王鲁宾斯坦和雅诗兰黛等，其富有传奇的财富经历都无可辩驳地证明犹太人在商业上的成功。据《福布斯》排行榜披露：最富有的 40 大富豪中有 45% 是犹太人；美国 1/3 的百万富翁是犹太人；在收入超过 5 万美元的美国家庭中，犹太人的比例是非犹太人的 2 倍。

智慧方面：犹太人有 180 位诺贝尔奖获得者，这个数字占全世界诺奖得主的五分之一还多！而中国大陆迄今才只有两个获得承认的诺奖得主！犹太人对世界的贡献还体现在造福人类的发明创造上，比如他们发明了原子弹、氢弹、

参加犹太成年礼的中国孩子

参加犹太成年礼的中国孩子

参加犹太成年礼的中国孩子

牛仔裤、避孕药、乳罩、胶囊照相机、芭比娃娃、小西红柿等,在光速测量、叶绿素、蛋白质、血型、DNA、乙肝、链霉素等发现方面都有着惊人的贡献。

人才方面:有耶稣、摩西、马克思、爱因斯坦、弗洛伊德、毕加索、裴洛、斯宾诺莎、迈蒙尼德、波普尔、维特根斯坦、胡塞尔、涂尔干、夏加尔、毕沙罗、鲁宾斯坦、门德尔松、奥芬巴赫、马勒、梅纽因、爱森斯坦、斯皮尔伯格、海涅、里尔克、卡夫卡、茨威格、普鲁斯特、帕斯捷尔纳克、尼·玻尔、玻恩、李普曼、埃尔利希、哈伯、拉萨尔、伯恩斯坦、卢森堡、托洛茨基等无数大家、巨匠和圣贤。

随着 2012 年 5 月 4 日 "中以教育高峰论坛"在北京孔子学院总部的隆重召开,以色列的黄金教育学校将在中国落地,而以犹太教育核心理念"黄金教育五法则"为主要内容的成年礼训练营也将率先拉开帷幕,这一粒来之不易的犹太智慧的种子将从此在中国生根发芽!

这个成年礼训练营主要是激发孩子内在的创新、创业天赋,让他们学会犹太人从小训练的天才应具有的思维方向、方式、方法;学会与人沟通、合作、共赢;学会从树立目标到实现目标的必备能力和技巧;学会在实践中把创新产品转化成专利和现金的商业思维。训练营结束的时候，孩子可自愿选择举行中国传统和犹太方式结合的独特的成年礼，神秘、庄重、难忘的仪式将宣告孩子具有了责任意识、独立能力和公民资格，以色列黄金教育法则的创始人还会为他们颁发盖有希伯来文和英文印章的证书。每一位营员都将有机会获邀赴以色列采访诺贝尔奖得主。不仅如此，参加成年礼训练营的孩子还可以赴以色列读高中，并在接受高水平的教育后进入欧美名校。

作为中国唯一、首期、独创的犹太教育家为首席导师、中犹智慧结合的训练营，所有营员均可有机会加入"中犹智慧俱乐部"，并同以色列、荷兰、美国、加拿大等国的犹太教育学校的孩子们网上交流，将通过有关活动成为朋友，也可在假期到彼此家中互访。

不平凡的犹太民族，那悠久而成功的教育结果、教育经验、教育方法都值得我们借鉴和学习。一旦东方最聪明的民族——中华民族嫁接上"世界第一商人"犹太人的智慧，那么中华民族实现伟大复兴、华夏精英成为世界领袖就不再是个梦想。

参加犹太成年礼的中国孩子

附录一

5C-GET黄金教育模式介绍会

时间：2012年3月3日下午
地点：凤凰汇购物中心字里行间书吧

主持人：安瑞兹先生从遥远的西亚来到了北京，他是以色列顶级智囊机构PenZA公司的创始人，他是领导力和教育界的专家，他是以色列国际青年和平运动的发起人，他所倡导的黄金教育模式在英国、美国、加拿大、以色列、荷兰等国家大获成功，他的公司为新加坡、以色列、哥伦比亚、丹麦、芬兰等国家的中央政府提供国际创新战略顾问服务，哥伦比亚总统曾经亲自为他们的团队颁奖。也就是说安瑞兹先生不仅是贺雄飞先生的老师，甚至是哥伦比亚总统的老师，有请Erez Grinboim先生！

Erez Grinboim（安瑞兹）：各位大家好！大家下午好！首先我想向大家介绍一下我的同事Sara萨拉（音）。

萨拉：我们两个非常高兴来到这儿，来到北京，来到中国，谢谢你们！

Erez Grinboim：萨拉同样是在以色列的一位中医教师。谢谢萨拉！
我自小就有一个梦想，能够来到中国，直到半年之前我第一次接到了贺教授的邀请，那是我第一次来到中国北京。我曾经的一位以色列恩师廖老师也是对中国梦寐以求的人，但不幸他在十年前过世了，所以今天我的心是和他在一起的。我想他的英文水平要比我的中文水平强一些。
我想我们应该跳出我们现在所局限的小空间，从大处着手。从大处着手，而不是拘泥于细节是非常好的。(PPT)现在的图片就是一个大处，我们是无限苍穹中非常小的一部分，这个星球（地球）也是这个星系的一小部分，尽管它很渺小在苍穹之中，但这是我们的家园，每一个人的家乡，无论是以色列人，还是中国人，还是意大利人，是基督徒的家园，还是穆斯林的家园，无论是来自什么样的宗教信仰，我们只有这个家园。

当我们从大处着手，我们心中的烦恼变得不再那么重要，所取得的成就也不再那么辉煌，所以我们找到了一种平衡，找到了准确、合适的比例关系。我们所处什么位置呢？左边这个圈表示过去，右边这个圈表示未来，我们所处的位置表示它们的交集。过去与未来中间的位置就属于我们每个人。过去我们每个人都倾向于重复自己的过去，大家都知道这一点，所以对我们每个人来说最重要的一点就是从现在走向未来。假设我们按照过去的思路走，如果不改变，就会回到过去，未来的圈不仅带着我们走向下一个阶段，而且会带着我们上升，所以在这两个圈的交点之处就是我们面临抉择的位置。

我们进入一个全新的世界，作为中国人可以明显地感觉到，过去二三十年中，我们的生活发生了翻天覆地的变化。在这段时间我们所经历的变化是前所未有的，只有那些能够胸怀未来的人才给我们带来了真正的变化，所以我们在座每一位面临的问题是，我们是否真正地主宰未来，我们是否愿意在现在创造一个属于自己的未来，还是坐在这里创造他人的未来，我愿意留给我们后代、孩子的是他们的未来还是我们过去的劳动成果。所以，这个问题是"什么是未来？"

有一点非常明确，未来并不仅仅是对过去的一种延续。我认为，未来实际上是造物主、大自然对我们进行未来创造的允许。请允许我对这一点做一个简单的解释。不言自明，我想孩子就是我们每个人的未来。为什么我们会亲手毁了孩子的未来呢？为什么我们会溺爱或将孩子惯坏呢？带着这几个问题，我们大家现在看到的就是我的主题，我的主题是"幸福家庭计划"，这是我们以色列的PENZA团队和中国的WUTA团队通力打造的一个项目，我们希望将这些项目推广给中国客户。所以，接下来请大家给我点时间，让我介绍一下什么叫黄金教育模式，以及黄金教育模式给中国老百姓带来什么样的益处。在我做黄金教育模式介绍时，我想请求各位稍微耐心一些。

什么是 GET 呢？GET 就是我刚才所说的黄金教育模式，这是一种全新的教育模式，它 15 年前在以色列问世，如今在世界多个国家都在展开。我们黄金学校 GET 学校在纽约、多伦多、阿姆斯特丹都有我们的学校，近期我们将在意大利开办一所 GET 学校。这是我们 GET 学校里每个班级每位孩子从教室里走出来，在我们操场上一起欢歌起舞。我们进行这种舞蹈集体活动时，贺教授也同我们在一起，当时这个经历非常美妙。现在我们想解释一下我们黄金教育的目的。

第一，让我们的孩子在方方面面为他们的未来做好准备。我们认为，我们有责任让孩子做好迎接未来的准备。

第二，发展我们孩子的天性以及他们每个人所不同的天赋。我们相信每个孩子都是天赋异禀的，而这个天赋需要去发展，作为成年人，我们的责任是不要阻碍孩子去发展自己的天赋。

第三，鼓励我们的孩子自由表达自己的观点，与此同时能够尊重他人并且不失礼节。

第四，我们希望孩子找到自己的使命，帮助成年人能够找到功能，不仅为他们自己，而且也能造福国家。

在以色列，我们希望进入以色列学校的孩子能够成为以色列优秀的公民，希望在美国的 GET 黄金教育模式学校里的孩子，日后能够在美国成为合格的美国公民。假设我们能够在中国建成黄金教育模式学校的话，在中国学校里的中国学员日后也能够成为优秀的中国公民。

如果大家还记得一开始的图片，会知道我们并不是在这个庞大星系的中心，而是这个星系的一小部分。我认识到中国有一个很严重的问题，每个家庭只有一个孩子，正因为如此，每个家庭都倾向于溺爱孩子。我自己只有一个孩子，我非常努力地做到自己不去溺爱、骄纵他。今天他已经是以色列著名的戏剧歌星，但是成名这条路非常地辛苦。

第五，我们的目的是实现上述四个目标的途径，是将老师、父母以及孩子统一起来，让他们齐心协力，而不是互相对立。我们相信只有孩子、家长和老师之间能够互相通力协作，我们才能让教育行之有效。我们认为，家长把孩子送去学校，然后对校方说，我们的孩子就是你的责任了，这种做法是错误的。

当孩子从学校回家以后，面带愁容，不是很开心，这时候我们唯一想到责备学校，这也是不对的。同样，我们认为不可取的做法就是，在学校老师看到孩子在课堂上不守纪律，不配合时去责怪家长。我们认为，每个人都应该通力协作，来促进黄金教育。

（PPT）这是我们以色列的黄金教育学校的照片，这里边你能看到有不同年龄层次的孩子，我们的黄金教育模式在孩子一岁时就可以开始引入了，教育是连续性的，从一岁一直到他（她）成年。

第三个问题，我们的黄金教育模式能够给中国的孩子带来什么呢？

第一，我们可以让孩子愿意、高兴去上学，因为学习对他们来说意味着快乐而不是惩罚。

第二，我们可以让孩子学得好，能让孩子在其中学出效率，因为我们追求的是创新以及将学习当成乐趣，而不是恐惧。

第三，我们提倡的是，打造一个生态系统，可以让家长、老师和孩子三者之间达到三方的共赢。

第四，我们将会全方位发展孩子的五项智慧。

什么是五种智慧呢？犹太人相信五种智慧就像相信我们有五根手指一样。相信大家对于智慧、能力的解释有不同的方法，但以色列人、犹太人相信孩子应该同时培育五种智慧：

第一种智慧就是创造的智慧，意味着创造智慧的颜色是绿色。

第二种智慧就是人性智慧，用黄色代表。

第三种智慧是和谐的智慧，意味着所有事物的和谐，包括我们的星球，代表它的颜色是蓝色。

第四种智慧是实践的智慧，用红色代表。

第五种智慧就是学习的智慧，代表它的颜色是白色。

在大多数学校里，学校教育孩子使用的就只是第五种，学校和家长希望孩子成年之后就使用第四种智慧，就是实践的智慧，但实际上我们五种智慧都需要。

在我结束讲话之前，我想谈一下"幸福家庭"的理念。

我来做一个大家都能够理解的比喻，我们把一个家庭比喻为一个企业。我知道大家都常说"犹太人很聪明",但其实犹太人常说的是"中国人都很聪明",那么我想更厉害的智慧应该是将中国、犹太两者结合在一起的智慧,也许在过去的时间里,犹太民族不得不被迫想出各种办法来挣钱,但是在过去几年里,中国人民挣钱的速度也非常快,甚至比我们挣的钱还多,所以你们对这个比喻一定能够非常地理解。人们常说"有钱能使地球转",我本人不能认同这种说法,但它的确很流行,我们就姑且用这个比喻开始我们的讲解。

把家庭做一个企业比喻,它有它的收入,有它的支出,但是企业真正需要的是利润,而更加真实需要的其实是利润可以给我们带来的益处,对于一个家庭也是一样的。我们不妨从后向前推,想一想我们能够给家庭(企业)带来什么样的益处。我们需要幸福、爱、信任、安全感,我们也需要尊重。

除了这些,如果大家要补充的话,可以再给我们举个例子吧。各位想给自己的家庭带来什么样的益处。(观众答:健康。)还有其他的建议吗?我知道中国的听众一般都比较内向、内敛。(观众答:舒适、自豪。)

我们从众多的答案中选出一个"爱",如果我们想要爱的话需要挣得它,如果我们争取、挣得爱,我们可以寄予它,可以消费它。如果你不透支挣得这个爱,这时候你就拥有了爱的利润。这样我们在家里就有了爱。请各位注意,我这里只是打一个比方,在这个世界上没有金钱是可以买到爱的,这个不言自明。

举个例子,比方说我们挣得了爱;挣得了勇气,有了勇气的收入;有了勇气在手就可以放弃我们心中的恐惧,支出我们的恐惧,这样我们得到的利润就是自由。

最后一个环节,想跟各位做个游戏,请各位将手提袋中白纸拿出来。首先请在中间画一个方框,然后写下一个你认为对你家庭最重要的词语或概念,我写的是"爱"(Love),各位喜欢什么就可以写什么,可以写对您最有用的。您也可以和您身边的同伴交换这张纸,交换好之后,可以请各位在这张纸上画一个圈,将它一分为二,如果有孩子参与其中将更好!接下来你可以写两个词组,认为和中间这个词最有关系的。我给各位的例子是,我在爱的两侧分别写了信任(Trust)以及和谐(Harmon),我认为它们可以让我产生对爱的联想。

如果这一步完成了,各位可以把这张纸再交换回来,接下来难度会增大,请大家在图述的位置将圆画一个方框，再将方框分为四份，请大家写四个词，在上面两个词和下面半圆的词是有关联的，而下面两个词和上面半圆里的词是有关联的。

对于"信任"这个概念能想到的关联分别是保护，家庭成员之间的爱护以及安全感。对于下面黄颜色的概念，我得到的两个词分别是自由和互相之间给予对方的灵感。请麻烦大家把写好四个词的图片再和旁边的同伴交换过来。这回难度再增加了一些，我们分别画了四个大圆，在刚才方块的四周。我们需要这时候你再想一个概念，与你刚才在方框里的这两个概念是有关联的，左边这个半圆方框里写的词应该和中间方框上下两个词是有关联的，依此类推。

我对于爱护和安全感所联想到的词就是安定（Security），在自由和爱护之间的结合我得到的是能量（Energy），在自由和灵感之间我得到的结论是创造力（Creativity），在安全感和灵感之间我找到的答案是幸福（Happiness）。这时候请各位看看自己手中纸上的答案，我想就可以获得各自幸福家庭的蓝图，这就是您幸福家庭的词汇表。我们希望它不仅仅是流于纸面。

我想最后再补充两点，这是我为人师表所得到的一些感悟，生活中你所遇到什么样的事情并不重要，重要的是如何去应对它。谢谢各位的耐心！

主持人：非常感谢安瑞兹先生的精彩演讲。列夫·托尔斯泰曾经说过：犹太民族的智慧，包含了永不消失温情和魅力的伟大东西，就好像玫瑰色的星星闪耀在寂静的早晨，其中最宝贵的东西就是对人类灵魂奥秘那充满激情的探索。我想刚才安瑞兹先生的演讲饱含了对灵魂探索的方式，而对灵活探索最简单、最有效的方式就是提问，现在就请安瑞兹教授和贺雄飞教授，大家共同探讨，共同交流，大家有什么问题可以提问。

问：非常感谢贺教授以及安瑞兹先生带来一些人生和教育的理念，非常感谢。我想请问，现实当中我们都希望家庭给孩子建立比较好的小环境，孩子到学校有相应良好的环境，整个社会能给孩子的成长，营养更加丰富、更加和谐的大环境，这是对孩子成长最好的教育方式。我个人相信环境造人，个人的力量是比较小的，在当前环境下，你们怎么运用 GET 这个理念？在这么短的时间内教育我们的孩子，而这个孩子又同时回到他们在学校的环境，回到社会环境上，同样也能够健康成长，能够比较和谐地发展，怎么保证你们的教育方式从执行上能够达到这个目标？如果你把孩子在 15 岁之前送到欧美，至少他说英文没有问题，如果把 GET 概念引到中国，如何执行和如何保证孩子在你的学校小环境当中是可行的，但是回到家庭，实际上这堂课是要给家长的，怎么保证家庭和孩子回归社会所学的东西比较有用？

安瑞兹：抱歉让您久等了，因为我不太懂中文，所以需要翻译一下。您提出的问题非常重要，在以色列办学的时候也有人提过同样的问题，因为在以色列的学校，我们招收的是全球各地的学生，有些家长举家迁往我们学校附近，让他们的孩子到我们学校上学，他们经常会问到一个问题是，"你们学校如何保证作为温室给他们提供快乐和帮助而回到社会不被压成碎片？"

在以色列，国家的政策是，学生上学毕业之后要服三年的兵役，我们学校的学生也是如此，那就是他们与社会或现实的第一次接触，相信这种现实是非常地残酷，我们过去 15 年办学的经验是，最终从我们学校走出的孩子在军中也能够成为佼佼者，包括他们日后的生活中也非常成功。我能向您保证的是，在孩子童年的时期很快乐，他成长时期很快乐，那么他作为成人也是快乐的。有的时候其实孩子的快乐和希望能在一天之内就建立起来，或者是两天，我想在七天里也没有问题。我当然希望日后我们的黄金教育学校在中国开办，而且是全日制的，我和贺教授正在为此努力。

贺雄飞：您这个问题问得非常好，也非常难，我一直在想不知道安瑞兹先生的回答您是否满意。我的想法是这样的，您现在指的孩子，如果按照我们这种思维方式训练以后，结果他到了家庭，到了社会上以后，所处的环境和他所得到的训练发生矛盾和冲突而不能适应，是这个意思吗？其实这个问题很简单，按照黄金教育模式，金木水火土的五维：木是 Green 是绿色的，是创造力；土是黄色，是情商；水是蓝色 Blue；火是团队精神、实践能力；金是白色，是知识和技术。而中国只有知识而没有前四个，这样就会出现偏差。按犹太人说的，如果你读了很多年的书，又找不到工作，又发不了财，还要动不动失恋，要自杀，你还很痛苦，那你就是一头驴，首先核心他没有获得智慧，只有他获得智慧以后内心就会找到平衡。我学习了20年的犹太智慧，如果我到一个地方给别人介绍犹太智慧，中国人很好面子，你把犹太人说得那样，我们中国人也很智慧啊，你意思是说中国人不行了，认为我贬低中国人。

我内心很痛苦，最后就走到佛教，佛教说不起心动念，不贪嗔痴恋，一切随缘，意思是说你能听懂就听懂，您不懂就拉倒，你内心就能得到一个平静。后来我和安瑞兹教授谈到这一点，安瑞兹教授说，犹太智慧就是告诉你"不要随便向别人兜售犹太智慧"，有了这些你就内心平衡了，否则你的内心就找不到平衡，找不到平衡的人就是没有智慧的人。我相信有了智慧的人他就能够把所有问题得到解决，当然不是每个问题都能解决得百分之百满意，现在找到一种武器，现在有了黄金教育5C-GET，你已经有了5杆手枪或5把武器。我们最后还加上UWHET，就是我从犹太文化中找到的另外一种模式，就是贺雄飞的权威教育模式，前3条是来自于《旧约》，后3条来自于《新约》，就是灵魂、品格、智慧、道路、真理、生命，这样等于你拥有了6个武器，当一个人思考只有一种方法的时候当然很痛苦，当你大脑中有11种武器你应该是游刃有余的，所以我们讲Blue是蓝色，天空是蓝色的，大海是蓝色的，最后1+1等于11，这11就是智慧，让孩子通过训练得到智慧，这个问题就能够得到解决。孩子所有的问题都要我们解决的话，你一辈子也不可能解决完。像犹太人说的，为什么要到军队里呢？因为军队里的班长、连长全是选出来的，为什么要选出来呢？不能像中国班长、连长都是熬上去的，经过很多年熬出来的，他说我不能把我的生命交给溜须拍马的人指挥我，生命是宝贵的，再好的教科书也永远想象不到战争中敌人的枪口在哪里，没有人能解决这个问题。只要你有了脑子，有了智慧就会发现敌人的枪在哪儿，就知道躲避，这样就能理解。所以我们黄金教育的核心就是培养孩子智慧，智慧可以改变命运，就是说思想改变观念，观念改变行动，行动改变命运。这是我们要达到的目的。

问：我的问题是一个比较具体的，是一个小的问题，但我觉得对于孩子来说也很重要。我孩子现在3岁，刚上幼儿园。按安瑞兹教授讲的应该培养他快乐，但他现在不快乐，因为他们幼儿园有些小朋友非常喜欢攻击别人，幼儿园里的孩子被他打遍了，而我的孩子非常小，不知道躲，也不知道反抗，所以他每天密集度比较集中的。刚开学这一个月中，孩子来上学只有半个月，我的孩子这半个月就不愿意上幼儿园了。我的问题是，如何使他摆脱这种境遇不挨打，如果挨打了他怎样处理，我要怎样教育他。虽然我告诉他要反抗、躲避，但他回家就很难过和痛苦，哭哭啼啼的，每次都不愿意去幼儿园。我想替另外一个孩子的家长提一个问题，这个孩子喜欢打人，每天哭，哭得嗓子都哑了，他也不快乐。作为幼儿园的老师应该如何教育他，因为家长也无法阻止他。两个家长在旁边看着这两个孩子，我想问一个问题，如何使打人的孩子不打人，改变自己，如何让我的孩子有勇气逃避或反抗。谢谢！

Erez Grinboim：谢谢您的问题，我能够对您的这种痛苦感同身受。首先您要知道这个问题不是您的孩子造成的，这个问题也不是从您身上带来的，我想这既不是您孩子的问题，也不是您的问题，同样不应该把它简单归咎在施暴孩子本人以及他们的家长身上，我想这个问题应该从园方——幼儿园方面、施暴孩子家长和孩子三方共同解决，如果我能够当这所幼儿园顾问的话，我想首先建议这三方共同找到施暴的原因。通常孩童时期表现出来的暴力形象是过度活跃，能量过剩造成的，他们不知道怎么样把身上的能量发泄出去，对于这种过分活跃，能量过剩的孩子有一种原因，就是他的摄糖量过高造成的，摄入了很多的糖。还有一个原因是他的认知不足造成的。所以我提的建议就是，如果在幼儿园出现这种欺凌现象的话，我们应该鼓励这个老师经常拥抱这个施暴的孩子，不要过分去责骂他和惩罚他，而是去拥抱他，给他以爱。我不知道具体的情况，我希望我提的建议能够有所帮助。

我想跟您分享一下我个人的经历，刚才我跟您提到我的孩子，他是天性害羞的，甚至是不知道反抗其他孩子的孩子，他现在是戏剧歌唱家，每天要对2000名观众表演，而过去施暴的孩子坐在观众席中，有暴力倾向的孩子成年之后反而不懂得如何去沟通，怎么说话。请相信您的孩子，尽管他很羞涩，没有及时处理，因为您的信任可以带给他克服的勇气和力量。

贺雄飞：我回答一下我的答案。这种孩子处理的办法，一种是你告诉你的孩子，中国人说你也打他，那就是打架了，另外一个孩子为什么经常打这个孩子呢？他可能至少有两种以上的原因和一些解决办法：第一，他的父亲、母亲经常打架，他怎么就学会抽烟呢？可能跟他姥姥、姥爷、父母抽烟学会了，孩子首先模仿大人，也就是说施暴的孩子父母有这种情况。第二，这种孩子打人是为了吸引别人的注意力，如果他打人，你让孩子像棉花一样躲避，而且赞扬一下他，他可能就觉得没有乐趣，这样他可能就不打人，比如这个孩子到家善于自我表现，你们所有人不关注他的时候他就很痛苦，他的目的是为了引起你的注意，他让你知道我在打你，这是一种认知。第三，当你把这个问题抛出去给网友讨论，这样会有各种各样的好办法，教育专家他们会有很多的体验贡献给您。第四，刚才教授讲的，把学校、老师、对方家长聚集在一起，研究清楚这个孩子为什么打人，去解决它，按照基督教的观点，当别人打你左脸的时候你要把右脸给他，要学会承受能力。第五，让你的孩子转到另外一个学校，离开他，告诉打人孩子的父母去寻找一个不打人的学校就解决了，如果还解决不了，我建议送到安瑞兹先生的学校去。

问：我是两个孩子的妈妈，想请问一下，我想给孩子，因为学习成绩不是特别优秀，所以我给他制订了一个考核制度表，从这学期开始就进行考核，细到从早上起床到吃饭，还有学习、写作业、吃饭都在考核表里体现出来了，我觉得奖励制度是有了，你们得满分或接近满分我怎么奖励你们，但是惩罚的话，我一直不知道用什么方法，如果我用做题或写字惩罚他们的话，他们平时做题和写字就是正常的任务，这就是负面作用。要说体罚，我们做父母的也不多么愿意，请问专家什么样的惩罚对孩子最有制约力，让他们有心灵上的担心或震动他们，让他们怕被惩罚。请问能给我一个好的建议吗？

贺雄飞：我觉得犹太式教育理念中首先是不主张惩罚孩子的，如果孩子内心不快乐，你通过一种逼迫他的想法，即使他考了高分，将来上了大学，走向社会以后也不是一个快乐的人。也就是说首先要从心底里激发起孩子上学的欲望来。我有一本书是《知识是甜蜜的》，犹太小孩上学第一天，由家长把孩子送到学校，学校给每一位学生发一块白板，孩子在上面涂上圣经字母，告诉孩子圣经字母怎么读，然后让孩子把蜂蜜舔干净，让他知道知识是甜蜜的，让孩子知道上学第一天开始就是有趣、甜蜜的事情。

如果你非要惩罚他的时候，按犹太人的观点，惩罚他的时候，系起你的鞋带，有一种威胁，但不要真打他。真打他会使他受到内心伤害，惩罚是非常危险的，最后孩子逆反心理会非常非常强，因为你用一种貌似孩子未来的方法迫害孩子的未来。比如说我女儿今年16岁，今年在美国文森特学校上高二，她在中国上初中的时候北外附中上的，学的是西班牙语，也许每次考试只考10—40分，考得非常低，是班上倒数第一名。每次考完最担心你问她的成绩。我很关心，但我偷偷知道她，我绝对不会当面问她。最后我女儿问我，爸爸你为什么不问我的成绩，因为我们的同学家长就特别关心他的成绩，因为他的成绩低的话会受到惩罚，她说你为什么不关心我，不问我的成绩？我说你的成绩高低和爸爸有什么关系。你有没有理想，如果你认为这个成绩高可以实现理想就应该考高分，如果你认为成绩低，达不到你的目的或者也能达到你的目的，为什么考那么高的分，现在比尔·盖茨，Facebook的创始人全是哈佛大学的毕业生，这位自己有了理想和目标就会知道考什么样的分。

最后的结果是，我的女儿到了美国了，现在是文森特，现在在美国宾夕法尼亚州排名第一的学校，现在一不留神变成第一名了。因为她受我的影响，我讲管理学、宗教、哲学、文化，结果美国的学校里都是上21门课，而且考9门，算成绩的是7门，另外两门是自学，选最优秀的成绩考，这样每当上宗教、哲学的时候，老师说谁有问题，孩子说我有问题。她一提问老师就让她回答15分钟，就像现在一样。她说一堂课下来之后，她说这堂课就是我们两个人的课了，她的自信心就强了，该知道考什么分，而且按照国外的考学方法，SAT分数只占到10%，无所谓，所以我们应该让孩子用快乐的方法学习，变被动为主动，如果你采取极端的方法，像郑州的孩子，最后拿斧头把父母砸死。如果采取极致的时候，会使孩子最后走向这样的情况。这是我的答案。

Erez Grinboim：我想长话短说，惩罚不是好的方式，我认为应用其他的方法代替惩罚。和孩子之间建立一种契约关系，有一种契约，孩子知道你对他的要求是什么，同时他也知道他对你的要求是什么。如果我有这么大权力的话，一定会将英语字典里"惩罚"这个词删除出去。当我孩子12岁回到家第一次问我，惩罚的意思是什么？因为我从来不会对我的孩子进行惩罚，我想可能要讲再详细一点您才能明白，但我们现在时间有限。所以，我希望日后能有机会来谈一谈契约以及与孩子之间建立的协议关系。就我个人经历而言，契约关系，与孩子之间建立这种合同更加有效。

贺雄飞：我补充一句，我的女儿在文森特学院，她说我现在考美国前20名的大学毛毛雨，她说我的理想是成为公司的老板，将来把迪奥、香奈儿全部收购。她有了目标就跟我没有关系了，因为让孩子信任你，让孩子相信你，他就可以把他的困惑告诉你。因为女儿、儿子到了一定年龄就有他自己的秘密，如果你给他威慑、恐惧，他和你的距离很远，他发生了什么，内心想什么你根本不知道。有的家长说我儿子怎么突然成为罪犯，成了小偷了？是因为你不了解他。我告诉女儿，你有什么话一定告诉爸爸，因为爸爸不可能害你，别人有可能是害你的，你首先应该相信我，你有什么问题我帮助你，绝对不会命令你。我为什么帮助你呢？因为我的经验和智慧比你多，我吃的苦，栽跟头比你多，所以我女儿一有什么事情就跟我说，很多内心秘密都跟我讲，这样她的一举一动，发展的每个过程我都了解，所以我根本不担心她内心有什么变化。这是交流的好处。

另外，这种交换每个家长必须学习，我们为什么提出要搞孩子俱乐部呢？就是让孩子和家长一起成长，如果孩子各方面发育、成长了，结果你回来打骂他，采用专制的方式，夫妻老吵架，酗酒成瘾，这样孩子在家里就不理你。你要自己学习，我自己每天要看书，自己听课、学习，每天要努力，如果不努力就会被时代淘汰，因为决定我们的发展是未来，拥有未来的人才有幸福。你说你搞企业费了那么大的劲，听了那么多的课，很多搞培训的，你去听怎么发财管理的课，但管理一个企业难还是管理一个孩子难，请问你对孩子的学习，包括对孩子的交流、沟通、教育方面，你听过几本书，花过多少钱，花过多少时间去学习？你都不去学习，你的孩子怎么成为精英呢？如果大家有这种能力和愿望的话，可以把主要精力放在孩子教育上，并不是投资，我并不是向大家推销我们的产品，因为对未来的投资是最安全可靠的投资，也是最保值的投资，而且孩子成长，成为精英人才是我们最大的产业。即使你是亿万富翁，如果孩子是个纨绔子弟，进了监狱或有各种不良嗜好，你快乐吗？你智慧吗？你认为你成功吗？仍然是没有成功。

主持人：刚才我们的两位教授给我们分享了他们的思想、智慧和经验，让我们感谢他们跟我们共同分享的东西。如果还有跟各位教授交流的可以私下交流，因为时间已经到了。我们也衷心祝愿在座各位朋友能够把我们的孩子如愿培养成世界精英，也祝愿大家今天能够有一个快乐的一天！谢谢大家！

附录二

《搜狐家长课堂》·首届中以教育高峰论坛：如何解决中国家庭的教育难题

提问1：首先对今天这个活动表示非常感谢，中国教育和以色列教育文化碰撞非常棒，令我思考了很多东西。刚才我非常赞同这句话：中国人说得好，以色列人做得好。中国人确实说得非常好，但是以色列做得更好，我今天听了半天没听出来，究竟哪做得好？我想待会儿能不能简单几句话，因为常规的一般人家长给孩子讲的都是道理，往往做的时候不知道教孩子怎么做。我觉得家长更多教孩子如何做人，老师更多教孩子掌握方法。我觉得我们老师教我们孩子更多是技能方面的东西。以色列说他们教育非常好，好在哪？怎么好？

Gafnit Shalvi（毕业于贝扎雷，以色列耶路撒冷一流艺术设计学院）：我想说一下在我们黄金教育学校里面，学生能够得到哪些实际性的技能。因为我们黄金教育模式，黄金的意思就在于去发掘价值，将不同价值结合，将我们的学术知识用于解决实践问题。黄金教育模式它的意义，所涵盖的不仅仅是我们看到的，涵盖的是精神上的，是情感上的，是意识里面的，以及作为一个孩子有什么样的梦想。我们这个模式在于将孩子他的不同之处，他的天性不同于别人的地方，通过价值观和学术知识进行结合，来让他们更好地去面对未来。当然我们这个教育也有面向过去的，但是更主要是为了他们面对未来。所以我们孩子能够不断地尝试，一次又一次尝试，而不会有失败挫折感。什么是失败呢？不过是一种尝试而已。打个比方，我们给孩子教外语的时候，如果说的时候经常觉得自己说错了，会因为挫败感而变得不敢说，而越发自闭。我们教育模式就像是教给孩子一门语言，用非常清晰的方法教孩子全部，让他非常清晰地说清楚，学习包括体育运动，包括表演，通过让他在不断尝试过程中，将这门语言学会，建立自信，然后去探索任何事情。

我们教育模式旨在教孩子如何交友，和自己成为朋友，和别人成为朋友，和自然成为朋友，和在座各位成为朋友，因为每个孩子本身都有天性的好奇，他对于别的人充满好奇，这个好奇往往是友善的，是充满爱的。所以我们尝试去将不同的文化的优势，去把它融合起来。我们可以融合中国现代教育理念和以色列，包括犹太、荷兰的融合起来，去帮助我们下一代。

Rosemary Brons（荷兰 GET 的开创者及校长）：我想回答的问题关于如何将我们教育作为通向未来的桥梁，目前天赋这个词所得到的概念，也许每个班级只有个别少数很有天赋的孩子，我们倾向于将有天赋的孩子，充分培养，让他们成功。而对于大多数其他的孩子来说，他们的命运就非常坎坷。这种关于天赋和天分的概念应该转变它，在这一方面，我们 PenZA 就有很好的尝试，把所谓天分变成每个人都具备的一种制度。比如我们提到五个智力能力。现在在这一些方面，我们专注已有的专著，更多的关于这一方面的，就是让少数人天赋变成每个人与生俱来智力能力的专注，也在继续出版，继续探讨。总而言之，我们核心理念就是每个人都有天分，都有待开发，谢谢。

Zohar Ginosar PenZA（感知实验室总裁、CEO、以色列总理府顾问）：我首先想强调，我们来这儿并不是想说犹太智慧和文化，和中国文化和智慧有多大的不同，我们在这里想要为我们下一代寻找未来的共同之处，我们并不想在共同文化之间有竞争，我们想做的其实像是文化之间联姻的感觉。举一个例子，我娶我妻子，并不是图她跟我不一样，并不是图她比我聪明，当然她嫁给我也不是这样的原因。我们走在一起，是我们希望能够创造未来共同的智慧，互相关爱。所以这就像是我们现在试图将中华民族文化和犹太文明结合在一起，为我们自己，为我们下一代找到共同的智慧和共同的希望，更好地通向未来。关于如何让我们孩子应对未来的问题，首先我想说的是试图改变现有的整体教育体制，这样去做的话我们是不会成功的。我认为想要改变我们教育，改变我们未来，不应该依赖权威，不应该依赖政府，我们需要的是一种吸引的能力。所以我觉得我们现在改变做的不是改变大局，而是从小处着手，我们试图建立一个成功的范例，告诉大家我们可以与众不同，可以与众不同之后成功，也许这个小小的尝试，这个范例只是在一家学校，一家幼儿园，甚至只是一个班级中所塑造所成型的。即便如此，它也会产生很大的反响。就像刚才这位女士说的，她数年前做的那样,她并没有试图改变以色列的教育体制,她只是试图去创造一个成功的范例,仅仅是为了身边少数人。这就是我们今天想在中国做的,我们希望能够与中国的有志之士,一同能够在中国建立一个成功的范例,如果有一个孩子,一个班级成功了,自然就会有很多的孩子,有很多的家庭希望能够去做出同样的改变。由此,我们依靠这种吸引能力,将会做出更大的改变,这就是我想在今天提出的建议,谢谢大家。

提问2:如果中国要搞个性化教育,怎么解决这种矛盾?中国人太多,怎么来解决?怎么解决个性和一刀切之间的矛盾?

杨东平(21世纪教育研究院院长):其实我们现在的这种大一统的标准学校教育本身就是一个工业文明的产物,所以学校的命运越来越成为一个值得争议的问题。如何弥补这种大一统的标准化的学校教育的弊端,重要的解决方案就是家庭教育,这就是家庭教育独特的不可替代的价值。

今天出现的情况,悲剧就在于今天的家庭教育基本沦为学校教育的帮凶,独特的价值完全被放弃了。我想这是我们家长,特别应该重视的一个问题。只有家长才能够一对一的,非常细心地察觉孩子身上的变化,他的个性,他的爱好兴趣。一个老师无论怎么爱孩子,他不可能面对三五十孩子,能够取代家长的这种作用。这就是家庭教育独特的功能,这也就回应了咱们个性的问题,真正的个性是跟家庭形成的,主要不是在学校。

提问3:我来自以色列商旅,我的问题是中国现存的教育体制,其实不完全是教育本身的问题,而是整个系统的问题。我想问一下以色列的专家,在我们孩子90%精力被考试和上辅导班,包括奥数之类占用的情况下,如何把他真正培养出像以色列一样的人才。我觉得咱们这次机会非常难得,因为中以教育高峰论坛,咱们一方面要了解以色列教育,另一方面因为我是做以色列相关工作,每天跟以色列打交道,中国有一个非常好的信息,中国跟以色列两个是非常互补的关系,他们有很多的高科技的技术,是中国现在非常需要的。比如海水淡化,比如污水处理,比如说滴灌技术等非常多。像我所了解到很多中国人才非常稀缺的，今天聚在一起了解以色列教育同时，可以更好地了解以色列这个国家，以后可以好好想一想是否我们可以把自己子女带到以色列学习。

王占郡（旅美学者，著名家庭教育和家庭快乐专家）：我在国外的时候，对12个国家的父母进行访谈，包括犹太父母。西方的这些文化，它也是一个融合的，他们那些方法，并不是说犹太人百分之百是独特的。

在中国现行教育体制下，中国的孩子是不是要逃离呢？不是。我从国外回来以后，我两个孩子都在体制内的学校读书，没有去读外国语学校。在现实的体制下，当孩子遍体鳞伤的时候，中国的父母是不是无所作为，无能为力了呢？也不是。所以这里面关键是我们如何摆正我们的角色，比如说当我们孩子被班主任老师投诉了、批评了的时候，我们第一反应到底是站在孩子角度去保护孩子，还是我们帮助班主任，帮助教导主任折腾我们孩子。首先是父母，其次才是班主任、老师的一个助手，尽量最好别成为他的助手。

另外，大家要知道，有的时候上不上业余班，我孩子上的业余班也不少。但是有一个原则，一个人对于他喜欢的东西，他是不觉得累的。一个人只有对于他不愿意干的，成为任务，成为作业的东西才不愿意做。所以说尽量地去激发和点燃孩子内在的激情，用他的兴趣去弥补他在做这个事情上的这种辛苦，或者一种影响。当孩子拥有他自己的兴趣了，当我们能够真正在每件事情站在孩子立场，体谅孩子的时候，我们孩子即使在应试教育体制下，仍然可以很阳光，很快乐地成长。总体而言，孩子要把它当成一个煤球，他有可能在进学校的时候浇灭了，我们拉家里的时候点着了，点得红红火火。也可能碰到好的老师点着了，但是在家里千万不要用水浇灭，只要和孩子有好关系，孩子情绪始终处于好状态，教育基本不会有太大的偏颇，谢谢。

附录三

《成年礼：犹太智慧训练营》解说词

2012年7月12日下午1:30，4位以色列专家Gafnit、Shraga、Avia和Yinnon从以色列特拉维夫乘飞机直抵中国首都国际机场，执教该夏令营。

PENZA感知实验室是以色列著名的国际智囊团，拥有20多名世界级教育、创新、领导力和战略管理专家，先后为美国、加拿大、以色列、澳大利亚、荷兰、芬兰、丹麦、德国、西班牙、哥伦比亚、新加坡等若干个国家做过教育咨询和管理创新培训。

WUTA国际是中国第一家利用犹太智慧和中国智慧解决中国教育管理难题的创新智囊团，愿景是让中国的孩子更加聪明，家庭更加幸福，老师更有智慧，企业更具有创新能力和可持续发展能力，提供全新而先进的服务。

参加犹太成年礼的中国孩子

参加犹太成年礼的中国孩子

作者演讲中

贺雄飞教授是著名的出版家和犹太智慧应用推广专家,已经20多年如一日地致力于在中国推广自己的研究成果,其目的就是去运用古老的东方文化和犹太智慧。

《圣经》上说:寻找就等于找见,叩门就等于开门。该夏令营的设计就是为了给参与的孩子们打开创造力、智慧、新体验和幸福之门。

参加犹太成年礼的中国孩子

很显然,正如犹太谚语所说:"教堂让我们与上帝联结,学校让我们与大地联结。"

真正的教育,绝不是课堂上的循规蹈矩或是掌握一些公式,它是要给孩子

参加犹太成年礼的中国孩子

"成年礼：犹太智慧训练营"仪式

"成年礼：犹太智慧训练营"仪式

提供最好的工具,让孩子做好应对未来的准备。

一开始,温馨而朴素的开营仪式就让 21 个孩子和美丽的大地与自然风光联结起来。

树荫下、湖水边、山顶上都成了课堂,几乎没有进过一天教室,全部是游戏形式和户外活动,孩子们把旺盛的精力和压抑的青春激情全部释放出来。

当然,游戏不是简单的嬉戏打闹,目的是让孩子们在快乐的情境和心旷神怡的状态下,洞悉学习知识的甜蜜与智慧的芬芳。

学习和上学没有必要变成一种惩罚,它可以是一种在各方面都让人感觉愉快的体验。

而绝没有"书山有路勤为径,学海无涯苦作舟"般的痛苦。

来自以色列的教育专家成为了参与夏令营的孩子们的朋友,同孩子们心连着心、手牵着手,一同唱歌、一同奔跑、一同跳舞,没有什么师道尊严,也没有什么严厉的要求或惩罚的威胁,没有羞辱或指责,孩子们不用总是想着要自我保护或害怕犯错,只有老师和孩子之间相互的尊重、平等的交流和推心置腹的对话。由于孩子会效法老师,因此老师必须学会为孩子们做出好榜样。

而这样做并不会损失什么,并不是说大家都可以为所欲为。开营的第二天,老师就和孩子们共同制订了这个训练营的目标,签署了确保目标能实现的协议和合同。

孩子们一致认为,这个训练营的第一个目标就是"安全",所以,"大家一定不能乱跑或下水游泳"(因为这样不安全)。

第二个目标就是"快乐",老师和孩子都同意犯了错误以后主动向别人道歉,并保证不会情绪用事。

第三个目标就是"爱护环境",每个人都保证不乱扔东西,一旦有人破坏这美好的大自然,就会得到别人的帮助和提醒。

总共在协议中设定了十几个目标,二十多名孩子和十多位大人都自愿在协议书上签了字,并合影留念。

年轻的以色列专家 Avia 老师外形酷似一名吉普赛女郎,她像一名温柔可爱的大姐姐一样,非常细致耐心地同那些热爱手工制作的小女孩共同编织她们灿烂的梦想,她的包里装着许多件"魔术师的道具",随时吸引孩子们好奇的

参加犹太成年礼的中国孩子

参加犹太成年礼的中国孩子

目光和激发他们超凡的想象力，为孩子们打开了通向无限的蔚蓝色天空。

参加犹太成年礼的中国孩子

另一位年轻专家 Yinnon 先生以他沉静的性格影响着孩子们,他总是在队伍的后方照顾着大家,在保持卫生方面以身作则。他的存在,证明了有时候大人也会比较安静和害羞,但这并不意味着逊色,重要的是拥有敢于去做自己热爱的事情的内在力量。

Gafnit 教授是黄金教育模式学校和国际和平青年运动组织的共同创始人,她在夏令营中是所有人真正的领袖。

她爱孩子,在十几个国家组织、领导过很多夏令营,经常充当这些国家孩子们的母亲。她最伟大的品格就在于她一丝不苟的敬业精神和奉献精神,她仿佛是营地里二十多个孩子的母亲,用一双慈祥的目光抚慰着每一个孩子的灵魂。

在训练营中,孩子们都住在公寓的阳面,而专家们都住在公寓的阴面,下雨的时候房间非常阴冷潮湿,有些专家也因此生病,但是他们却仍然坚持住在那里,把最好的房间留给孩子们。

作为专业国际领导力培训公司经理的 Shraga 先生是一位真正的绅士和特别的老师,他给我们教授了 5 种杰出而独特的智慧,与我们以前所接触过的教育完全不同。

他像一位哲学家,讲话深入浅出,深受男生女生的爱戴。

他有一次带着男孩子们爬到山顶,在那里向孩子们讲述了男人和绅士之间的区别。他问孩子们是否会朝着自己的妈妈扔垃圾,还问他们为什么要朝着地球母亲扔垃圾,一位绅士是不会朝着自己的妈妈和地球母亲扔垃圾的。

不知不觉间,一周就过去了。孩子们逐渐产生了变化,刚开始看起来很喧闹,慢慢地开始安静下来,最后内心变得更自信了:从公开讲话都很难的状态到后来可以给大家唱歌;从粗鲁到体贴;从随地吐痰到爱护环境;从斤斤计较到愿意更好地理解别人;从自以为是到相互尊重;从以自我为中心到乐意帮助别人;从只以考试成绩定成败到追求人生五大智慧。

从种种蜕变中渐渐

参加犹太成年礼的中国孩子

参加犹太成年礼的中国孩子

参加犹太成年礼的中国孩子

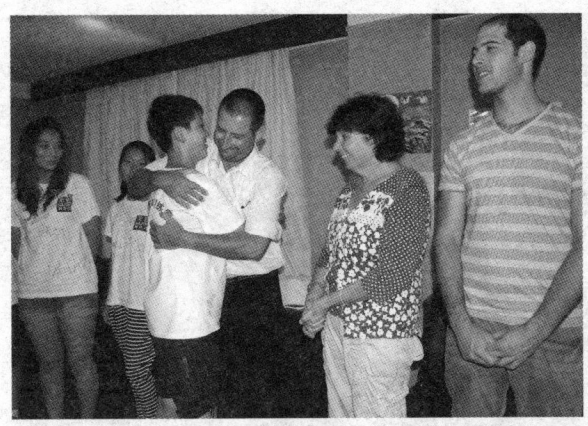
参加犹太成年礼的中国孩子

参加犹太成年礼的中国孩子

参加犹太成年礼的中国孩子

走向"成年"和成熟。

他们仿佛在短短几天里就从一群天真而相互不认识的小孩子变成了更加成熟的、懂得新的社交艺术的公民，开始了解自己和认识世界。夏令营的每一天都在他们的生命中留下了不可磨灭的印迹。

在夏令营结束时，有一些适龄的孩子选择参加"成年礼"仪式。

"成年礼"标志着孩子已经进入成年期，将拥有自我价值和独立自主的青年世界公民身份，必须对自己的每一个行为负责。

"成年礼"标志着生命中自然变化的神圣意义，为孩子们在生命的转变时期提供了一个难忘的时刻。

这一时刻的震撼力会让孩子跨越人生的茫然与封闭，不再是一个世俗化的生存者，而开始进入一个自我的探寻过程，开始追寻和履行自己独特的使命。

因此大家都觉得"成

智慧改变命运

参加犹太成年礼的中国孩子

参加犹太成年礼的中国孩子

参加犹太成年礼的中国孩子

年礼"有着非常深刻的意义。

最后回荡在孩子们耳边的话语："你并不孤单，我们支持你！"这声音将永远回荡在现场的每一个孩子和大人的心中。

犹太神学家舍斯托夫写过一本书叫《以头撞墙》，正仿佛中国的教育改革这堵墙一样，死死挡住我们通向未来的道路。"以头撞墙"的结果可能是头破血流，到海外留学等于是越墙而过，越过了中国高考这堵墙。理性的办法是在墙上开一扇窗户，虽然重视分数，但不以考试为唯一目的，经常参加各种各样货真价实的教育培训。

"1+1"之类的高考辅导班虽然立竿见影，但不解决根本问题，无非是把孩子送入"考试集中营"，扼杀了孩子迎接未来智慧的生长和发育。

WUTA国际的犹太智慧训练营正是帮助这些渴望改变自己命运的孩子和家庭。更多相关信息请登录"犹太黄金教育网"或www.cnwuta.com。联系电话：15910815898。邮箱：wutaguoji969@126.com

参加犹太成年礼的中国孩子

参加犹太成年礼的中国孩子

参加犹太成年礼的中国孩子

参加犹太成年礼的中国孩子

参加犹太成年礼的中国孩子

智慧改变命运

参加犹太成年礼的中国孩子

参加犹太成年礼的中国孩子

附 录

参加犹太成年礼的中国孩子

参加犹太成年礼的中国孩子

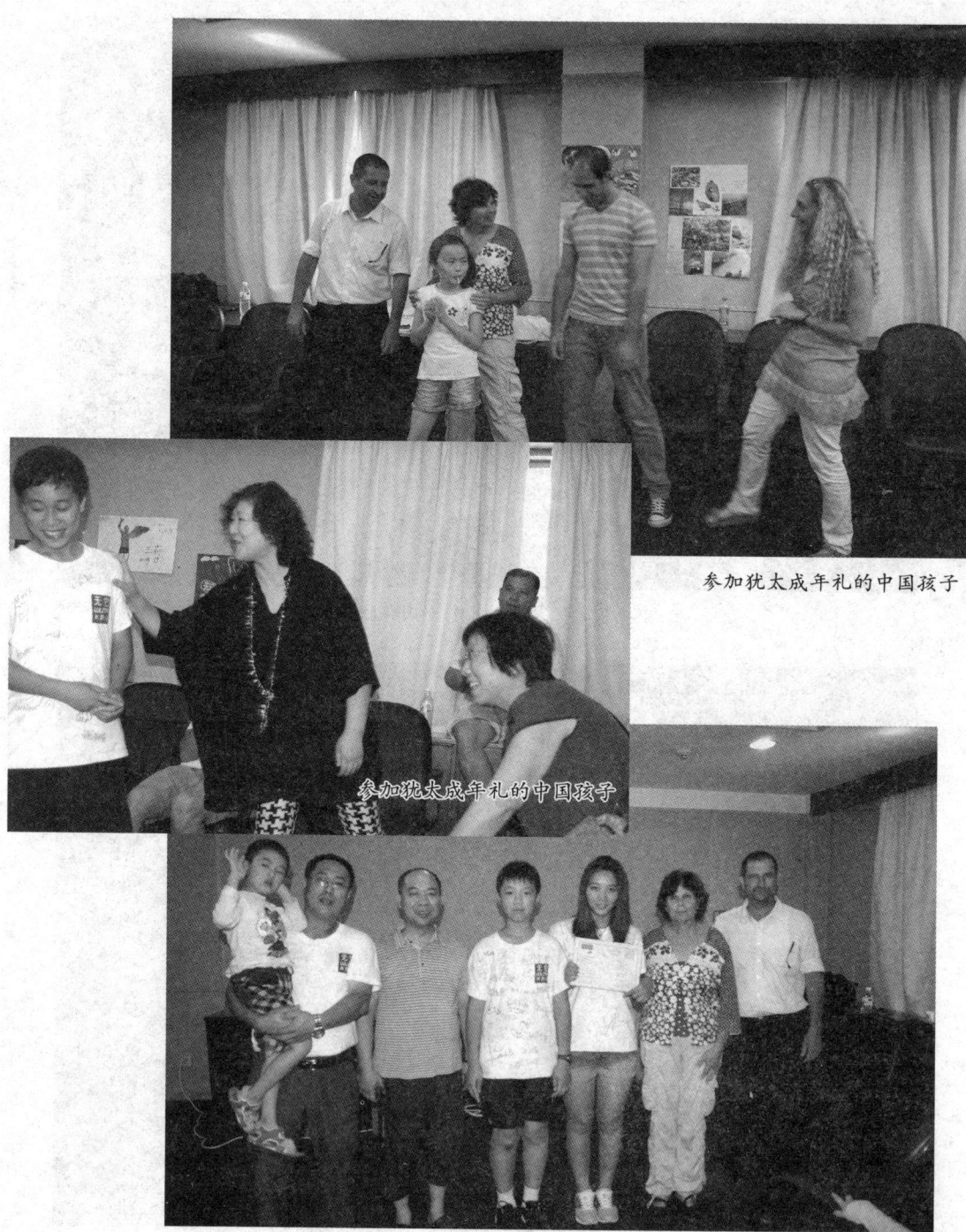

参加犹太成年礼的中国孩子

参加犹太成年礼的中国孩子

参加犹太成年礼的中国孩子

附 录

参加犹太成年礼的中国孩子

参加犹太成年礼的中国孩子

智慧改变命运

跋 为什么老师和家长会
选择托克托 WUTA 国际学校？

　　托克托是什么地方？为什么突然有那么多来自全国各地的家长渴望早日带着孩子到托克托上学？为什么会有从事教育多年的老师选择来托克托执教？

　　托克托位于内蒙古呼和浩特市境内黄河几字湾上，是一个曾发生过赵武灵王"胡服骑射"和"君子津"等许多历史故事的边塞小城，位于鄂尔多斯、包头与呼和浩特三市交界地段，是一个环境优美、人杰地灵的地方，黄河有29公里流经托克托县，黄河从此分野为中游和下游。

　　WUTA 是谁？WUTA 做什么？

　　WUTA 国际创新智慧学校是中国历史上第一个以中以智慧结合为核心的"中西合璧"的国际学校，希望培养中国真正的未来创新人才。

　　目前，虽然位于托克托兴托路和黄河大街交汇处西南角的 WUTA 国际学校外围整修工作还在进行中，但已经吸引了当地和全国各地的许多家长迫不及待地到托克托考察。

　　哪些家长想来托克托？

　　1、呼和浩特金川区快乐国学幼儿园乔花儿园长是第二个到托克托 WUTA 考察的家长，她的儿子聪明活泼，乐于探索，但因未完成老师布置的家庭作业遭到班主任的辱骂与呵斥而辍学在家，目前正眼巴巴地盼着 WUTA 早点开学。

　　2、强哥和顾女士是浙江嘉兴的商人伉俪，他们的大女儿是在传统教育下培养出来的"佼佼者"，但他们更希望小女儿成为一名国际化人才。经过对贺教授3年多的研究和追踪，他们决定把原来的生意放在一边，带着孩子到托克托上学并投资100万加盟 WUTA 公司。

　　3、陈三连是江西省南昌市的一名家长，他的孩子聪明好学，勇于发问和探索。但在之前的学校，并没有适合的环境让他发展，甚至因为提问较多而引起了班级老师的不满，久而久之无情地抹杀了孩子的好奇心。他不希望自己的孩子变成"读死书的驴",所以到处寻找能接受孩子提问的创新教育学校,很荣幸看到了贺雄飞教授的"提问代表一切"的理念,并为之兴奋。不仅最早报名到WUTA来陪读上学,还希望到WUTA担任宿舍管理员。

WUTA国际的教师团队如何?

非常值得一提的是,目前已经有8名犹太人希望到WUTA任教。托克托虽小,但在两个多月后,就会有来自以色列、美国、法国和乌克兰的多位犹太专家出现在WUTA国际,他们几乎每个人都精通五六门语言。这里虽小,却拥有最好的教学理念和资源。这是一个真正培养人才的地方;是让许多家庭看到希望的地方;是让许多孩子尽情欢唱享受成长的地方;是让许多热爱教育的老师展翅飞翔的地方。

WUTA正在创造"奇迹",也正在创造新的历史,会为中国的教育改革探索出一条新路。

更多家庭和教师团队介绍,敬请期待……